Edmund Hoefer

Unter der Fremdherrschaft

Eine Geschichte von 1812 und 1813

Edmund Hoefer

Unter der Fremdherrschaft
Eine Geschichte von 1812 und 1813

ISBN/EAN: 9783741167799

Hergestellt in Europa, USA, Kanada, Australien, Japan

Cover: Foto ©Andreas Hilbeck / pixelio.de

Manufactured and distributed by brebook publishing software (www.brebook.com)

Edmund Hoefer

Unter der Fremdherrschaft

Unter der Fremdherrschaft.

Eine Geschichte von 1812 und 1813.

Von

Edmund Hoefer.

Zweiter Band.

Stuttgart.
Verlag von Adolph Krabbe.
1863.

Inhalt.

	Seite
Elftes Kapitel. Auch ein Tabaksrollegium	1
Zwölftes Kapitel. Was sich auf einem Balle treiben läßt	34
Dreizehntes Kapitel. Nach dem Souper	68
Vierzehntes Kapitel. Gräfin Hebe's Morgenstunden	95
Fünfzehntes Kapitel. Vater und Tochter	125
Sechzehntes Kapitel. In Dreiheiligen	151
Siebzehntes Kapitel. Ein kurzer Uebergang	182
Achtzehntes Kapitel. Aus dem alten Jahrhundert	197
Neunzehntes Kapitel. York's Convention von Tauroggen	244
Zwanzigstes Kapitel. Gräfin Hebe daheim	278

Unter der Fremdherrschaft.

Elftes Kapitel.

Auch ein Tabakscollegium.

>Jäger: Der Herr lauft viel und wohl,
>Die guten Hunde eben wohl.
>Anl.: Ich hör' es dorther Klages,
>Sie wollen den ihren Hirsch
>um sein Leben bringen.
>   Alter Waldjärcel.

Der Winter des Jahrs 1812, von dem die Schriften aus der damaligen Zeit und die Alten, welche ihn noch erlebten, nicht genug des Schlimmen zu sagen wissen, hatte auch in diesen Küstenstrichen Ernst zu machen begonnen. Der Frost war schnell und scharf über das Land gekommen und hatte dem unergründlichen Schmutz und der finsteren Unbehaglichkeit des Herbstes ein jähes Ende bereitet; bis in die Wälder hinein war er gedrungen, und die weiten Brüche, welche sogar für den Kundigen stets gefährlich blieben und dem Unkundigen niemals zugänglich wurden, ließen sich auf ungewöhnlich große Strecken hin passiren, und es eröffnete sich den Feinden und ihren Nachforschungen ein bisher unbekannt gebliebenes Terrain. So wurden denn hie und da noch einige Zufluchtsstätten der Unglücklichen entdeckt, welche vor der Einquartierung mit den Ihren Haus und Hof verlassen hatten und nun zitternd zurückkehrten in⸗den verwüsteten Besitz.

Es war solcher Zwang freilich zu ihrem eigenen Besten, und anderwärts sah man sie wohl freiwillig heim⸗kommen, da das Lager im Walde von Tag zu Tag un⸗erträglicher geworden. Denn zu dem Frost kam der Schnee nicht im gleichen Verhältniß, das Land blieb ziem⸗lich frei und offen, und nur hie und da in den Sen⸗kungen, in den hohlwegartigen Straßen zeigten sich die vom Winde zusammen gewirbelten Massen hoch und fest genug, um den Verkehr auf Schlitten streckenweise mög⸗lich zu machen. Die Kälte wurde dadurch nirgends, we⸗der vom Boden, noch von den Wohnungen der Menschen abgehalten, sondern nur desto empfindlicher. Es ging in die⸗sem Winter vieles zu Grunde, was alle früheren gut überstanden, und Landleute, Gärtner und Förster schauten mit Angst und Sorge der milderen Jahreszeit entgegen, wo sich der volle Schaden erst offenbaren mußte. Die Tage waren und blieben fast alle von einer duftigen Klarheit, Nachts blitzten und zitterten die Sterne heller als je, und häufige Nordlichter drohten noch immer stei⸗gende Kälte.

Heute war's ein Ausnahmstag. Einem stillen, ver⸗hältnißmäßig milden Morgen war schon eine Stunde nach seinem Anbruch ein desto wilderer und unheimlicherer Tag gefolgt. Die Wolken trieben droben schwer und dicht gedrängt vorüber, der Schnee entstürzte ihnen, mußte man sagen, in immer größeren Massen und wurde von einem eisigen Winde dahin getrieben, hier zusammen geballt, dort wieder aufgepeitscht und unabsehbar hinauf gewirbelt, so daß alles in bleiche Schleier gehüllt erschien. Wer seinen Weg gegen das Wetter an zu suchen hatte, konnte nur langsam vorwärts kommen, denn die Wirbel blendeten ihn und der Wind nahm ihm fast den Athem, und wer trotzdem vorwärts wollte, mußte seinen Pfad fühlen und ahnen, von sehen war keine Rede.

Das spürte sogar Steffen Schütze, der um diese Zeit — es mochte gegen zehn Uhr Morgens sein — seine Geschäfte in den großen Schafställen des Hofes zu Dreiheiligen vollendet hatte und nun mühsam seinem nahe gelegenen kleinen Hause zustrebte. Gesenkten Hauptes drang er langsam vorwärts, von Zeit zu Zeit anhaltend und sich umwendend, um einmal tief auszuathmen, sich den Schneestaub aus den Augen zu wischen und den Hut fester zu drücken. Und da er endlich seine Wohnung erreicht hatte, schöpfte er tief Luft und machte mit einem „na Gottlob!" unter der Thür Halt; um bevor er eintrat, noch einmal kopfschüttelnd die Dorfstraße hinab zu sehen. Es war da freilich wenig zu erblicken, denn der Schnee kam vom Himmel herab und prallte von den Häusern zurück und wirbelte von den Dächern herunter zu immer dichteren und dichteren Schleiern, und brauste und tobte vorüber, daß Einem nach dem landesüblichen Ausdruck Hören und Sehen darüber vergehen konnte, und man sich mit Fug und Recht auf sein warmes Daheim freuen durfte.

Es war daher auch ein ganz natürlicher Blick, den

der Greis nach oben warf, wo aus der Oeffnung unter dem Strohdach, welche in diesen Gegenden damals noch auf dem Lande überall den Schornstein ersetzte, der dicke Rauch wirbelte und verkündete, daß drinnen eine behaglichere Temperatur herrschen würde. Er nickte befriedigt mit dem Kopf, öffnete dann die wie üblich quer getheilte Thür, trat ein und schloß sie so schnell wie möglich, um nicht mit sich zugleich dem Schnee den Eingang zu gewähren.

Er stampfte mit den Füßen nieder und schüttelte sich, schwenkte auch den Hut ab und wandte sich erst dann um und gegen den im Hintergrunde befindlichen Herd. Dort prasselte ein lustiges Feuer, dessen Rauch oben an der Decke entlang der Oeffnung über der Thür zuzog, und ein junges Mädchen, bei dem die Gesundheit aus den glänzend rothen Backen und den festen, runden Formen sprach, hantirte zwischen Töpfen und Kesseln umher und rief, ohne davon abzulassen, dem Alten nur ein freundliches: „na Großvater, Gottlob!" entgegen.

Der Greis durchmaß den engen Raum mit ein paar Schritten und streckte die Hände gegen die Flammen aus. „Ja ja," sagte er dann gleichfalls freundlich blickend, „du wirst hier schlimm empfangen. 's ist nicht plaisirlich braußen, und gut wer nichts außer dem Hause zu thun hat."

„Ja, so hab' ich's in Krewitz nie erlebt," meinte sie. „Du solltest eben immer drüben bleiben, Großvater."

Der Greis verzog das alte Gesicht zum Lächeln. „Ganz recht," versetzte er, „jede Kreatur hält ihr eigen Nest für das beste, du deines, ich das meine. Aber ich

seh's, daß du schon Feuer im Stubenofen gemacht und
es hier so eilig hast, als ob's Gäste gäbe. Könntest Recht
haben, Regine!" fügte er hinzu.

„Ich habe Recht," entgegnete sie gedämpfter redend
und sich näher zu ihm neigend. „Es sitzt Einer drinnen
— schon seit einer Stunde —"

„Was du sagst! Und wer ist's?" fragte er ungewöhnlich lebhaft.

„Das weiß ich nicht, Großvater. Ein alter bärbeißi-
ger Mensch scheint's; vorhin kam er in einem Schanzläu-
fer und in der Pudelmütze, sah grade aus wie 'n Eisbär,
und im Nacken hat er 'n Zopf, wie mein Arm so dick.
Dann ging's Kommandiren los, die Stube wollt' er
gleich warm haben und heißes Wasser. Nun sitzt er hinter dem Ofen, dampft wie 'n Schornstein und trinkt dazu,
er hat eine Flasche Rum mitgebracht."

„Sieh, sieh," meinte der Alte, und zog gemächlich seinen Rock aus und hängte ihn zum Trocknen in der Nähe
des Küchenfeuers auf. „Hab' mir dergleichen freilich gedacht, aber auf den Rindskopf — na, 's ist auch gut,"
fügte er hinzu und wandte sich gegen die Thür. „Du
weißt ja Bescheid, Regine, und gibst Achtung. Und im
Uebrigen schick nach dem Hofe und laß dir Essen für mich
holen, wenn deines nicht reicht. Der Bursch' mag den
ganzen Tag bleiben."

Damit trat er in das ziemlich große, aber niedrige
Zimmer, aus dem ihm eine Wärme entgegendrang, wie
solche Leute sie in ihrem Hause lieben, und zugleich mit
diesem Eintreten tauchte hinter dem Ofen eine massive,

standfeste Gestalt hervor, mit viereckiger Stirn und weiter Glaze, mit dem erwähnten kurzen und dicken Zopf, im blauen Wollhemd', das vorn der Wärme wegen geöffnet, einen Stierhals und eine Brust zeigte, deren Farbe dem Braunroth des Gesichts kaum um eine Nuance nachgab. Seine Züge hatten sich zu einem jovialen Grinsen verzogen und die großen blauen Augen guckten unter den überhängenden Haaren der fast weißen Brauen fidel genug dem Greise entgegen.

Dieser stand und sah den Gast eine Sekunde lang kopfschüttelnd an, bevor er mit einer Art von Grämlichkeit meinte: „Du bist doch der allmächtigste Rindskopf, Karsten, den unseres Herrgotts Sonne beschienen. Wie die Kleine draußen dich abkonterfei'te, mocht' ich's kaum glauben, daß du es wirklich sein könntest, solche Thorheit ist's."

„'s hat sich was mit Thorheit," erwiderte der rauhe Bursch, den unsere Leser gleichfalls augenblicklich erkannt haben, im jovialen Ton und nahm die große knochige Hand des Schäfers zum festen Druck in seine noch größere und noch breitere, rauhe Tatze. „Was willst du, Steffen! Lieg' du einmal, wie ich seither, in dem Gott verdammten Nest, oder in den alten Gewölben und habe nichts zu schaffen und höre von Gott und Welt, von Himmel und Erde nichts, und liege dir alle Rippen wund — soll mich der Donner neunmal kreuzweis in den Erdboden hineinschlagen, wenn ich's noch länger ausgehalten hätte. Ich mußte 'mal hinaus!"

Er wandte sich kurz ab dem Tische zu, den er hinter

dem Ofen aufgestellt hatte, nahm die Pfeife auf, die dort neben einem Tabakspaket lag, und trank aus dem gleichfalls dabei stehenden Glase mit heißem Grog einen tiefen Schluck.

„Kann's mir lebhaft vorstellen und seh's ohne Brille," sagte der Schäfer mit leisem Lächeln in dem alten starren Gesicht, drehte sich, holte vom Fensterbrett seine eigene Pfeife, füllte sie aus Karstens Paket und ließ sich dann auf einem der niedrigen, dreibeinigen Schemel nieder, welche hier die Stühle ersetzten. „Du bist von jeher halb toll- und halb Rindskopf gewesen," redete er dabei langsam weiter und schlug nun, da er saß, Feuer für die Pfeife, „eine widerhaarige Kreatur —"

„Ein Seemann mit Haut und Haar, von Kopf zu Füßen, Vater, der Motion braucht!" —

„Weiß wohl, 's ist dein steter Trumpf! Warum hast du dich denn aber selber in Prison gesetzt und dir Ketten an die Gliedmaßen gelegt? Wir Anderen halten ruhiger aus, wie du siehst, und man frißt uns auch nicht."

„Soll mich der Donner neunmal kreuzweis —"

„Na laß es nur gut sein und bleibe auf dem Erdboden," fiel der Schäfer mit einer Art von Phlegma ein und trank nun aus dem Glase, das Karsten inzwischen für ihn gefüllt. „Das sind geschehene Dinge," redete er darauf weiter, fuhr mit dem Rücken der Hand über den Mund und rauchte zwischen seinen Worten bedächtig fort; „du kannst übrigens von Glück sagen, denn ich selbst bin erst vorgestern Abend von Krewitz zurückgekommen. Hättest also leicht das leere Nest finden können, und dann —!" Abbrechend schüttelte er langsam den eisgrauen Kopf.

Karsten Herbart lachte rauh hinaus. „Na, Steffen," antwortete er, „das glaubst du selbst nicht, daß ich da hereintappe, wie ein blinder Gaul. Ich wußte gut genug, daß du wieder hier seiest. Wenn ich's wollte, ginge keine Katze von einem Haus zum anderen, ohne daß ich davon hörte, — meine Jungen haben gute Augen und stecken allerwärts. Und so erfuhren wir denn gestern Nacht auch, daß du mit deinem Tochterkind durch die Heide gekommen und daß überdies — auch vorgestern — wieder zwei Bataillone, Franzosen und Italiener, von S. aufgebrochen und auf L. zu marschirten. Du siehst, es wird leer im Lande."

Der Greis hatte bei den Worten des Anderen zuerst den Kopf, dann auch die fast stets halbgesenkten, faltigen Augenlider erhoben und schaute ihn mit dem starren, gleichsam abwesenden Blick an, den wir in diesen Augen schon ein paarmal beobachteten. „Da weißt du mehr als ich," sprach er endlich, indem die Lider wieder niedersanken; „ich erfuhr drüben weniger von euch, als gut ist, eigentlich nur, daß man das Volk aus den Dörfern zurück und nach G. und S. zöge; ich bin drüben eben doch nicht so bekannt wie hier, und es ist ein anderer Schlag Menschen. Dabei dachte ich mir denn freilich so was, allein jetzt erst sagst du's für gewiß. Das ist was!" fügte er, wieder kurz aufblickend hinzu. „Was haben sie nun noch, Karsten?"

„Wenig, Vater," versetzte der Seemann jetzt gleichfalls bedächtiger und indem aus seinem ganzen Wesen etwas — man möchte sagen: Dienstliches — sprach. „So viel wir wissen, sind in S. noch ein französisches Regiment, das siebenundneunzigste, und die Husaren mit den Zöpfen. Dazu sammeln sich dort ein paar Bataillone Westfälinger — Rekruten, Vater Steffen; die anderen sind alle fort. In G. steht nur ein französisches Bataillon und ein westfälisches; sie werden teufelmäßig strapazirt, denn sie müssen Tag für Tag im Lande umher marschiren. Dann die Artillerie, die ist vermehrt und es kommen noch immer neue Mannschaften aus dem Preußischen herüber — 's sollen auch Seeleute dabei sein, Garde-Mariners, glaub' ich, heißt man sie; es sind rechte Franzosen, und ein paar Holländer mögen auch dabei sein. Hier herum, auf dem Lande, ist mit Ausnahme von drüben in Nieder-Rhoda, kein Mann mehr als das Douanen-Gesindel und ein paar Gensd'armen. Du siehst also, Steffen, Gebläse!" schloß er und blies über die ausgebreitete flache Hand verächtlich hin. „Soll es los gehen, so lehren wir die ganze Bagage in einer Nacht fort — was meinst du?"

Der Schäfer antwortete nicht, sondern saß vorübergebeugt und die Arme auf die Kniee gelegt schweigend da und rauchte so langsam und leise vor sich hin, daß nur in verhältnißmäßig langen Pausen der Rauch kaum sichtbar zwischen seinen Lippen hervorzog.

„Ich konnte mir's denken, daß du drüben nicht alles erfuhrst," sprach Karsten Herbart nach einer Weile noch gedämpfter weiter — es war fast, als wage er nur ungern den Greis zu stören — und lehnte sich dabei auf den Tisch, näher dem Schäfer zu. „Und darum kam ich hauptsächlich durch Rusch und Busch und das Heidenwetter zu dir — 's geht nicht länger so fort, Steffen. Die Jungen sind nicht mehr zu halten — kann's ihnen auch kaum verdenken, denn es ist ein Hundeleben! — Was sagst du?"

Steffen blickte flüchtig zu dem zuletzt lebhafter Redenden hinüber, bevor er, die Augen wieder senkend, kurz und kalt versetzte: „Geduld, sag' ich, Geduld!"

„Geduld?" grollte der Seemann mit jählings gerunzelter Stirn; „das ist also die alte, Gott verdammte Parole, die — kurz, ich stehe für nichts, wenn es so fort geht," brach er ab. „Sie warten nicht länger, sag' ich dir."

„Sie müssen," sprach der Alte noch kälter und ohne aufzublicken; seine Züge waren regungslos, nur um die schmalen, fast farblosen Lippen zeigte sich etwas, als würden die tiefen, dort sich hinziehenden Falten noch fester und starrer, wodurch das ganze graue Gesicht den Ausdruck einer so eisernen Härte gewann, daß es selbst den rauhen Seemann fast erschreckte.

Er fragte wenigstens mit hörbarer Schüchternheit und erst nach einer Pause: „aber Vater, wenn sie nun nicht müssen wollen, sondern doch losbrechen? Es ist zu lockend, Steffen! Die ganze Bagage ist mit einem Fußtritt zum Lande hinaus!"

Steffen erhob langsam den Kopf und auch die Augen zu seinem Gast und sah ihn eine Weile starr an, bevor er im früheren Tone antwortete: „so rennt ihr euch bei dem Fußtritt zugleich die Köpfe ein, und das mag denn auch recht sein. Lieber Gott," fuhr er fort und es war, als seien seine Gedanken so zu sagen wieder gegenwärtiger geworden, „wann werden deine Menschen alt und vernünftig genug werden, um nicht immer wie die Kinder blind drauf los zu laufen, so lange ihnen was Buntes vor den Augen gaukelt! — Guck dich um, du alter Mensch — glaubst du, daß die Bürger in ihren Städten und die Herren in ihren Schlössern dumm genug sein würden, euch nachzujubeln und nachzutanzen und, wie ihr, sich toll und blind von dem Franzmann in die eisernen Arme schließen zu lassen? Ich hab's dem Renaud dazumal im Herbst angesehen, er hat was in seinem Auge, das ist wie Eisen und Stahl, wie lauter Ketten und Schrauben; wo er die anlegt, knirscht und zerrt ihr darin wie ein Kettenhund, aber los kommt ihr nicht. Ihr habt's noch eben gefühlt, wie er euch unter seiner Faust hält. Und weil er euch nun einmal aufathmen läßt, meint ihr, daß jetzt ihr die Herren und bloß einen Ruck zu thun braucht, um seiner ledig zu sein? — Du bist eben ein Kindskopf, Karsten Herbart!"

„Ja, mit euren Kniffen und Politiken hab' ich allerdings nichts zu schaffen, Gott verdamm' euch!" sagte der Seemann grollend und sein Blick ruhte finster auf seinem Gegenüber. „Ich weiß nur, daß was meine Jungen sind, sich den Teufel und seine Großmutter um das Krämerpack in den Städten scheeren — und die Herren auf den Schlössern, wie du meinst —"

„Du bist ein alter Kindskopf, Karsten! Was haben sie dir gethan, mit Ausnahme von dem Einen? Und so oder so — los wirst du weder die Einen, noch die Anderen!"

„Der Teufel hole sie, sie taugen alle nichts! Guck sie an, wie sie da sitzen und harren und seufzen und heucheln, alle wie sie gebacken sind! Was fragen wir nach ihnen, was brauchen wir sie? Bis die ihre Fingerhandschuh ausziehen und ihre kostbare feine Haut riskiren, das könnt' lange währen!"

Der Schäfer antwortete nicht sogleich, sondern schaute den Grollenden während einiger Zeit gleichsam zerstreut an, bis er endlich sein Glas heranzog, trank und, es niedersetzend, mit voller Ruhe und einer gewissen Ueberlegenheit bemerkte: „Das ist nichts als Geschwätz und umsonst, denn wir werden weder die Einen los noch die Anderen, und können nichts ohne sie, — noch weniger als sie ohne dich und deine Jungen. Wären sie so tollköpfig wie ihr, so liefen sie zugleich mit euch sich die Köpfe ein — glaub's schon. Allein sie sind es Gottlob nicht. Sie bauen nicht einmal auf das, was unser Land vermag, sondern wollen mehr, wollen weitere Hülfe haben; und das ist ganz recht, denn wir heizen doch nicht mehr als ein Strohfeuer an, man schüttel's mit einem Eimer Wasser aus. Erst wenn es rund umher brennt, dann zündet's auch hier an, dann gibt's die rechte Lohe. Sonst bleibt's wie dazumal, als du dein Haus in die Luft jagtest — nach dem ersten Spektakel krähte kein Hahn darnach.

„Grade du könntest besser wissen als viele, wie es steht," redete er nach einer Pause weiter, während Karsten, sichtbar keineswegs überzeugt, sich schweigend und mürrisch ein neues Glas mischte. „Sage selbst, ob der „Engelländer" euch — dir und was zu dir hört, mein' ich — auch nur eine Flinte auf Borg geben würde oder ein Pfund Pulver? Und sage selbst, ob ihr ohne diese Flinten, ohne das Pulver was prästiren könntet? Eure Messer und Beile und Bootshaken sind gut genug, aber den Franzmann jagt ihr damit nicht aus dem Lande. — Wie steht's, Karsten? Wie sieht's mit Armatur und Munition aus?"

Diese letzten Fragen hatten auf den störrigen Gesellen sichtbar einen jähen und tiefen Eindruck gemacht. Er starrte den Greis wenigstens eine Weile wie verblüfft an und meinte dann grollend: „beim Teufel, hast Recht, Steffen, hast Recht! Das Krämerpack drüben schenkt uns keinen Sixpence. Baar Geld! heißt es stets zuerst bei ihnen. Und wie es steht, fragst du? Na die alten Keller stecken hübsch voll, wie eine Bratgans; allein daß für alle was da, daran fehlt noch viel. Weiß aber auch nicht, wann es genug sein wird, denn dies verdammte Wetter macht alle Conjuncturen zu Schanden. Wir können nicht hinaus, sie nicht heran. Es schwabbelt da draußen wieder eine Bark herum, aber —"

„Na, siehst du wohl?" fiel Steffen ein, und in seinem Gesicht zeigte sich wieder einmal etwas, wie ein leises Lächeln, da er die angeschlagene Weise bei dem wilden Trotzkopf ihm gegenüber wirksam werden sah, ohne daß derselbe seines Kunstgriffes recht gewahr zu werden schien. „Nun sagt' ich vorhin: wir zünden an, wenn es ringsum brennt. Und jetzt sprich du, Karsten — brennt's schon? Wie sieht es im M.schen aus, im Preußischen? Brennt's?' — Unter der Asche glimmt's, nichts weiter, und wie es anblasen sollen, können — wo sind die? Kannst du, kann ich, irgend einer, Herr, Bürger oder Bauer, ihnen anbefehlen: die Zeit ist da, steht an —? — Darum war vorhin mein Wort: Geduld, und bleibt es, bis die rechte Zeit gekommen," fuhr er mit der gleichen, grade an und von ihm noch überraschenderen Lebhaftigkeit und Kraft fort, zu der er sich im Lauf der Rede erhoben. „Wir müssen auf die Parole von drüben warten, wir müssen, Karsten, 's hilft alles nichts; und wenn du dich auf den Kopf stelltest, du mußt! Aber sorge nicht, sie kommt, und der sie bringt, das ist — weißt du noch, wie im Herbst dazumal das Geschrei ausging, der große Schwanzstern sei wieder da, und wie ich dir von dem sprach, der kurz zuvor zum Eberhard gegangen? Der ist's. Auf den wartet der Eberhard so gut, wie das ganze Land, ohne ihn geht es nicht, Karsten. Und er kommt, ich habe ihn gesehen," setzte er hinzu und seine Stimme gewann plötzlich wieder den gewohnten, eintönigen Klang. „Und — da kommt vielleicht schon die Botschaft."

Er hatte das Gesicht bei diesen Worten dem Fenster zugedreht, durch dessen beschneite und halbgefrorne kleine Scheiben nur gleichsam der Schatten eines draußen vorüber Gehenden momentan sichtbar ward. Der Seemann hatte dies gleichfalls wahr genommen und sich rasch von seinem Sitze erhoben, aber er sagte nichts und horchte nur aufmerksam gegen die Thür nach dem Flur hin. Denn es trat jemand ins Haus, den man den Schnee abstampfen hörte und der nun laut und kurz fragte: „Der Alte drinnen?"

Da ging die Stubenthür auch schon auf und bevor man den durch den aufgeschlagenen Rockkragen und die tief in die Stirne gedrückte Pelzkappe verhüllten Eintretenden noch recht erkennen konnte, sagte der Schäfer wieder lebhafter: „na, Detlef, ich wußt's doch, daß du kommen würdest!" —

„Das ist nun just kein Hexenwerk, Vater," meinte der Jäger, dem wir früher in des Grafen Eberhard Begleitung begegneten, abgebrochen, denn er hustete und spuckte noch und wischte sich den Schnee vollends aus Gesicht und Bart. „Konntet drauf schwören — hoho, was haben wir denn da?" unterbrach er sich verwundert, da er erst jetzt des Gastes ansichtig wurde, der eben einen Schritt vom Ofen her ihm entgegen that.

„Contrebande, Detlef!" meinte der Schäfer mit einem Versuch zu scherzen, wie wir's gleichfalls noch nicht an ihm beobachten durften. Allein er war auch hier zwischen seinen vier Wänden ein ganz anderer, man hätte sagen mögen: gewöhnlicherer — Mensch als draußen auf der Heide. „Faß ihn nur herzhaft an, 's ist kein Spuk, sondern ein mächtig Stück lebendiges Menschenfleisch — spürst du's?" brach er ab, da er bemerkte, wie bei dem Händedruck, den die Beiden austauschten, des Jägers Faust fast vollständig in der des Seemanns verschwand, während zugleich ein flüchtiges Zucken in Detlefs Gesicht bewies, daß selbst seinen Knochen der Druck des Anderen empfindlich wurde.

„Ja Gottlob," sagte der Jäger, seine Hand zurückziehend, und auch auf seinem Gesicht zeigte sich eine selten dort anzutreffende Munterkeit, „'s ist noch der alte Karsten, und schlecht ist's dir seither nicht ergangen, merk' ich, bist nicht von Kräften gekommen! Also wieder hier, und warum?"

Karsten Herbart antwortete nicht, sondern deutete nur mit einem gewissen behaglichen Grinsen auf sein gefülltes Grogglas und auf das Tabakspaket, dann auf einen blau angestrichenen Schrank, das einzige bessere Möbel in der kleinen Stube, dessen geöffnete Thüren noch einige andere Gläser und sogar ein paar Tassen sehen ließen, und ließ sich darauf endlich nieder, um seine eigene Pfeife zu füllen und mit Schwamm in Brand zu setzen.

„So so!" bemerkte der Jäger, der nun dazu kam, seinen Rock zu öffnen und die Mütze abzulegen. „Ihr macht's euch hier bequem und heizt von innen und außen! Na, ich habe nichts dawider und bringe neue Zufuhr vom Eberhard — da er hörte, daß ich herwollte, gab er's mir mit," setzte er hinzu und stellte eine aus der tiefen Rocktasche gelangte Flasche auf den Tisch, der ein zweites Tabakspaket folgte. Und dann holte er die Pfeife hervor und ein Glas aus dem Schrank, und nach einigen Augenblicken saß auch er rauchend und trinkend bei den Anderen und horchte auf das Lamento und zahlreiche Flüche des Seemanns, der von neuem sein bisheriges „Hundeleben" zur Sprache brachte.

Der Schäfer verhielt sich, seitdem er Detlef willkommen geheißen, stiller als bisher, saß vorübergebeugt und die Ellbogen auf die Kniee gelegt, schweigend da und schaute mit seinem gewöhnlichen gleichgültigen Blick anscheinend theilnahmslos vor sich hin oder auch einmal zu dem Fenster hinüber, welches durch das Schneetreiben mit immer dichteren Schleiern verhängt wurde. Endlich stand er, stets so zu sagen in der gleichen stillen Weise auf, ging hinaus, kehrte aber bald zurück und nahm seinen Platz wieder ein, während zugleich den beiden Anderen auch schon der Zweck seines Ganges klar wurde. Denn vor dem Fenster erschien jetzt die Gestalt seiner Enkelin, welche die Scheiben mit einem Besen abkehrte und dadurch einen besseren Ausblick auf die Dorfstraße eröffnete. Es nützte freilich nicht viel, denn draußen war noch alles voll von weißen Wirbeln und es ließ sich kein lebendes Wesen sehen.

Der Alte beobachtete dies eine Weile ebenso ruhig und schweigsam wie bisher, dann wandte er aber die Augen langsam seinen Gästen zu und sagte: „wenn ihr beide denn nun klar mit einander seid, so komme ich. Ihr seid also gestern erst nach Hause gekommen. Wie steht's, Detlef? Seid ihr auch drüben im S.schen Winkel gewesen? Hat dir der Herr nichts für mich aufgetragen?"

Das Gespräch der Anderen hatte bei des Alten Bewegung schon sein Ende erreicht, und nun versetzte der Jäger, an dessen Stimme und Wesen man's merkte, daß er für den Greis etwas in sich trage, das, möge man's nun Respect heißen oder Ehrfurcht, bei solchen Gesellen und überhaupt in solchem Stande etwas nichts weniger als Gewöhnliches war, — ohne Zögern: „ja, Vater, wir sind auch im S.schen Winkel gewesen, wie wir denn nach und nach das ganze Land abgestreift, so weit sich's vor den fränkischen Spürhunden thun ließ. Die Büren, die

Rosen, die Röder, die Walbow, und wie sie alle heißen, haben wir bald bei ihnen daheim aufgesucht, bald anderwärts getroffen und, wie mir der Herr sagt, ist alles ein Herz und eine Seele. Allein Ihr könnt wohl denken, daß es mit diesen Reisen doch nicht zu 'was Rechtem kommt. Man muß sich zu einander stehlen und kann nichts ordentlich bereden. Die Spürnasen sind überall, und die Herrschaften merken's nun, was für eine Ruthe sie sich mit dem fremden Dienergesindel aufgebunden, das sie für besser und adretter hielten, als unsere Landeskinder. Nun gibt's in jedem Hause einen Horcher und Spion. Aber das Schlimmste ist, daß wir keinen Mann im Lande haben, der die Sache ganz und gar in die Hand nehmen und sich an die Spitze stellen könnte.

„Der Eberhard, unser Herr — nun lieber Gott!" fügte der Jäger hinzu und schüttelte den grauen Kopf, und seine Augen blickten ein wenig mißmuthig, oder war's sogar betrübt? — „Ihr wißt's Beide so gut wie er selbst und wir alle, daß es mit dem nichts ist, — die Kräfte fehlen. Ich hab's wieder auf diesen Fahrten recht gesehen, der Herr ist nicht mehr für Strapazen. — Unser Eugen ist zu jung, und die Anderen — na, der Wille ist da, allein hier —" und er schlug sich auf die breite, vierediege Stirn — „da fehlt's an dem, was die Anderen alle unter einen Hut brächte und unter ihm auch festhielte. 's ist eben keiner da, der das Zeug dazu hat, der erste zu sein und alle, Groß und Klein recht anzuspannen, dem man mit ganzem Herzen nachlaufen könnte. Und der von der Art wäre —" Er hielt inne und schüttelte den Kopf.

„Nun, und der?" fragte der Schäfer nach einer kurzen Pause ernst. Er so gut wie der Schiffer hatte den Mittheilungen Detlefs auf das alleraufmerksamste gelauscht. Aber während Karsten durch mehr als eine Geberde und Bewegung Verdruß oder Zustimmung kund gegeben, hatte der Greis nicht durch das leiseste Zeichen verrathen, was in seinem Innern vorgehen mochte.

„Der? Ja, das ist eben der Teufel, wir hören und wissen nichts von ihm," versetzte Detlef die Stirne faltend; „nichts, sage ich euch! Es ist, als ob er verstoben und verflogen wäre, und ich meine fast —"

„Du meinst dummes Zeug," fiel Steffen Schütze kalt ein. „Für den bürge ich mit meinem Kopf. Wenn es Zeit ist, kommt er. Früher — was soll' er hier?"

„So sagte der Eberhard auch zum Eugen und zu Anderen," sprach der Jäger in einem gewissen — zweifelnden Tone. „Aber Vater, daß er so gar nichts hat von sich hören lassen, daß bald ein Vierteljahr herum ist, und was für'n Vierteljahr! — Versprechen ist wohlfeil, mein' ich immer —"

„Ich bürge!" unterbrach der Greis ihn auf's neue, mit der gleichen Kälte. „Er kommt, ich sag's, aber nicht früher, als es an der Zeit. Was soll' er hier, wo noch alles auseinander ist?" — Und nach einer kleinen Pause wandte er die Augen mit ungewöhnlich scharfem Blick dem Jäger zu und fragte: „also da in Nieder-Rhoda wollen sie übermorgen tanzen?"

„Ja, am Sonntag," erwiderte Detlef mit hörbarem Mißmuth. „Es ist noch zwei Tage verschoben worden, wie ich gestern vom Hausmeister erfahren. — Sie könnten auch 'was Besseres thun, als wie die Narren umherspringen."

„Mein' ich auch," schob hier der Seemann wieder einmal grollend ein.

Der Schäfer sah die Sprecher eine Weile starr an, zuckte dann die Achseln und sagte, den Blick senkend, ruhig: „ich hab's eben immer geglaubt und gesagt: die Schiefe ist die Klügste von allen und hat im kleinen Finger so viel Verstand, wie alle Anderen nicht zusammen bringen! — Die solltet ihr zum General machen und voranstellen. Dabei, weiß ich, würde alles gut fahren."

Karsten Herbart lachte mit Lustigkeit heraus. „Nun seh' einmal Einer an," spottete er, „der Steffen fängt an in Zungen zu reden und Generale zu machen — Generale in Unterröcken, für uns, Dettes! Hat der Teufel je so verbonnerte Einfälle gehört!"

Steffen wandte dem lustigen Sprecher für eine Sekunde seine ernsten und kalten Augen zu, bevor er kurz entgegnete: „spotte dich selbst aus, daß du so verbast*), Karsten, und trink nicht so viel Grog — er verblendet dir die Augen." — Und sich wieder zum Jäger kehrend, fragte er ruhig weiter: „ihr seid also zuletzt und gestern noch drüben gewesen?"

Der Gefragte nickte kurz: „so sind wir, Vater."

„Nur ein paar Stunden?"

---

*) Im Plattdeutschen bedeutet „verbast" etwa so viel wie: betäubt, eingenommen, auch verdummt.

„Nicht doch, wir sind vorgestern schon hinüber, und weil's gar zu viel gegeben haben mag, über Nacht geblieben."

„Ueber Nacht? Sieh 'nmal an! Und was gab's — Privatgeschichten? Na, das geht mich nichts an," setzte der Greis hinzu, da er den Jäger zu seiner letzten Frage nicken sah. „Wie steht's denn sonst drüben aus? Ich hörte, sie wollten in Nieder-Rhoba wirklich einen festen Douanenposten anlegen, hm?"

„Das auch," entgegnete Detlef, trank und strich mit dem Mundstück der Pfeife den langen grauen Bart, der die Lippen bedeckte, auseinander. „Aber davon ist am Ende keine Rede," fuhr er fort. „Wir können nichts dafür und nichts darwider thun und egal kann es uns auch sein; wenn es einmal zum Klappen kommt, ist das wie Spreu. Aber die Privatgeschichten, Vater, die gehen Euch diesmal doch was an, und die sind's, über die ich mit Euch reden muß — der Karsten hier kann auch was dazu thun."

„Ich?" fragte der Seemann mit einer Art von grämlichem Erstaunen, welches dem ein wenig verdrossenen Schweigen entsprach, in dem er seit seiner Zurechtweisung durch den Schäfer verharrt hatte. „Wüßte nicht, was ich mit der Bagage zu thun haben könnte!"

„Na, brumme nicht, Alter," sagte Detlef mit einer gewissen Freundlichkeit zu dem rauhen Burschen hinüberblickend, der eben die Nase wieder tief in sein Glas steckte. „Sollst gleich erfahren, wie es steht und was wir von dir wollen, und ich weiß, du bist ein guter Kerl, der uns nicht im Stich lassen wird gegen den schleichenden Affen, den Monsieur Pierre —"

„Gegen den? O Gott verdamme mich, wenn ich ihn nicht am liebsten an seinen eigenen Perückenhaaren aufhinge!" brach Karsten aus und seine Augen zeigten jählings etwas von dem Grimm, der vorhem gegen die Einquartierung zum wirklichen Ausbruch gekommen war. „Schieß' los, Junge! Das sollte mir ein Gaudium sein, das ich dir mein Lebenlang danken würde!" —

„Na, hört zu," sprach der Jäger nach einer kleinen Pause weiter. „Wir waren also über Nacht drüben, und vorgestern Abend, als es still im Hause wurde, stahl sich noch der Hausmeister, der alte Clas — ihr kennt ihn ja, es ist noch ein rechter Einheimischer — zu mir, um ein bissel mit mir zu plaudern. Ihr wißt ja, wie es dort zugeht, das horcht und spionirt und lauert allüberall; wenn man was Geheimes hat, muß man sich recht ordentlich in Acht nehmen, und der Clas hatte einen ganzen Sack voll. Wir treffen's nicht oft so gut und haben uns lange nicht gesprochen, denn er kommt allgemach gar nicht mehr aus dem Hause.

„Nun, wir redeten eine Zeitlang hin und her, über sonst und jetzt, dies und das, ihr könnt's euch ungefähr denken, was alles, und davon ist denn nichts weiter zu sagen. Ich spürt's aber, wie gesagt, daß er noch was im Hinterhalt hatte, das ihm Mäuse machte, und zuletzt kam es denn auch heraus. Ihr wißt, daß nach dem Tode der alten Gräfin die Hedwig Brehm mit ihrem Knaben wieder zu Platz kam und bei dem Thorschreiber in G. lebt, wo

unser Herr und die Hebe und der Vetter Christian sie im
Auge behalten und für das Kind und sie sorgen wollen.
Das Mädchen will aber nichts davon wissen und noch
weniger den Jungen von sich lassen — kann's ihr nicht
verdenken, denn sie hat so lange jedermann gegen sich gesehen, daß sie jetzt nur schwer wieder an jemandes Ehr-
lichkeit und Herzensfreundlichkeit für sich glauben mag.
Doch hat sie sich neulich — wie, wußte Clas nicht —
überreden lassen, mit dem Jungen nach Nieder-Rhoda zu
kommen und dort einige Tage zu bleiben. Sie hat für
die Reichsgräfin schneidern müssen, glaube ich, und ist nicht
aus der Hebe Zimmern gekommen. Den Knaben dagegen
hat die Comteß so viel wie möglich bei sich behalten und
auch mit in die Wohnzimmer genommen, wenn der Alte
nicht da war. Es ist freilich ein schmucker kleiner Kerl,
den jedermann sein nennen möchte, und wie die Comteß
an seinem Vater, ihrem Bruder Hector, gehangen, — das
wissen wir alle.

„Nun gut," fuhr Detlef fort, während zumal der
Schäfer mit sichtbar großer Aufmerksamkeit seinen Mittheilungen folgte, „eines Tags hat die Hebe das Kind
auch bei sich im Wohnzimmer, und da hat es Streit mit
der Reichsgräfin gegeben, welche sich ja wohl über die
„Bettlerbrut" aufgehalten, mit der sie verkehren müsse.
Sie ist trotzig abgegangen und dann ist der Alte gekommen — früher als sonst, — weil sich die Reichsgräfin,
sie heißen sie jetzt: „die Rußprinzeß", vielleicht bei ihm
beklagt! — hat den Burschen attrapirt und der Hebe allerlei Spitzen gesagt, bis sie sich aufgerappelt und ihm in

ihrer höllischen Weise reinen Wein eingeschenkt, wer der
Junge sei und was sie mit ihm im Sinne habe —"

„Na ja, sie soll ja ein Land-General sein!" schob
hier plötzlich Karsten Herbart ein, und über das breite
Gesicht zuckte es jählings mit scharfem Hohn.

„'s ist faktisch, sie hätte was Klügeres thun können,"
sagte der alte Schäfer mit seiner vollen Bedächtigkeit,
„allein was willst du? Sie ist auch einer Mutter Kind,
wie wir alle, und irrt. Und wenn der Hartmuth Einen
anfaßt, so ist's wie mit glühenden Eisenfingern, es greift
ins Fleisch, man fühlt's und wehrt sich. Das haben noch
ganz andere Leute erfahren als die Schiefe, die doch immer
nur ein Frauenzimmer und kitzlig ist. Aber fahr' fort,
Detlef, ich seh's kommen."

„Na Vater, 's ist möglich, aber mich hat's verblüfft,"
meinte der Jäger kopfschüttelnd und strich wieder den Bart
auseinander. — „Wie es dabei zwischen den Herrschaften
zugegangen, hat natürlich niemand erfahren, denn sie sind
allein gewesen. Allein der Alte muß es bis dahin noch
gar nicht recht gewußt haben, daß das Kind am Leben
und mit der Mutter wieder hier — oder hat er's nur
vergessen, weil sein Gedächtniß allmälig schwach wird? —
Kurz und gut, an dem Abend kam die Einquartierung,
und als er am folgenden Morgen den ersten Schreck ver-
wunden, hat er sich den Pierre vorgenommen und höllisch
abgekanzelt, weil er diese Sache aus den Augen gelassen
oder dergleichen. Das hat zum mindesten bei seinem Ein-
tritt noch die letzten Donner gehört, und der alte Schleicher hat hinterdrein sogar gegen ihn über die Sache und

über den Herrn, über die Comteß und alle Welt lamentirt und geflucht, hat auch was fallen laſſen von den Aufträgen, die er erhalten, und ob der Claß —"

„Gegen ihn ſelbſt? Na, b'rum!" fiel Karſten wieder mit Hohn ein. „Ich weiß freilich, daß der alte krummbeinige Gaſt bei euch Beiden liebes Kind iſt, allein ich habe mit ihm niemals 'was im Sinne gehabt. Er fährt nicht unter ehrlicher Flagge, ſondern holt diejenige auf, die ihm gerade paßt —"

„Und deßhalb hätt' er mir von dieſen Kniffen und Verräthereien geſagt, von dem er's für gewiß wußte, daß er's nicht bei ſich behalten, daß er nicht für ſie, ſondern mit Leib und Seele dagegen ſein würde?" fiel Detlef mit verdrießlichem Blick und Ton ein. „Geh', Karſten! Weiß der Teufel, was dir in deiner Retraite in die Krone geſchoſſen, daß du keiner Seele mehr trauſt und alles ſchwarz ſiehſt! Contrair, der Claß iſt ehrlich, aber dumm iſt er nicht und ſagt's dem Pierre nicht, wie er die Sache anſchaut. Er hätte mir längſt davon geſagt, wäre nur eine ſichere Gelegenheit dazu geweſen.. Allein ihr wißt ſelbſt, daß Monate hingehen können, ohne daß wir recht hinüberkommen, und wo es doch einmal geſchah, wollte ſich das Reden nicht ſchicken. So währt' es bis jetzt, und verloren war dadurch nichts, da ſie drüben wenig Zeit fanden an ſolche Allotria zu denken, die Einquartierung ſaß ihnen allerwärts auf den Hacken, und dazu mochten ſie ſich auch ſagen, daß die Comteß ein ſcharfes Auge auf ſie habe. Allein nun da der Ball im Gange und die Hebe nur dafür Gedanken haben ſoll, hat der Pierre vor einigen

Tagen wieder davon angefangen — der Alte mag ihn wohl in seiner Weise erinnert haben — und sich beim Clas nach seinen Schwesterkindern erkundigt, die im M.schen hausen, auch gemeint, sie könnten ein paar Kostgänger erhalten, an denen sich hübsch verdienen ließe, und was weiß ich noch sonst. Der Clas aber hat achselzuckend gemeint, damit sei es nichts, die Leute seien zu gottselig und dumm, ließen sich auf so 'was nicht ein, und man müsse auf Andere sinnen."

Karsten Herbart schien sich seit der neuen Zurechtweisung, welche ihm eingeleuchtet haben mochte, eines Besseren besonnen zu haben. Er sagte wenigstens ohne Hohn und nur mit einem gewissen Grollen in der Stimme: „versteh' das alles nicht! Wenn man einmal auf so was aus ist und so höllisches Werk macht, was braucht's da noch Umstände? Hätt' man das Weibsbild und das Kind damals ganz auf die Seite gebracht, oder thät' es jetzt — da wär' das Ding zu Ende, und es krähte kein Hahn darnach, rechne ich."

Ueber das starre und kalte Gesicht des Schäfers lief ein flüchtiges, kaum näher zu bezeichnendes Lächeln, so finster war's, so unheimlich zuckte es aus den Zügen hervor, sprach es aus den nur sekundenlang erhobenen Augen. „Das sage du nicht, Karsten," meinte er dann eintönig. „Der Pierre sieht so schon genug Blut um sich her und die höllischen Flammen lecken an ihm herauf. Er hütet sich noch mehr anzuzünden. Wär' das nicht —" Und da er abbrach, zuckte das Lächeln von neuem, noch herber, noch finsterer, noch geisterhafter durch die verwitterten Züge.

Die beiden Zuhörer wagten nichts zu sagen, noch das folgende Schweigen zu stören, und erst nach einer ganzen Weile bemerkte der Greis wieder in seiner gewöhnlichen Weise: „aber du bist noch nicht fertig, Detlef?"

„Doch Vater," entgegnete dieser, „denn das Uebrige versteht sich von selbst. Nur das Eine ist noch zu sagen, daß der Schuft nach dieser letzten Unterredung wirklich in der Stadt gewesen. Was er dort getrieben und gerüstet, hatte der Clas leider nicht erfahren; er meint aber, bisher sei noch nichts geschehen —"

„Da hat er Recht, denn sonst wüßt' ich davon," sprach Steffen ruhig dazwischen.

„Man kennt den alten Schuft in der Stadt und mißtraut ihm," fuhr Detlef nach einem gewissermaßen gedankenvollen Blick auf den Greis, fort. „Er wird so leicht keine Helfershelfer finden. Allein, wir meinen doch, daß man ein Aug' auf diese Affairen haben müsse; der alte Thorschreiber ist ein dummer und hochmüthiger Gesell, der nicht mit sich reden läßt und obendrein den unmenschlichen Grimm auf die Tochter noch immer von neuem durchlau't. Da kommst du uns ganz gelegen, Karsten," schloß er. „Du hast ja Leute genug in der Stadt, die vor der Hand doch nichts zu thun haben und nur auf deinen Wink warten. Wenn man so ein paar Bursche avertirte? Der Eberhard ist kein Knauser, wie du weißt. Ihr, Vater," und er wandte sich gegen den Alten, „seid doch in der Stadt weniger bekannt und —"

„Meinst du?" fragte Steffen und zum drittenmal glitt jenes gespenstige Lächeln durch seine Züge, nur daß es diesmal drohender war als vorhin. „Glaubst du," fuhr er fort und stand auf und trat gegen das Fenster zu, „glaubst du, ich ließe die da drüben aus den Augen? Die Rache ist mein! spricht der Herr, und ich will weiter nichts von ihnen. Aber vor neuer Sünde sollen sie sich wahren, oder ich fasse sie. Das ist, als hätten sie ein Schellenkleid an, wie der Hanswurst; rühren sie sich, so klingelt's, und ich bin da." —

Er war wie gesagt zum Fenster getreten und schaute hinaus. Die beiden Anderen warfen sich nur einen Blick des Einverständnisses zu, hielten sich jedoch schweigend zu ihren dampfenden Pfeifen, und es war so still im Zimmer, daß man deutlich vernahm, wie Regine draußen in der Küche mit Töpfen und Geschirr hantirte. Ja, dies wurde um so vernehmbarer, da auch der Schneesturm pausirte und seine Schauer nicht mehr gegen das Haus und die Fenster jagte.

Es war draußen alles weiß, aber die Straße zeigte sich völlig übersehbar, und man konnte von Steffens kleinem Fenster aus sogar den weitläufigen Wirthschaftshof und im Hintergrunde das Herrenhaus mühelos überblicken. Der Himmel hatte sich gelichtet und nur ein feiner Dunst von Schneestaub verhüllte noch die Höhe und verhinderte die Sonne herabzustrahlen. Regine wiederholte eben ihr früheres Geschäft und kehrte draußen den Schnee aufs neue von den Scheiben, deren Eisblumen von der im Zimmer herrschenden Hitze längst geschmolzen waren.

„Wer ist denn da beim Herrn gewesen?" fragte der Schäfer plötzlich und schaute noch schärfer auf den Hof hinüber. „Sie führen Pferde vor und es sind Douanen und Gensd'armen dabei."

„Das weiß ich nicht," versetzte Detlef lebhaft und war auf und mit ein paar Schritten neben dem Greise. „Vorhin war noch keiner dort, und daß es von dem Gesindel sein und man uns nichts gemeldet haben sollte —"

„Sieh selber," unterbrach Steffen ihn ruhig und machte ihm vor dem kleinen Fenster Platz. „Da tritt der Herr in die Thür, und der neben ihm muß der Kommandant in Nieder-Rhoda sein."

„So soll ihnen doch ein heiliges Millionen-Donnerwetter auf die Köpfe fahren!" — brach der Jäger aus.

„Na menagir' dich," meinte jedoch der Schäfer kaltblütig. „Uns kann's, glaub' ich, egal sein, ob das Gesindel da herumspionirt, zumal es diesmal nur von wegen des Wetters eingekrochen sein wird. Und von dem Karsten wissen sie auf dem Hofe nichts, oder —" und er sah gegen den eben sein Glas leerenden Seemann zurück — „ist's anders, Karsten?"

„Mich hat keine Katze gesehen," erwiderte er das Glas niedersetzend und erhob sich zugleich und reckte und dehnte die Glieder. „Gott verdamm's, ich bin steif wie ein verschlagener Gaul!" —

„Halt' dich zur Kammerthür, Karsten," sprach Steffen nach einem neuen Ausblick. „Sie kommen heran, und es kann niemand wissen, was ihre Köpfe für Einfälle haben. Setze dein Glas fort und dann zur Kammer. Kennst den Weg auf den Boden. Da dürften sie dich schwerlich finden."

„Laß sie kommen," entgegnete der Seemann seelenruhig und reckte die Arme aufs neue über den Kopf hinauf. „Contrair, habe ein unmenschlich Verlangen nach solch' einer kleinen Motion! Vor den armen Teufeln vertriech' ich mich nicht."

„Du bist ein Narr, Junge! Mache, daß du fort kommst," sagte der Schäfer ein wenig ungeduldig. „Von dir ist hier keine Rede, könntest dir meinetwegen noch mehr Knochen zerschlagen lassen oder sie ihnen zerschlagen, als ihr in euch habt. Unsere aber wollen wir noch heil behalten. Also — Ordre parirt, sie sind gleich da, und her gucken thun sie auch." Und ohne noch einen Blick zurückzuwerfen, überließ er den streitlustigen Gesellen sich selbst und schaute, hinter Detlef stehend, den sich nahenden Reitern entgegen.

Es waren, wie er es vorhin gesagt, ein paar Douanen, Gensd'armen und Ordonanzen von den französischen reitenden Jägern, wie sie sich zufällig oder absichtlich zusammengefunden oder durch den Schneesturm, der ein Verweilen im Freien oder gar einen Marsch während seiner Dauer fast unmöglich gemacht hatte, im Herrenhause zu Dreiheiligen vereint worden. Der Vicomte Vial, den der Schäfer richtig erkannt, ritt mit dem Brigadier der Douanen an der Spitze, in lebhafter, ja wie es fast schien, heftiger Unterhaltung begriffen. Beide gestikulirten wenigstens in der ungestümen Weise der Südländer gegen einander, und das schöne, frisch geröthete Gesicht des Vicomte so gut wie das ernste und feste Antlitz des viel älteren Brigadiers zeigte gereizte, finstere Züge. Die

Augen von Beiden streiften sichtbar mehr als einmal zu Steffens kleinem Hause herüber.

Nun waren sie ganz nahe und hielten sogar ihre Pferde an; der Klang'ihrer Worte drang bis zu den beiden Männern am Fenster, wenn die französischen Laute ihnen natürlich auch unverständlich blieben. Aber der Brigabier machte jetzt eine so entschiedene und bezeichnende Bewegung, daß man kaum darüber im Zweifel sein konnte, er lehne eben irgend etwas auf das bestimmteste von sich ab; und im nächsten Augenblick drückte der Vicomte, durch dessen Züge etwas wie ein jähes, glühendes Zürnen zuckte, seinem Pferde die Sporen ein, daß es sich bäumte und dann nach vorn schoß. Die Uebrigen folgten dem Führer und waren bald zu weit entfernt, um sie aus Steffens Fenster noch erblicken zu können.

„Der hatt' es auf Euch abgesehen, Vater," sagte Detlef mit unterdrückter Heftigkeit und wandte sich finster schauend und die Faust ballend zu dem Alten, von dem er während der vergangenen Minuten weder etwas gesehen noch gehört, so still hatte der Greis sich an seiner Seite gehalten.

Auch nun, da ihn des Jägers Auge traf, stand er noch vollkommen regungslos, die Gestalt wie erstarrt, das graue Gesicht wie versteint, und mit kaltem, leblosem, abwesendem Blick auf den Platz starrend, wo vor Kurzem noch Vial und der Brigarbier gehalten. Er erwiderte nichts auf Detlefs Rede, schien sie vielmehr gar nicht vernommen zu haben.

Der Jäger beobachtete ihn einen Augenblick schweigend

und wie betroffen; dann wandte er sich aber ab und gegen den Hintergrund des Gemachs, wo der Seemann es sich schon wieder bequem machte, und sagte: „das ist überhaupt Einer, der mir trotz seiner artigen Manieren und Worte und seines schmucken Aeußeren Sorge macht. Er hat Auge und Nase überall, fürcht' ich, und wenn er einmal seinen Kopf auf etwas gesetzt hat, greift er zu und durch und weiß von keiner Schonung. Wir dürfen ihn nicht aus den Augen lassen. Der Herr redete gestern unterwegs auch davon."

„Na schön," meinte Karsten Herbart nach einem tiefen Zuge aus dem frisch gefüllten Glase, „so nimmt man sich ihn eben einmal vor. Er steht bei mir ohnehin schon auf der schwarzen Liste."

„Laßt ihn gehen, sage ich," sprach in diesem Augenblick die ruhige, eintönige Stimme des Schäfers. Der alte Mann hatte sich umgewendet und schaute auf seine beiden Gäste mit einem ungewöhnlich bewegten, fast schwermüthigen Blick: „Der wird dem Lande nicht mehr schaden, und mir wird er auch nichts thun. ‚Heute roth, morgen todt,' heißt's von dem," setzte er hinzu.

Die beiden Männer schauten den Greis stumm und bestürzt an, bevor Karsten mit einem eigenthümlich scheuen Ton und halb fragend bemerkte: „nun, das ist leicht gesagt, Steffen. Darnach sieht der grade am wenigsten aus."

„Er ist ein todter Mann," versetzte der Schäfer mit ruhiger Bestimmtheit. „Ich sah seinen Kopf im blutigen Nebel, und das hat mich noch nie getäuscht; und dann sah ich ihn jählings hingestreckt in der Lade auf den

Schultern seiner Jäger. — Es ist ein todter Mann, sage ich." —

In die tiefe Stille, welche diesen Worten folgte, tönte plötzlich hell und freundlich der in die Thüre blickenden Regine Stimme. „Wenn ihr noch warmes Essen wollt," sagt sie munter, „so kommt bald, es wird sonst kalt. Es hat auch auf dem Hofe schon längst geklappert, und zum Reden habt ihr auch draußen Zeit und Raum genug."

Zwölftes Kapitel.

Was sich auf einem Balle treiben läßt.

Des Jubels Tön schallten durch die Nacht,
Und Belgiens Hauptstadt war zum Fest zusammen,
Was hold und ritterlich. — Der Frauen Pracht,
Der Kerzen Ernst strahlt' in der Lampen Flammen,
Und tausend Herzen schlugen froh; es schwammen
Rings Klänge der Musik, so süß und traut;
Dem Ohr schien die Liebe zu entkommen,
Drum alles jauchzt', als gält's ein Fest der Braut, —
Doch still! Horch! Ferne hallt's wie dumpfer Grabeslaut.
    Byron, Harolds Pilgerfahrt.

 Die Festräume des Schlosses zu Nieder-Rhoda waren lange nicht in ihrer vollen Anzahl und zu ihrer vollen Pracht geöffnet gewesen, denn so prunkliebend der alte Graf Hartmuth auch war, wir erfuhren bereits, daß er neuerdings ein etwas besserer Haushalter geworden, als er's vor Zeiten gewesen. Und so selbstständig er sich von je her gehalten und so hochmüthig er in seinem Willen und in seinem Handeln das Gesetz nicht nur für seine Familie, sondern sogar für alle ihm benachbarten und bekannten Standesgenossen erkannt wissen wollte, — selbst er hatte es in den vergangenen schweren Jahren nicht gewagt, von dem einfacheren und verhältnißmäßig stillen

Leben abzuweichen, welches in diesen Gegenden seit ihrer Besetzung durch die Franzosen bei den Einen durch ihre patriotischen Gefühle, bei den Anderen durch die Noth der Zeit, bei noch Anderen endlich durch das Beispiel der Nachbarn zur Regel geworden war und die frühere glänzende Geselligkeit, bis auf die letzten Wochen, auf seltene Gelegenheiten und kleine Kreise beschränkt hatte. Alle Welt schränkte sich auf das ernstlichste ein, gleichviel ob es nur des eigenen Vortheils wegen geschah, oder nur, um nicht den im Grunde allgemein verhaßten Fremdlingen etwas bieten zu müssen, was dieselben für ein Nachgeben oder gar Entgegenkommen hätten halten können.

Und wenn zumal in den größeren Städten die Winter-Vergnügungen noch hin und wider den alten gewöhnlichen Verlauf nahmen, von den fremden Garnisonen in Gang erhalten, zuweilen geradezu erzwungen wurden, — auf dem Lande, unter dem dort zahlreich angesessenen Adel war davon fast nirgends die Rede. Die meisten Familien hatten ihre alten Stadtwohnungen längst aufgegeben und verließen ihre Besitzungen selbst im Winter und auf wenige Carnevals-Wochen nicht mehr. Sie fanden sich, wie erwähnt, höchstens nur noch hie und da in kleinen nachbarlichen Kreisen zusammen. Ja, noch mehr — gegen größere Feste jeder Art schien überall eine solche Abneigung zu herrschen, daß, wer sie dennoch veranstalten wollte, gar keine größere Gesellschaft zusammengebracht hätte. Sogar Graf Hartmuth war davon überzeugt und nahm daher die erste Eröffnung seiner Tochter über ein Ballfest in Nieder-Rhoda halb mit dumpfer Verwunderung, halb mit all dem Spott auf, dessen er noch fähig war. Einen Abschlag gab er ihr indessen nicht, denn seit jenem Nachmittage, wo Gräfin Hebe ihn von der Existenz jenes Enkels unterrichtet und sein Stolz und Selbstgefühl durch das Eindringen der plötzlichen Einquartierung einen herben Schlag erhalten hatte, war des alten Herrn ganzes Wesen anscheinend verändert, sei es gefügiger, sei es stumpfer geworden, und seine Tochter zumal vernahm keine Aeußerung mehr von ihm, in der sich überhaupt etwas wie ein Wille offenbart hätte. Es ist freilich für uns, die wir Hebe bereits genauer kennen lernten, wenig glaublich, daß das, was sich hinter dieser Gefügigkeit und Willenslosigkeit verbarg — die Intriguen und Machinationen, von welchen Detlef Reuter neulich zu seinen beiden Genossen redete — der Comteß grade unbekannt geblieben sein sollte. Allein, wie dem auch sein mochte, gegenwärtig achtete sie anscheinend wenigstens gar nicht auf dergleichen „Häuslichkeiten" und schien durch das Interesse für ihr Ballfest von allen anderen Gedanken abgelenkt zu werden.

Sie wollte das Fest einmal und betrieb nun mit Vials Hülfe alles, was dasselbe glänzend und heiter machen konnte, im weitesten Umfange, nach dem größten Maßstabe. Sie fragte nach keinem Hinderniß, sie kümmerte sich um keine Einwendung. Wer an der Erfüllung ihrer Wünsche, an dem Erfolg ihrer Mühen und Betreibungen zweifeln wollte, den verwies sie lachend darauf, daß man neuerdings grade in dieser Gegend ja bereits wieder geselliger geworden, — wir erinnern uns hier der Mittheilungen Vials an General Renaud. — Man sei

des klösterlichen Lebens, des Schmollens mit den Franzosen
satt. Man sehne sich, sein altes Leben wieder aufzuneh-
men, — sie kenne ihre Landsleute. — Sie ließ sich nicht
dadurch stören, daß niemand durch ihre Antwort recht
überzeugt zu werden schien. Und die Einladungen er-
gingen, und die Antworten lauteten fast ausnahmslos
zustimmend.

So war es denn wirklich gelungen, aber für jeden,
der mit ernstem, unverblendetem Aug' in die Zeit schaute,
mußte es dennoch ein Erfolg bleiben, den vermuthlich
niemand anders als Gräfin Hebe erzielt hätte, und wie
sie zu diesem Erfolge gelangte, wußte wahrscheinlich auch
nur sie allein. Daß besondere Mittel in Anwendung gekommen, konnte höchstens jemand verborgen bleiben, der
die Zustände und Verhältnisse gar nicht oder sehr ober-
flächlich kannte. Niemand von den Eingeladenen hätte die
Einladung nur des Vergnügens wegen angenommen, das
viele gar nicht einmal für ein solches gelten lassen mochten und andere geradezu verdammten. Der Zauber freilich, der von Gräfin Hebe aus über Nähe und Ferne ging,
hatte seine tausendfach verschiedene Weise und tausend
offene und versteckte Wege. — —

Der Tag war da, und die Festräume des Schlosses
glänzten, als hätten sie in der langen Ruhezeit Muße gehabt, zu ihrer vollen Pracht und Schönheit zu gelangen,
so großartig und so überraschend war der Anblick, der sich
den Gästen darbot, und mehr als Einer gönnte der nicht
minder glänzenden, nach und nach sich versammelnden
Gesellschaft, den Freunden und Bekannten erst den zweiten

Blick; der erste galt dieser Reihe von Gemächern, von denen jedes dem anderen an Pracht und Glanz oder an Anmuth und Behaglichkeit den Vorrang streitig machte. Hier zeigte sich der Geschmack des jungen Franzosen, der in den vorhergehenden Tagen unermüdlich im Herbeischaffen und Ausführen dessen gewesen war, was Gräfin Hebe ersonnen und verlangt hatte.

Und die Räume waren wohl eines Blickes werth — der große Saal in seinem Lichtmeer, mit dem blitzenden Krystall seiner Kronleuchter, seinen hohen Spiegeln, den prachtvollen Gruppen üppiger Treibhaus-Pflanzen, die in den Ecken sich erhoben und die Fensternischen zu dämmernden Lauben gestalteten; die Reihe der Spiel- und Speisezimmer auf dieser Seite, nicht minder hell, nicht minder reich, einladend zur frohen Geselligkeit, zum üppigen Genuß; und auf der anderen Seite dann Gemach an Gemach, eins immer einladender und verlockender, als das andere, immer dämmeriger werdend, immer stiller, immer träumerischer und duftender von Blüthen, bis zu dem letzten, dem runden, dunkelroth drapirten Raum, wo nur noch eine Lampe von oben her ein mildes Licht ausgoß über die Statuen, die Vater und Großvater des jetzigen Besitzers ihrer Zeit aus Italien mitgebracht; wo nur noch der Duft der schönsten Blumen weilte und von der fernen Musik her einzelne Töne gleichsam träumend herüberklangen.

Selbst Graf Hartmuth hatte, als er sich vor dem Beginn des Festes durch Vial in den Räumen umherführen ließ, bei diesem Gemach zum erstenmale wieder eine Art von verbindlichem Lächeln in seinem Gesichte gezeigt, die Hand majestätisch auf des Offiziers Schulter gelegt und gesagt: „Charmant, mein Herr Vicomte!" — Aber Vetter Christian, der zugegen war, hatte bedächtig seine neueste Perücke geschüttelt und gemeint: „Ah, mein Cousin, sagen Sie lieber: Pernicios! — Man bekommt hier Herzklopfen! — Die Jungen freilich wollen das gerade. Nicht wahr, mein Herr von Vial?" —

Graf Hartmuth hatte den alten Verwandten, auch wieder seit manchen Wochen zum erstenmale, mit der souverainsten Verachtung seiner früheren stolzen Tage angeblickt und gegen den Offizier höchst bezeichnend die Achseln gezuckt.

Und nun die Gesellschaft in all diesen Räumen, strahlend von Jugend und Schönheit, geziert mit Anmuth und Grazie, in der duftigsten Frische oder der reichsten Pracht ihrer Toiletten, voll Lust und Heiterkeit, summend und schwärmend, neckend und lachend, tanzend und plaudernd, denn die junge Welt hatte nach und nach dem Ernst und der Gesetztheit Valet gegeben, und auch die Alten fanden sich leichter, als mancher erwartet haben mochte, in einen munteren Ton hinein. — Und dann die, wenn auch veralteten, doch reichen Uniformen der früheren Hofchargen, — es gab hier Jagdjunker und Kammerherren im Ueberfluß, sogar ein paar Hof-Marschälle und Land-Jägermeister — und endlich die Offiziere von dieser oder jener Waffengattung und von allen Graden in ihren zum Theil prachtvollen, zum Theil wenigstens höchst kleidsamen Costumen — wo man hinsah, Gold und Orden, strahlender Schmuck und strahlendere Augen, flatternde Schärpen und wehende Federn, wogende Busen und heiß klopfende Herzen!

Das war der Anblick, den Graf Eberhard hatte, als er schon zu später Stunde mit einem jüngeren Begleiter durch die Spielzimmer schritt und in einer Pause des Tanzes, an der Thür des großen Saales Halt machte. Bekannte hatte er hier und da genug gesehen und im Vorbeigehen flüchtig begrüßt, von den Seinen entdeckte er aber jetzt nur Gräfin Hebe, welche in strahlender Schönheit und funkelnder Heiterkeit einen Sessel eingenommen hatte, der auf einer kleinen Erhöhung im Hintergrunde des Saales stand und ihr somit Gelegenheit gab, die Gesellschaft und ihr Treiben vollständig vor Augen zu haben. Ein Kreis von Damen und Herren umgab sie, als sei es ein wirklicher Hof, den die thronende Königin hielt; nur schien man dort fröhlicher zu sein, als es an einem Hofe erlaubt zu sein pflegt.

Graf Eberhard's mildes Auge bemerkte dieses alles mit sichtbarem Mißbehagen. „Thörin!" murmelte er vor sich hin, und indem er sich dann zu seinem Begleiter wendete, sprach er: „Das ist also für's Erste noch nichts, mein Freund. Sie sehen, wie sie Hof hält, — denn das ist meine Schwester. Warten wir einstweilen hier in der Fensternische."

Der Andere — es war ein Mann in sauberer, aber einfacher Gesellschafts-Toilette, auf der als einziger Schmuck sich das achtspitzige Kreuz des preußischen „Ordens" an seinem um den Hals geschlungenen schwarz-silbernen Bande zeigte; eine große, feste und doch schlanke, ächte Soldaten-Gestalt, ein kleiner Kopf mit dunklem Haar und ernsten Zügen, das linke Auge durch eine schwarze Binde verdeckt — der Andere, sagen wir, nicht kurz, und sie traten in eine der zu Lauben umgestalteten Nischen, wo sie, halb im Schatten, dennoch fast den ganzen Saal übersehen konnten.

„So wirds recht sein," meinte Graf Eberhard; „da sind wir in Ruhe und können die Komödie drüben ihr Ende nehmen lassen. Horch, man stimmt schon zum neuen Tanz!" —

Der Fremdling schaute ernsten Blickes auf das glänzende Durcheinander im weiten Raume des Saales. „Mein Freund," sagte er endlich, „diese Maskerade gefällt mir verzweifelt wenig und meine Rolle dabei am allerwenigsten. Mag der Zweck gut sein, das Mittel ist, zumal in dieser Zeit, ein meinem Sinne nach fast zu frivoles. Und daß ich zuerst mit der Gräfin Schwester verkehren soll — ich" —

„Nicht so rasch und nicht so streng, Herr Weiberfeind!" versetzte Graf Eberhard gedämpft und legte die Hand auf des Freundes Arm. „Kommen Sie meiner Schwester näher, lernen Sie sie kennen. Sie wird gegen Sie nicht zurückhalten, und da müssen Sie bald sehen, daß in dieser schönen und gebrechlichen Form nicht nur ein männlich kräftiger, sondern auch ein enthusiastischer Geist und vor allen Dingen ein unserer Sache bis in den Tod getreues Herz schlägt. Hebe hat alle Fäden in ihren Händen, sie allein hat zwischen uns allen vermittelt und war die Einzige, die das ohne Verdacht zu erregen vermochte. Glauben Sie mir, ihr drüben habt es nicht schwerer als wir. Ich habe das recht bei meinen jüngsten Landfahrten gespürt. Wir mußten endlich einmal zusammenkommen und konnten es doch nicht. Da bot sie uns zu diesem Zweck dieses Fest an, das sie durch die Herren Franzosen selbst arrangiren ließ. Und nun kommen Sie, Aufklärung zu verlangen, Aufklärung zu geben, Anerbietungen zu machen, unsere Mittel und Kräfte kennen zu lernen, die wir in Ihre Hand geben sollen und wollen, — sagen Sie, hätten wir es besser treffen können? — Wir bedürfen keiner langwierigen und gefährlichen Vermittelung, wir sind alle bei einander. Also nicht zu streng, mein Freund! — Und nun," brach er ab, da eben die Musik eine Quadrille begann und die Paare sich bereits zu ordnen anfingen, — „nun zur Audienz. Schwester Hebe wird zugänglich."

In diesem Augenblick, da sie eben aus der Nische in den Saal hinaustraten, eilte aus der nächsten Colonne eine Dame herbei und zeigte ihnen Sophie Magdalenens schlanke Gestalt und anmuthig fröhliches Gesicht.

„So irrt' ich mich also doch nicht!" rief sie, und bot dem Onkel herzlich die Hand. „Ich glaubte schon vorhin —" Sie stockte, denn ihr Auge traf erst jetzt auf den Fremdling neben dem Verwandten. Es zuckte wie ein jäher Schreck durch ihr erglühendes Gesicht, und ihr Auge wandte sich gleichsam mit scheuer Frage bald zum Grafen Eberhard, bald auf bessen Begleiter. Ihre Lippen öffneten sich —

Der Onkel kam ihr zuvor. „Ah, mein Liebling, ich vergaß!" sagte er lächelnd. „Herr von Seelhorst, ein guter Bekannter und halber Verwandter, mein Kind, der heut als lieber Besuch anlangte. — Meine Nichte, Eugen's Schwester, Freund. — Wo ist Eugen? Er wird große Freude haben."

Sie wandte den Kopf und ließ die ernst gewordenen Augen über den Saal fliegen. „Ich weiß nicht. Ich sah ihn heute Abend wenig," versetzte sie. „Er war verstimmt." — Und wieder zum Onkel aufsehend, flüsterte sie: „Wie bin ich erschrocken!"

„Erschrocken gar? Was spukt denn in Rhodenfelde, daß nun auch ihr Beide schwache Nerven bekommt?" meinte der Onkel scherzend. „Aber dein Tänzer wird ungeduldig, Kind, der Tanz beginnt. — Adieu, später mehr. Du findest uns bei deiner Tante vermuthlich, dahin wollen wir. Kommen Sie, Seelhorst." — Und während das Mädchen davon eilte, verließen Beide diesen Theil des Saales, wanden sich zwischen den verschiedenen Colonnen durch, die, gerade die erste Tour beginnend, sie weiter nicht beachteten, und gelangten endlich zu Hebe's Sitz, der, wie schon erwähnt, ein wenig erhöht war und der schönen Frau Gelegenheit bot, den Saal zu übersehen, ohne daß sie sich aus dem Sessel hätte erheben müssen.

Für den Augenblick saß sie nun in der That allein, denn ein älterer Herr wandte sich eben von ihr fort, und die zunächst Stehenden und Sitzenden hatten für jetzt alle Aufmerksamkeit den Tanzenden zugewandt.

„Ah, Bruder Eremit!" rief sie, als sie der Nahenden gewahr wurde, und ihr Auge flog mit einem glanzvollen Lächeln dem Bruder entgegen. „Du kommst also doch noch? Ich dachte sonst bei deinem langen Ausbleiben schon, du hättest dir wieder einmal von der Hypochondrie rathen lassen und anderer Leute Freude verachtet. Und nun gar zu Zweien! Ich bitte ab Bruder!" — Und das braune Auge heftete sich mit einem anscheinend nur freundlichen und doch, wie der Fremdling zu spüren glaubte, durchdringenden Blick auf diesen.

Eberhard nahm und drückte ihre Hand und nickte ihr dabei herzlich zu. „Meine kluge Schwester weiß, daß ich hin und wider auch bessere Gründe habe," sagte er lächelnd. „An meinem Kommen hast du im Ernst wohl nicht gezweifelt, daß ich aber so spät kam — nun, ich bekam Besuch und hatte Mühe, den Freund zum Mitfahren zu bewegen. — Das ist Herr von Seelhorst, Hebe."

Und indem seine Finger sich gleichsam zufällig zu jenem Kreuz zusammenlegten, welches in unserer Erzählung schon einmal von großer und rascher Wirkung war, setzte er unbefangen hinzu: „Du hegtest früher den Wunsch, den Freund kennen zu lernen. Damals machte es seine schnelle Abreise unmöglich, nun ist er hier."

Ein Blick, wie ein Blitz, traf den Fremdling, den Bruder, die ganze nächste Umgebung, und dann rief sie, Seelhorst die Hand hinbietend: „Charmant, charmant! Das heiße ich doch noch einmal Glück und unverhofft! — Seien Sie mir bestens willkommen, und damit Sie sehen, daß ich den Zufall, der Sie mir heute zuführte, zu schätzen weiß, so ziehen Sie sich den Stuhl heran und setzen sich zu mir, Herr von Seelhorst. Mein Bruder hat jetzt keinen Sinn für uns — es locken ihn andere Reize, — alte

Freundschaft, alte — bah, lassen wir ihn und plaudern in aller Ruhe lieber von den alten märkischen Freunden. Denn daher kommen Sie doch?"

Sie rückte, obgleich ihr das nicht leicht werden mochte, ihren Stuhl ein wenig zur Seite, so daß ein zweiter sichtbar wurde, der noch auf der Erhöhung hinter ihr und zwischen den beiden großen Orangenbäumen stand, welche den Platz des heiteren Wesens mit ihrem Laube überwölbten. Ihr Fächer und ihr Auge deuteten darauf hin, und während Eberhard, mit einem Scherzwort die Neckerei der Schwester beantwortend, sich wirklich ab und zu ein paar nahesitzenden Damen wandte, zog Seelhorst den Stuhl heran und ließ sich langsam nieder.

Was auch mit ihm vorgegangen und wie es auch gekommen sein mochte — wer Seelhorst früher und jetzt gesehen, hätte die Veränderung bemerken müssen, die seitdem statt gefunden. Die Abneigung, welche er vorhin gegen diese Begegnung verrathen, und die mißmuthige oder gar finstere Weise, mit der er Graf Eberhard's Wunsch gefolgt war und ihn bis zur Schwester begleitet hatte; der kalte Ausdruck seines Gesichts und Blickes, den er noch beim ersten Herantreten, bei ihren ersten Worten bewahrt, — alles hatte sich jetzt verloren, und sichtbar ganz anderen, vielleicht sogar entgegengesetzten Regungen Platz gemacht. Es mochte immerhin ihre Erscheinung sein, die das bewirkt hatte; Hebe war heute mehr als je von zwar etwas phantastischer, aber überwältigender Schönheit, und das Gewagte, das eine ungewöhnliche Tracht fast stets haben muß, verschwand bei ihr, die, wie wir es schon einmal hervorhoben, durch und durch als Kind jener Zeit erschien, in der diese Mode die herrschende gewesen. Und zu allem Anderen sprach aus diesem Auge, trotz des heiteren Lächelns, ein Verstand, und aus dem ganzen Gesicht ein Geist, die ihn vollends vergessen ließen, was ihn an ihrer Erscheinung, bei ihrem ersten Anblick, als gar zu leicht, oder wie der strenge Mann es heißen mochte: als zu frivol abgestoßen hatte.

Sie ruhte ein wenig rückwärts und seitwärts, den Arm auf die Seitenlehne des Sitzes gelegt, ihm so nahe wie möglich, und ihre Worte trafen ihn wie ein Hauch, als sie jetzt, während ihr Auge mit dem heitersten Lächeln den Saal überflog, flüsterte: "Endlich! Und doch — weßhalb gerade jetzt?"

Er beugte sich bequem vorüber, ihr ganz nahe. — "Die Zeit drängt," gab er eben so zurück. "Wichtige Nachrichten! — Daß ich dieselben freilich auf einem Balle zuerst —"

"Bah, seien Sie nicht pedantisch! Wir hatten keine Wahl! — Sie konnten gar nicht rechtzeitiger kommen. Daß Sie heut aber sich hieher wagten, ist fast tollkühn."

"Weßhalb? Das ist es nicht, was mich zögern ließ, bei dieser Fahrt zu sein; denn wer kann mich hier erkennen, Gräfin?"

"Ich habe Sie nie gesehen und doch sogleich erkannt — ohne meines Bruders Wort."

"Ja, Sie! — Es hat aber hoffentlich nicht jedermann Ihre Augen und Ihre Combinationsgabe."

"Bauen Sie lieber nicht zu fest auf meine Vorzüge,"

sagte sie und schüttelte lächelnd den Kopf. — „Renaud und seine Beamten sind nicht zu verachten, mein Herr. Doch davon ein anderes Mal. Da Eberhard Sie brachte, wird er Grund haben, Sie für sicher zu halten. Er ist vorsichtig, mein Bruder. Also — Sie bleiben jetzt hier?" — „Ja, wie verabredet. Man beauftragte mich, und es ist nicht zu säumen."

„Und Ihre Nachrichten? Sind sie wirklich so wichtig?"

Er warf einen forschenden Blick umher. Der Tanz war im vollen Gange, die Nichttanzenden hatten ihm ausnahmslos ihre Aufmerksamkeit zugewandt, Graf Eberhard plauderte noch immer und ungewöhnlich heiter mit den Damen in ihrer Nähe. Von Beobachtung zeigte sich nirgends eine Spur, von Horchern konnte gar nicht geredet werden. — Gräfin Hebe liebte dergleichen schon im alltäglichen Leben nicht und wußte ihre Plätze stets demgemäß zu wählen. —

Da beugte sich der Fremdling noch ein wenig näher, so daß seine Lippen fast die weiche, schlanke Locke berührten, welche hinter Hebe's kleinem Ohr geschmeidig auf die weiße Schulter niederglitt, und die Stimme zu einem Tone dämpfend, der selbst in solcher Nähe kaum noch vernommen ward, flüsterte er: „Der Kaiser hat am 6. December die Armee verlassen, um nach Paris zu eilen. Sie ist vernichtet." — —

In der Gestalt des schönen Weibes ging etwas vor, obschon es selbst dem so nahe sitzenden Fremdlinge kaum bemerkbar wurde, so hatte Hebe sich in der Gewalt. Nur die Spitzen, welche den tiefen Ausschnitt des Kleides über dem Busen umgaben, zitterten wie von einem gepreßten Athemzuge, und die dem Fremden nur halb zugewandte Wange schien ihm auf eine Sekunde um eine Nuance blässer zu werden. Das war alles, es müßte denn sein,· daß er auch noch ihr Schweigen für ein weiteres Anzeichen ihrer Bewegung hätte gelten lassen wollen. Allein auch das währte nur einen Moment, dann wandte sie ihm das Köpfchen plötzlich ein wenig weiter zu, die Augen trafen ihn mit einem blitzenden, unbeschreibbaren Blicke, und sie wieder ab und dem Saale zuwendend, sprach sie lauter und in spottendem Tone: „Ah, also darum waren wir so zerstreut und so wenig gesellschaftlich und ziehen den Spieltisch jeder anderen Unterhaltung vor!"

Er sah sie einen Augenblick fragend an; dann aber versetzte er kopfschüttelnd: „Wenn ich Sie recht verstehe, Gräfin, so möchte ich nicht zustimmen. Er weiß vermuthlich noch gar nichts davon, d. h. von diesem neuesten Ereigniß. Wir erhielten die Nachricht vorgestern Abend, und ich glaube, wir sind besser bedient. Allein, auch was man sonst von der Armee erfährt, ist schlimm genug. Es ist ein Bulletin da, das den Ruin zugesteht. Wir sahen es noch nicht — aber das wird in ihm wirken."

Es verging eine neue Pause, bis sie fragte: „Und in Berlin? In Potsdam?"

Er zuckte die Achseln, und sein ernstes Gesicht nahm für den Augenblick einen mißmuthigen, fast ein wenig verachtenden Ausdruck an. „Nichts als das Alte!" flüsterte er zurück. „Der Herr war niemals schwankender, verdrießlicher, reizbarer, mit einem Worte unberechenbarer. Niemals bisher ward es so klar, was er, was wir an der Königin verloren haben! — Von der Seite haben wir keine andere Hoffnung, als daß man feindlicherseits dumm und frech genug ist, den Herrn etwas für seine persönliche Sicherheit fürchten zu lassen. Wir haben Anzeichen, daß dergleichen nicht unmöglich wäre."

Sie antwortete auch dieses Mal nicht sogleich, sondern den Kopf ein wenig gesenkt haltend schien sie, so viel er bemerken konnte, mit einem schier träumerischen Blicke über die bunte Menge hinzuschauen, die den Raum vor ihr plaudernd und lachend, tanzend und kokettirend erfüllte. Plötzlich aber wandte sie ihm das Gesicht zu, und indem sie ihre großen, braunen Augen mit sanftem, fast weichem Blicke auf seinen finsteren Zügen ruhen ließ, sagte sie: „Möchten Sie mir Ihren Arm leihen, Herr von Seelhorst? Der Tanz wird gleich zu Ende sein, und es ist Zeit zum Souper. Nachher würde mein Aufbruch noch auffälliger werden." —

Seelhorst war rasch aufgestanden und Hebe behülflich, sich zu erheben und von der Stufe herabzutreten, um welche ihr Sitz erhöht war. Sie lächelte ihn dankbar an, als er sie so fest stützte, und da Eberhard eben schnell herbeitrat, um den Gast abzulösen, machte sie mit der Rechten eine abwehrende Bewegung und meinte heiter: „Bleibe du nur da, Bruder. Du bedarfst einmal des rechten Gesellschaftstreibens, und ich bin, wie du siehst, wohl versehen. — Du triffst uns nachher im gelben Saale. Ich werde dir zwei Plätze aufheben. — Hier herum!" fuhr sie gegen ihren Führer fort und deutete auf eine

Zwölftes Kapitel.

Thür, welche hinter den Zuschauenden aus dem Saale ins Haus hineinführte und es möglich machte, die anderen Räume zu erreichen, ohne sich durch die Tanzenden durchzudrängen. — —

„Arme Schwester!" sagte Graf Eberhard, dessen melancholische Augen mit einem langen, zärtlichen Blicke der langsam Davonschreitenden gefolgt waren. „So jung noch, so schön, so voll des heißesten Lebens und der fröhlichsten Lebenslust, und so gefesselt an die Erde und ihre Schwäche! — Ich sehe das nun seit zwanzig Jahren nie ohne Schmerz."

Die Dame, mit der er bisher geplaudert, wandte die Augen gleichfalls von der Thür fort und erhob sie mit theilnehmend freundlichem Blicke zu dem Bewegten. „Ja, es ist ein Schmerz!" sprach sie, „und um so mehr bewundere ich, wie Hebe es von jeher ertragen. Denken Sie zurück, Graf Eberhard! Selbst als junges Mädchen schien sie's niemals schwer zu nehmen." —

„Wie kam Ihre Schwester eigentlich zu diesem Leid?" fragte eine Andere, die zunächst saß. „Wurde sie so geboren?"

Er schüttelte den grauen Kopf. „Nicht doch," versetzte er mit trübem Lächeln. „Unser Bruder Hector stieß sie einmal im Jähzorn als dreijähriges Kind vom Tische herunter, auf dem sie saß. Lassen Sie uns davon schweigen."

„Und doch, Graf Eberhard," sprach die Erste wieder, „man sollte diesen Fall anders betrachten. Er ist nicht allein traurig, sondern auch psychologisch interessant. Denn von dem Augenblick an, Liebe," fuhr sie fort und wandte sich zur Nachbarin, „wurden die beiden Geschwister wie ein richtiges Liebespärchen, unzertrennlich und Eins in jedem Denken, Fühlen und Thun — er ihr Führer, sie seine Beratherin, ein seltsamer und zugleich herzerquickender Anblick für jeden, der das einmal beobachten durfte. Und als der Bruder damals davonging und hernach bei Regensburg fiel — das ist, glaub' ich, ein Schmerz gewesen, den unsere arme Freundin noch heute nicht überwunden hat und nie überwinden wird. Es sind in dieser Familie überhaupt nicht allein Seltsamkeiten, sondern auch unaufgeklärte Zustände mancher Art," fügte sie leise hinzu, da Graf Eberhard sich abgewendet hatte und mit ein paar herantretenden Herren sprach. „So war die Comtesse Mathilde zum Beispiel, die Mutter der Schönen dort, die eben ihren Cousin Eugen verabschiedet — sehen Sie nur, Baronin —"

„Der Tanz ist aus, man geht zu Tische," wurde sie von Eberhard unterbrochen, der, den Anderen zunickend, sich wieder an sie wandte. „Sie nehmen doch meinen Arm, Marianne? Wie lange sind wir mit einander nicht zu Tische gegangen!" — Und als die Dame sich erhoben hatte und, den Arm in den seinen schiebend, langsam durch das bunte Gewühl sich mit ihm fortbewegte, setzte er munter hinzu: „Seien Sie heiter, alte Freundin, und helfen Sie Hebe, unsere fremden Gäste beschäftigen. Lassen Sie auch mich nicht aus den Augen und geben Sie's nicht zu, daß ich still werde. Sie wissen wohl, ich bin diesen großen Gesellschaften fremd geworden und zuweilen zerstreut. Heute Abend soll das aber nicht sein. Wir müssen heiter bleiben. Die Herren Franzosen sollen sich nicht über Langweile zu beklagen haben und dürfen gar nicht zu Athem kommen."

„Dafür werden denn wohl Andere sorgen müssen," versetzte sie lachend, „und sie scheinen dazu auch Lust zu haben. Sehen Sie einmal Ihre Nichte an, die Stephanie, wie animirt sie jetzt ist — man sieht sie nicht oft so. Und sehen Sie den da neben ihr — ein Vicomte von Bial, Eberhard?"

„So heißt man ihn, Baronin. Sie wissen aber, ich komme wenig hieher. Ich sah sie noch nicht zusammen."

„Ah, da können Sie heute Abend Ersatz finden, Eberhard! Ich sah das Paar schon mehrmals — ein schönes Paar, wahrhaftig! — Stephanie ist in der That eine reizende Erscheinung, wenn sie einmal zeigt, daß sie Leben in sich hat, wie eben. Vorhin, wie sie ihren Tänzer verabschiedete — es war Eugen, mein' ich — schaute sie verzweifelt kalt und ablehnend darein, genau, wie vordem ihre Mutter. Eugen sah unglücklich aus."

„Er ist eben ein Thor, Baronin! — Doch da ist er selbst," fuhr Graf Eberhard fort, der in diesem Augenblicke den Neffen erblickte, wie er, mit finsterer Miene aus den anstoßenden Räumen zurückkehrend, in der Menge jemand zu suchen schien. — „Ich weiß einen stärkenden Trunk für ihn!" — Und indem er dem jungen Manne, welcher eben vorbei wollte, die Hand auf den Arm legte und den ihn Erkennenden und mit erheiterter Miene Begrüßenden ein paar Schritte mit sich fortzog, sprach er: „Frisch auf, Junge! Ich habe Besuch erhalten — den

Herrn von Seelhorst, der im Herbste bei uns durchreis'te. Er bringt uns die besten Nachrichten von den Verwandten in der Mark — es ist alles in Ordnung."

Eugen starrte ihn einen Augenblick fast bestürzt an, dann ging aber ein helles Leuchten durch sein Gesicht, und er murmelte: „Nun Gottlob! Endlich!"

„Wußt' ich's doch, daß du nicht mindere Freude haben würdest, als Sophie Magdalene. — Also bis nach Tisch! — Jetzt, mein Knabe — en avant! Vergiß nicht, du gehörst hier zu den Wirthen. Sorge, daß unsere Gäste sich amüsiren und nur heitere Gesichter um sich sehen."

„Was habt ihr alle?" fragte die Baronin Marianne im Weitergehen. „Wer ist dieser Seelhorst?"

„Wie Sie hören, ein Freund, der uns Nachrichten von den Rosenhöfern bringt. — Sie wissen ja wohl von den verzwickten Zuständen?" versetzte Graf Eberhard unbefangen.

„Graf, Graf, Sie flunkern mir da was vor!" meinte sie kopfschüttelnd. „Ich merkte recht gut, daß dieses Fest nicht gerade zum Vergnügen und aus Uebermuth arrangirt wurde. Auch ließ mein Mann etwas fallen —"

„Nun, Marianne, so seien Sie desto heiterer," unterbrach er sie. „Zeigen Sie diesen werthen Gästen, daß man auch bei uns zu leben und den Männern die Sorgen fortzulachen versteht. — Da sind wir aber. Sehen Sie, Hebe ist in ihrem — Esse!"

Die Dame drückte den Arm ihres Begleiters und begegnete seinem unbefangenen, freundlichen Auge mit einem bewegten Blicke. „Gott mit euch!" murmelte sie, und sie

traten vollends an den Tisch, in dessen Mitte allerdings
Hebe in ihrer vollsten Schönheit und glänzendsten Heiterkeit thronte und schon Gelegenheit gefunden zu haben
schien, durch ihre sprudelnde Laune auch die ganze erlesene
Gesellschaft anzuregen, welche sich um diese Tafel zusammengefunden hatte. General Renaub sogar, über dessen
Zerstreutheit sie vorhin gespottet, war jetzt, wie es schien,
in der besten Stimmung von der Welt an ihrer Seite,
und alle Uebrigen, die sich umher zeigten, glänzende Damen, stattliche Herren, Fremde und Einheimische, trugen
die gleichen vergnügten Mienen zur Schau.

„Ah, Baron, hab' ich's Ihnen nicht gesagt?" rief sie
eben einem ältlichen Herrn zu, der ihr schräg gegenüber
saß, — „das treue Pärchen hat sich wieder zusammengefunden, ich wette freilich, erst nach unendlichen, schüchter-
nen, kaum gewagten Bitten und kaum gewagten Ableh-
nungen! — Sie müssen nämlich wissen, General," wandte
sie sich lachend an Renaub, „mein Bruder hier ist wie
einer der Helden der Tafelrunde, ein ächter Ritter, und
widmet dieser Dame seit ihren frühesten Jugendtagen die
schwärmerischste Verehrung. Hieher, Herr Paladin — mir
vis à vis sind eure Plätze, neben unserem Freunde," setzte
sie gegen den freundlich ihr zunickenden Bruder gekehrt
hinzu. „Ich will euch unter den Augen haben. Ich
stärke mich an eurem Anblicke — es ist, als ob ich einen
Roman läse!" —

Man nahm Platz und scherzte weiter, eine Neckerei
jagte die andere, ein Einfall rief einen anderen, noch besseren hervor, das Lachen hörte nicht auf und die Heiter-

teil riß alle mit fort. Comtesse Hebe war allerdings, um den familiären Ausdruck des Bruders zu wiederholen, in ihrem Esse. Nie hatte sie silberheller gelacht, nie anmuthiger geplaudert; ihre Augen hatten niemals verführerischer geblickt und ihre ganze Laune, ihre ganze Erscheinung und Haltung war zu keiner Zeit eine reichere, wechselvollere, berückendere gewesen. Es entzog sich, wie es schien, niemand dem Einfluß dieses allgewaltigen Zaubers, und sogar der Fremdling, den wir Seelhorst nennen hörten und der, wie bemerkt, neben Eberhard saß, ließ an ihr mehr als einmal sein dunkles, ernstes Auge haften.

Graf Eberhard hatte einen solchen Blick beobachtet und beugte sich zu ihm. „Wie gefällt Ihnen meine Schwester?" fragte er lächelnd und leise. Rings achtete niemand auf sie.

Der Andere zuckte die Achseln. „Was kann ich sagen, mein lieber Graf!" versetzte er eben so leise, aber ganz ernst. „Ich glaube kaum, daß man viele ihres Gleichen finden dürfte, doch ich bin darin ein wenig erfahrener Richter. Daß sie freilich das Interesse zu fesseln versteht, wie selten jemand, habe ich vorhin an mir selbst erlebt und sehe ich jetzt an dem General dort. Ich bedaure jeden —"

„Ah bah!" gab Eberhard zurück. „Sie fesselte meine Schwester, wie sie ist. Den da besticht eine hohle Maske! Vergleichen Sie das nicht!"

Und in dem gleichen Augenblicke sagte der Besprochene, indem er sich näher zu seiner Nachbarin heranbeugte, in erregtem Tone: „Gräfin, unser Kaiser ist groß und hat

Paris zur Hauptstadt der Welt und der Kunst gemacht. Aber wäre ich es, so machte ich's auch zur Hauptstadt des Geistes und der Schönheit! Bei Gott, wenn ich Sie sehe und höre, fühl' ich's erst, wie arm wir noch sind. Ah, wenn wir auch alle Schönheit der Welt bei uns versammelt und Sie auf dem Throne dieses strahlenden Reiches sähen!"

Es traf ihn ein blitzender Blick. „Ah, General," sprach sie lachend, „was bliebe dann denen, die wie Sie in den Provinzen weilen müssen, und was bliebe denn diesen Provinzen selbst? — Ihr Kaiser versteht seinen und euren Vortheil besser. Er sieht es lieber, daß ihr auf euren Posten in der Fremde nicht allein den Dienst, sondern auch etwas für Herz und Auge findet, was euch Lust macht, auch für euch selbst auf Eroberungen auszugehen, die freilich nur eurem Gebieter wieder zu Gute kommen. Solche Siege erwerben euch ein Terrain sicherer als eure Waffen."

Er schüttelte lachend den Kopf. „Solche Siege, sagen Sie? Ich möchte es Niederlagen heißen, Gräfin! — Sie wenigstens haben sicher noch niemand gesehen, der nicht die Waffen vor Ihnen streckte!"

„Und wenn auch, General! Ist der Effect nicht der gleiche? Wir besiegen euch vielleicht, aber doch nur, um fortan zu euch zu gehören. Denn was bliebe uns sonst? Sie werden uns hoffentlich nicht den schlechten Geschmack zutrauen, daß wir unsere Bauern und Schmuggler euch vorzögen. — Sehen Sie sich um, General! Ich glaube, Sie können mit den Erfolgen der Ihrigen zufrieden sein.

Wer herrscht zum Beispiel heute Abend auf diesem Balle? Sehen Sie unsere Damen an und Ihre Offiziere!" — Und sie machte mit dem auf- und zuschlagenden Fächer eine graziöse Bewegung gegen ein paar andere Tische in dem geräumigen Saale, wo es freilich nicht minder lebhaft und heiter zwischen den Jüngeren herzugehen schien, als hier an ihrer Tafel.

„Ah, Sie meinen Vial!" versetzte der General, der ihrem Zeichen gefolgt war und seines Adjutanten vor Aufregung und Lust strahlendes Gesicht bemerkte; „aber gerade der widerlegt Sie. Ich spüre aus seinen Rapporten und heute aus seinem ganzen Wesen nichts von einem Siege, wohl aber etwas von einer — Uebergabe auf Gnade und Ungnade."

„O, lieber General, ein wie schlechter Menschenkenner Sie sind! Jene junge Dame dort neben ihm — schauen Sie einmal hinüber — sieht sie siegreich aus oder besiegt? Und unser schöner Vicomte? — Doch lassen wir den jungen Leuten ihr Amusement!" brach sie jählings ab. „Sie erwähnten des Kaisers. Füllen Sie mir das Glas — Champagner, General, Champagner! Ich trinke nie etwas Anderes! Stoßen Sie an, General, und Sie alle umher!" fuhr sie fort und streckte ihr Glas über die Tafel, und ihre Augen flogen mit seltsamem Leuchten über die ganze Runde ihrer Gäste und kehrten dann zu ihrem Nachbar mit dem strahlendsten ihrer Blicke zurück. „Will denn Keiner des großen Kaisers gedenken, in dessen Namen auch wir hier versammelt sind?" rief sie. „Will niemand die Armee rühmen, die uns mit ihrer Liebenswürdigkeit

mehr noch als mit ihren Waffen besiegte? — Woran
denkt ihr denn? — Ja, die Hebe, wenn die nicht wär'!"
unterbrach sie sich auf Deutsch und sah mit lachendem
Blicke in die Runde. Und wieder Französisch redend fuhr
sie fort: „Auf den Trümmern des Czaarenreiches pflanzt
Napoleon das Banner des ewigen Friedens auf und gibt
uns, mächtiger und ruhmvoller als je, Heiterkeit, Liebe und
Glück zurück! Der französische Adler schwebt in immer
reinerer Höhe. — Es lebe der Kaiser!" —

Durch General Renaud's Gesicht flog etwas wie eine
Verstimmung und seine Augen blickten momentan finster.
Allein das ging rasch vorüber, und ohne daß eine Pause
bemerkbar geworden, erhob er sich mit den Uebrigen, um
zuerst der schönen Sprecherin zu danken und dann selber
die Huldigungen entgegen zu nehmen, die man ringsum
seinem Herrn darzubringen schien. Denn der Toast war
auch an den anderen Tischen vernommen worden. Das
„Es lebe der Kaiser!" fand in allen Sälen ein lautes,
brausendes Echo. Den Tusch der Musik begleitete der
Donner der Geschütze, die man drunten im Hofe aufgestellt hatte. Die Gläser klangen, die Stühle wurden ge-
rückt, ein Freudenrausch ohne Mißklang schien die Gesellschaft erfaßt zu haben. Man drängte sich von den nächsten
Tischen herbei, um Gräfin Hebe und dem General eine
zweite, persönliche Huldigung darzubringen.

Auch Vial war von seinem Platze herbeigeeilt und
drückte die Hand, welche die Gräfin ihm geboten, mit Ungestüm an die Lippen.

„Hundert Jahre wie heute unter Ihrer Herrschaft,

meine Königin!" rief der junge Mann glühend vor Aufregung. „Es lebe die Königin unserer Herzen!" fuhr er fort und streckte dem General sein Glas entgegen, der wohlgelaunt mit dem seinen anklang. „Was hab' ich Ihnen gesagt, mein General? Wo hätten wir es jemals gefunden, wie hier?"

„Und was sagte ich Ihnen, General?" fiel Hebe scherzend ein. „Sieht unser Vicomte hier wie ein Besiegter aus? Aber mein Herr Phantast," fuhr sie fort und erhob den Finger, als wollte sie auf die verlodenden Töne des Walzers aufmerksam machen, welche vom Saale herüberklangen, „da ich nun doch einmal Ihre Königin sein soll, so befehle ich: jetzt in den Saal! Wehe Ihnen, mein Herr, wenn ich noch einmal sehe, daß Sie sich Ihrem rechten Dienst entziehen!" — Und in einen ganz anderen, fast weichen Ton fallend, setzte sie hinzu: „Nicht wahr, Vicomte — Sie führen fort, was Sie so charmant begonnen, und sorgen für das Vergnügen der jungen Welt? Ich kann Sie dabei ja leider nicht unterstützen!"

Er verbeugte sich, die Hand auf dem Herzen. „Zu Ihren Befehlen, schöne Majestät!" rief er und eilte davon. —

Man brach jetzt auch hier auf. Die junge Welt war längst in den Saal geflattert, und nur Eugen stand noch zwischen den Aelteren und redete mit dem Fremdling, während die Uebrigen, mit von den anderen Tischen herzutretenden vermischt, in zerstreuten Gruppen lebhaft plauderten.

Dem General hatte Hebe lachend gesagt: Die Männer

scheine er überall, selbst am grünen Tische zu besiegen; so wolle sie's versuchen, ob das Glück ihm auch den Frauen gegenüber hold bleibe. Er hatte das lächelnd angenommen. Aber seit dem Toaste war er still geworden, und zeigte ernste Mienen, denn Renaud war nicht geblendet genug, um zu verkennen, daß die Zustimmung zu dem Toast der Gräfin auf Seiten der Einheimischen keineswegs so frei und enthusiastisch gewesen, wie ein oberflächlicher oder eingenommener Beobachter aus den lärmenden Beifallsbezeigungen hätte schließen mögen. Ja, Hebe's Worte selber stimmten ihn nachdenklich und sorgenvoll. Sie widersprachen dem, was es in Wirklichkeit gab, so grell, daß der General hätte weniger mißtrauisch sein müssen als er war, um zumal bei dem ihm bekannten Charakter Hebe's hinter ihnen nicht etwas Anderes zu argwöhnen, als sie auszudrücken schienen — eine genaue Kenntniß der neuesten Ereignisse und ihren schonungslosesten Spott. Dann aber — woher kam diese Kenntniß, da die Franzosen alles, was bei der Armee vorging, theils selbst nicht wußten, theils auf das sorgfältigste verbargen?

Er war aufgestanden und trat nachdenklich und sorgenvoll von seiner Nachbarin fort, um den Tisch herum, zu der Gruppe, in der Eugen und der Fremdling, welcher vom Grafen Eberhard dem französischen Kommandeur vorhin flüchtig vorgestellt worden, noch im ernsten Gespräch standen. Renaud's braunes Auge ruhte forschend auf den Beiden — war es zufällig, war es wirklich mit Argwohn? — und vollends herantretend, fragte er plötzlich: „so ernst, meine Herren, bei solchem Fest?"

Eugen verbeugte sich förmlich. „Herr von Seelhorst bringt uns auch ernste Nachrichten," versetzte er. „In einer großen Familie gibt es deren nicht selten."

Renaud neigte zustimmend das Haupt, wandte sich dann jedoch an Seelhorst und bemerkte: „Sie tragen einen edlen Orden, mein Herr, den ich nie anders als auf der Brust der Tapferen sah. Aber Sie sind nicht mehr Soldat?"

„Nein, Herr General," lautete die kalte Antwort, des stolz blickenden Mannes.

„Und warum nicht, mein Herr? Der Orden beweist mir, daß Sie mit Leib und Seele Soldat gewesen," meinte der General, seine Augen begegneten fest denen des Anderen.

„Die Reduction der Armee und meine Grundsätze, mein Herr General," versetzte Seelhorst ohne Zögern und — man möchte sagen: mit gleichgültiger Offenheit. „Ich konnte es bei der Allianz Preußens mit Ihrem Kaiser nicht darauf ankommen lassen, daß ich bei Gelegenheit vielleicht in den Reihen derjenigen werde fechten müssen, in denen ich mich nicht gewöhnen kann die Freunde meines Vaterlandes zu sehen."

Die Stille, welche diesen kühnen Worten in einem verhältnißmäßig weiten Umkreise folgte, — denn alles, was in der Nähe war, hatte der Unterhaltung seine Aufmerksamkeit zugewendet — war eine tiefe und drückende, und Graf Eberhard, der zu seiner Schwester getreten war, öffnete eben die Lippen, um einige ausgleichende Worte zu versuchen, als Renaud ihm zuvorkam.

Zwölftes Kapitel.

„Sie haben ganz Recht, in mir zuerst nicht den französischen General, sondern nur den Mann von Ehre zu sehen, der die Gefühle eines anderen Ehrenmanns versteht und zu würdigen weiß," sprach er laut, mit soldatischer Offenheit, ja mit einer Art von Herzlichkeit. „Ich begreife vollkommen, daß die Stellung eines preußischen Offiziers für jemand, der neben seinem Dienst auch die Ereignisse der letzten Jahre und sein Vaterland im Auge hat, eine peinliche, vielleicht eine unerträgliche sein muß. Ich verstehe das! Ich liebe mein Vaterland auch und würde denen, die es einmal unglücklich gemacht, niemals verzeihen, niemals auf ihrer Seite stehen können! Seien Sie versichert, mein Herr, Armand Renaub achtet Sie um Ihrer Offenheit und Ihres stolzen Muthes willen hoch. Aber ich bitte Sie," fügte er leise lächelnd hinzu, „sorgen Sie dafür, daß nicht der General des Kaisers an seine Stelle treten muß. Er hat die Feinde desselben mit anderen Augen anzusehen als der Erstere, gleichviel, ob sie sich im offenen oder verschlossenen Visier zeigen."

Er bot Seelhorst die Hand, die bereitwillig genommen und sichtbar achtungsvoll gedrückt wurde, und dann, da er auch den alten Grafen Hartmuth in der Nähe erblickte, wandte er sich nach einem höflichen Gruß gegen Eugen und den Fremden, dem Hausherrn zu und sagte lebhaft: „ah, mein Herr Graf, ich sah Sie bisher kaum und habe Ihnen noch gar nicht mein Compliment über das superbe Fest machen können!" Er trat zu ihm und ging mit ihm plaudernd aus dem Saal.

Man sah sie in einem der Nebenzimmer auf- und

abgehen, aber des alten Herrn Gesicht ließ darauf schließen, daß zwischen ihnen nicht gerade eine heitere Unterhaltung geführt werde. Graf Hartmuth blickte finster und sorgenvoll darein. —

Als Beide den Saal verlassen hatten, erhob auch Gräfin Hebe sich endlich und schritt am Arm des sie stützenden Bruders langsam fort. Sie hatte Renaud's Gespräch mit Seelhorst aufmerksam, aber anscheinend ohne Sorge beobachtet.

„Jetzt vorwärts!" sagte sie leise und rasch, als sie zwischen den Gruppen der Uebrigen heraus waren; „euer Zimmer ist parat und sicher. Vergeßt aber nicht, euch Pfeifen anzuzünden. Man muß euch im Nothfalle für ein Rauch-Collegium halten können. Aber ich fürchte nichts. Der General hat, trotz seiner eben gehörten Worte, Anderes im Kopfe als unsere muthmaßlichen Verschwörungen; was in ihm sonst noch übrig bleibt, nehme ich auf mich. Vial denkt nur an Stephanie —"

„Du nimmst das wunderbar leicht, Hebe," fiel Eberhard ihr kopfschüttelnd ins Wort. „Ja, du animirst ihn noch, merke ich, und er scheint mir doch schon ohnedies lebhaft genug. Wenn —"

„Was wenn, Herr Pedant?" unterbrach sie ihn munter. „Ein bischen Verbrennen schadet unserer Prinzessin gar nicht, und wenn auch — ich kann nicht helfen! Sie müssen heute Abend Beide einander abziehen, Bruder. Denn unter uns, ich traue der Stephanie gar nicht recht, sie horcht und spionirt schon gerade wie ihre Mutter. Und da einmal kein Anderer Gnade vor ihr findet oder sie zu unterhalten versteht, als unser Herr Kommandant, so muß man ihnen schon ihr Vergnügen gönnen."

„Du hättest ja auch ihn noch auf dich nehmen können," meinte der Bruder mit gutmüthigem Spotte. „Er scheint nichts Besseres und Schöneres zu wissen als dich."

„Sei kein Thor," versetzte sie ein wenig ungeduldig. Sie war überhaupt ernster geworden. „Es macht mir zuweilen Spaß, so eine hübsche, kleine Motte um mein Licht flattern und durchsichtig werden zu lassen, zumal wenn man sich, wie unser theurer Kommandant, einbildet, daß ich nicht ihn, sondern daß er mich dabei zum Besten hat. Herr Bial täuscht mich mit seinen schmachtenden Grimassen nicht, wohl aber sich selbst. Denn ohne es zu wollen und zu ahnen, ist der arme Narr der Meine, sobald ich nur Ernst machen wollte.

„Aber heute Abend will ich gewiß nicht," fuhr sie immer ernster fort. „Diese Nachricht hat mich erschüttert, Bruder! Das ist ein Mann, Eberhard, ein Mann! Wie er vor Renaud stand! — Sprechen muß ich ihn noch. Ihr bleibt doch über Nacht?"

„So dachte ich," entgegnete er. „Denn allerdings, zu Ausflügen werden dir die nächsten Tage schwerlich Zeit lassen."

„Bist du seiner Sicherheit wegen ruhig?"

„Ja. Dies Intermezzo mit Renaud ist nicht angenehm, wird aber ohne Folgen bleiben. Der Franzose ist ein edler Bursch'! — Die beiden Douaniers, die ihn in der Nähe sahen, sind längst fort, und die Personal-Beschreibung jenes Steckbriefes wäre hier ein noch schlechterer

Führer als gewöhnlich. Ueberdies — so lange ich selber frei bin, bürge ich für ihn."

Sie nickte leise vor sich hin. „Nun zum Spieltische," sprach sie. „Ich möchte doch auch gern wissen, was Renaud mit dem Vater hat, denn solche Geheimnisse um mich her liebe ich nicht." Und da sie in diesem Augenblicke den General wie nach ihr aussehend in einer anderen Thür erscheinen sah, rief sie ihm heiter entgegen: „Ach, es geht langsam mit mir, mein lieber General! Bin ich aber einmal da, so heißt es auch — va banque!"

Dreizehntes Kapitel.

Nach dem Souper.

*Rückt dichter in den heil'gen Kreis,
Und klingt den frohen Jubelklang!
Von Herz zu Herz, von Mund zu Munde
Erbrause freudig der Gesang!
Das Brot, das unsern Bund geschürzet,
Das Heil, das uns kein Teufel raubt
Und kein Toresnuratras und klugst, —
Das sei gehalten und geglaubet!*

L. R. Stadt.

In den Spielzimmern rollte das Gold und tönten die Rufe der Bankhaltenden, unterhielten sich umhersitzende oder stehende Gruppen von Zuschauern, plauderten oder lachten die Spieler selbst, denn es ging hier munter zu; die Damen, welche sich jetzt zumeist am Spiele betheiligten, gewannen und verloren mit der besten Laune von der Welt. Und im Saale braus'te die Musik und wirbelte der Tanz, schwirrte und summte es von hundert heiteren Stimmen, strahlten oder schmachteten die Augen, war alles voll Schwärmen und Lust. Denn selbst diejenigen von den Einheimischen, welche bis zum Souper den Fremden gegenüber eine kalte oder befangene Haltung bewahrt hatten, schienen sich nach demselben freier zu fühlen und sich unbefangener gehen zu lassen, und wer zufällig und unkundig der wirklichen Zustände, in diesen glänzenden Wirbel getreten wäre, hätte kaum auf die scharfe Abneigung oder gar auf den unauslöschlichen, bitteren Haß gerathen, der dennoch sicher manche dieser Herzen und Köpfe im Geheimen erfüllte.

Den Fremdlingen selbst wurde dergleichen am wenigsten bemerkbar, und wo das hier oder da doch einmal der Fall gewesen sein mochte, gaben sie am heutigen Abend und in ihrer jetzigen Stimmung nicht im entferntesten darauf Acht. Ein begütigender, heiterer Blick folgte dem ernsten oder finstern gar zu schnell, und ein Scherz verdrängte die Erinnerung an ein vielleicht bitter oder schroff klingendes Wort. Und derjenige, welcher, so viel er sonst auch abgezogen sein mochte, dennoch und immerhin am meisten zu gelegentlichen Beobachtungen befähigt war, ja, auch den festen Willen zu solchen gehabt hatte — Vial, schien von allem, was um ihn her vorging, immer weiter abgelenkt, weil er immer mehr mit seinen eigenen Angelegenheiten zu thun bekam. Er meinte sich plötzlich einem Ziele nahe zu sehen, das er seit Wochen vergebens erstrebt.

Der schöne Offizier hatte vom ersten Abend ihrer Bekanntschaft an sich dem jungen Mädchen zu nähern gesucht, das so kalt und stolz auf seine ganze Umgebung heruntersah, und es hatte ihn, ganz abgesehen von dem Aeußern, das ihn bestochen, auf das lebhafteste gereizt, nach der Gräfin Hebe Ausdruck der Pygmalion dieser Statue zu werden, so daß er mit seiner vollsten Liebenswürdigkeit und mit all seinen glänzenden und bisher stets

Dreizehntes Kapitel.

siegreichen Gaben den Kampf begann. Es war dabei nur der bereits erwähnte, eigenthümliche Zwischenfall hervorgetreten, daß er sich gelegentlich — und zwar, wie wir wissen, schon am ersten Abende seines jetzigen Aufenthaltes im Schlosse — in der Nähe derjenigen wie verzaubert fühlte, der er sich und seine Huldigungen aus ganz anderen Gründen zu widmen gewillt war, und daß er unter Gräfin Hebe's Augen von einem Taumel erfaßt wurde, der oft mächtig genug war, ihn Stephanien so gut wie alles Uebrige für den Augenblick vergessen zu lassen. Eine Leidenschaft jedoch, die Gräfin Hebe's Zustande gemäß immerhin nur eine gewissermaßen ideale und körperlose sein konnte, war des heißblütigen Franzosen Sache nicht, und überdies war die Erscheinung Stephaniens und, wenn sie einmal wollte, auch ihr ganzes Wesen doch nicht unbedeutend genug, um nicht den Schwankenden stets aufs neue zu fesseln, wenn er aus jenem Banne heraus und zu ihr zurücktrat.

Die Bemerkung, wie sehr er gelegentlich dem Einflusse Hebe's unterlag, hatte ihn anfänglich, wenn er sich hinterher dessen bewußt ward, mehr als einmal förmlich erschreckt, so daß er sich wirklich vornahm, fortan etwas vorsichtiger weiter zu gehen und sich der Zauberin fern zu halten, welche all seine Klugheit und Schlauheit, all seine Fähigkeiten in einer Weise einzuspinnen vermochte, wie er es bisher noch nie empfunden. Nach und nach bemerkte er jedoch weiter, daß diese gelegentlichen — sagen wir: Bezauberungen ihm bei der Förderung seiner eigentlichen Pläne auf die Eroberung Stephaniens, von einem ungeahnten Vortheile waren. Die junge Dame beobachtete ihn und die Tante, wie es ihm scheinen wollte, mit immer eifersüchtigeren Augen, und in jenem raschen Zwiegespräch, das wir neulich belauschen durften, hatte sie sich, wie Dial triumphirend erkannt zu haben glaubte, zum ersten Male trotz aller Scheu und Zurückhaltung dennoch wirklich fortreißen lassen.

Und wie wenig es gewesen — denn es blieb bei diesen paar Worten, die, wie ein Blitz vorüberfahrend, nach seiner Ueberzeugung Stephaniens Inneres vor ihm erleuchteten, und in den Tagen seither war sie zurückhaltender, ja, kälter gewesen als je — selbst dieses Wenige war für Dial und seine Pläne von gar nicht zu überschätzendem Werthe und er fand darin den ersten Lohn für seine Bemühungen und Bewerbungen. Er hatte längst begriffen, daß, was er am ersten Abend seines jetzigen Aufenthaltes in der Fensternische von ihr zu hören geglaubt und für einen ihn selbst überraschenden Erfolg gehalten, vermuthlich ganz etwas Anderes und nur sehr zufällig für ihn da gewesen sein mochte. Schon ihr damaliges rasches und stolzes Abbrechen und Zurückweichen hatte ihn an seinem Triumphe wieder zweifeln lassen, und die seitdem verflossene Zeit, so wie alles, was er von ihr sah und hörte, wie er sie fand — — alles belehrte ihn, daß diese Burg ein wenig unzugänglicher war, als er es auf seinem bisherigen siegreichen Lebenswege kennen gelernt.

Und dennoch erschien ihm diese Burg, um bei dem aufgenommenen Bilde zu bleiben, allmälig immer begehrenswerther und würdig, daß man alle Kräfte an ihre Eroberung setze. Wir wissen, daß er durch Gräfin Hebe in gewisse Familien-Intriguen eingeweiht war, und er, der bisher Stephanien wirklich mehr um ihrer selbst willen den Hof gemacht, fing an zu berechnen, daß die Erlorene mit einem glänzenden Vermögen sich noch besser zur Vicomtesse Vial eignen würde, als ohne dasselbe. Sie besaß, wie er erfahren, von ihren Eltern nichts und hatte von den Großeltern nur einen für sie und ihre Stellung keineswegs glänzenden Theil des großmütterlichen Vermögens und vom Grafen Hartmuth endlich einen eben solchen Theil seines Privatbesitzes zu erwarten. Nun schien es jedoch nach Hebe's Aeußerungen nicht unmöglich, daß der Großvater bei seiner Verstimmung gegen seinen Sohn und die Rhodenfelder Enkel, so wie gereizt durch Hebe's Intriguen in Betreff jenes illegitimen Enkels, alles daran setzen dürfte, der Enkelin Stephanie so viel zuzuwenden, wie ihm irgend möglich wurde, vielleicht sogar den Besitz der Grafschaft. Und das schien Vial ein Preis, der schon ein wenig ernstere Anstrengung und Ausdauer verdiente.

Nur war es übel, daß, wie schon angedeutet, diese Ausdauer bisher eine vollkommen vergebliche gewesen. Denn so lange er nun auch schon mit der Dame neben einander lebte und durchaus unbehindert verkehrte, näher gekommen war er ihr dennoch um keinen Schritt, wenigstens nicht auf dem Terrain, wo es ihm darum zu thun war. Im Gegentheil war ihre Haltung, ihr Blick und Ton, ihr ganzes Wesen, sobald Beide in ihren Unterhaltungen von dem Haß Stephaniens gegen ihre Tante und von der für Vial, Hebe gegenüber nöthigen Vorsicht abschweiften, ausnahmslos von jener Kälte und Zurückhaltung, von jener Fremdheit und jenem Stolze, die auch wir an ihr kennen gelernt und die Vial sogar fast immer zurückhielten von einer zärtlicheren Sprache oder gar von einer wirklichen Erklärung seiner Liebe. Und wo er etwas Aehnliches gewagt — neulich vor der Tafel — hatte ihn zwar kein Wort und kein Blick, zu welchen beiden sie keine Zeit fand, abgewiesen, aber auch damals so gut wie hinterdrein nicht das Geringste ermuthigt.

So freute er sich jener ihrer raschen Worte, und zweifelte doch wieder an dem, was er darin gefunden. Er wußte überhaupt nicht mehr, was er von ihr zu halten haben möchte. Was war das zum Beispiel, daß sie ihren Vetter Eugen bei seiner gelegentlichen Anwesenheit wenig oder gar nicht zu beachten schien und in seiner Abwesenheit jedes auch noch so zufällige und leise Wort, das Vial gegen ihn und seine Stellung äußerte, auf das kälteste zurückwies?

Vial verzagte daran, auf dem gewöhnlichen Wege über sie und ihre Gefühle zur Klarheit zu gelangen, geschweige denn, sie wirklich sich zu gewinnen. Auf gab er die Belagerung darum jedoch nicht. Nur meinte er, daß hier nichts besser als eine Ueberrumpelung am Platze sein dürfte, das rasche Ergreifen einer hoffentlich doch einmal erscheinenden schwachen Stunde, in der die schöne Starre sich dann so weit fortreißen ließ, daß sie nicht wieder zurückkonnte. — Und solch eine Stunde schien heute gekommen.

Heute schien die Statue wirklich erwacht zu sein, schien

das Herz zu schlagen, schien in dem dunkelblauen Auge sich ein süßes, scheues und doch heißes Leben zu regen.

Wie das gekommen war, ob es ihm wirklich günstig — das wußte Vial nicht, aber er nahm das Letztere wenigstens gläubig an und rückte vorsichtig und verdeckt immer näher, dem letzten, jähen Sturme entgegen. Und sie duldete das nicht gleichgültig, sondern sogar freundlich. Sie ließ ihn seine Huldigungen darbringen, sie hörte seine Betheuerungen und immer kühneren Liebesworte an, sie erwiderte sie hier und da sogar durch einen träumerischen Blick, durch ein mildes oder auch leise scherzendes Wort. Sie war überhaupt so ganz anders als sonst, nicht kalt, nicht stolz, nicht streng, sondern sichtbar bewegt, zerstreut und träumerisch, erregt und wieder fast schmachtend. Und sie war so hinreißend schön in dieser ihm ganz neuen Weise, daß sein Blut in immer heißere Wallung kam, daß seine Augen immer heißer blitzten.

Heut' oder nie! flüsterte, bebte es in ihm, als er sie jetzt wieder beim Tanze in seinen Armen hielt, ihr Busen wogte, ihr Herz fast gegen das seine schlug, der Hauch ihres Mundes seine Wangen streifte und erglühen ließ, alles an ihr so weich hingegeben seiner Führung folgte. — Heut' oder nie! flüsterte es wieder in ihm, als sie jetzt ausruhend im Hintergrunde des Saales, zurückgezogen von den anderen Paaren, neben einander standen.

„Mir ist so heiß, mir ist so erregt!" sagte sie leise, gleichsam als Antwort auf seine letzten Reden. „Und Sie, Vicomte, Sie lassen mich auch nicht zur Ruhe kommen. Sie sind von einem Ungestüm, der mich erschreckt!"

„Sind Sie nicht grausam, Gräfin? Heute zum ersten Male weisen Sie meine Worte nicht zurück, zum ersten Male darf ich reden von dem, was mein Herz fühlt, zum ersten Male mich sonnen in dem Lächeln Ihrer Märchenaugen —"

„Vicomte, Vicomte, wohin gerathen Sie! — Wie darf ich das hören! — Sie erschrecken mich, sage ich. Was ist es denn, was Sie so jäh verändert? Erinnern Sie sich an das, was —"

„Was mich verändert, Gräfin? Und an sich selbst denken Sie nicht, an sich, die Sie doch so lange schon all mein Denken und Fühlen beherrschen?"

„Bin ich denn plötzlich so anders?" fragte sie, mit einem träumenden, lächelnden Blicke zu ihm aufschauend.

Statt der Antwort legte er den Arm um ihre Taille und zog die königliche Gestalt mit sich fort in den Wirbel des Tanzes. —

„Stephanie, mein Leben und mein Glück!" flüsterte er, und seine Lippen berührten fast ihre Haare, so nahe war ihm der schöne, blonde Kopf. „Heut', heut, sind Sie aufgegangen vor mir wie die Sonne, und mein Kopf ist trunken, und mein Herz möchte springen vor all dem Jubel! — O diese Menge! — Könnte ich Ihnen zu Füßen stürzen — Ihre Hände küssen — Sie nie anders mehr nennen als meine Stephanie —!" —

„Heut'? — Louis!" — murmelte sie.

Sein Arm umschlang ihre Gestalt fester und fester, seine Worte schmiegten sich immer leiser, immer heißer an ihr Ohr. Ihr Busen wogte, ihre Wangen glühten. Sie lehnte sich fester auf seinen Arm. Betäubt vollendete sie die Runde und ließ sich auf den früheren Platz zurückführen.

Der Tanz war aus. Mit einem leisen, zärtlichen Worte, einem tiefen, heißen Blicke schied er von ihr.

Einen Augenblick stand sie noch und sah ihm gedankenlos nach, wie seine schöne, schlanke und elegante Gestalt durch die Menge glitt. Dann wandte sie sich und suchte den nächsten freien Sitz auf, um dort zu träumen. Es war ihr seltsam zu Muth, heiß und eng, bang und scheu und wie schwindelnd. Und so sah sie vor sich hin oder auf die bunte Menge, von der sie niemand kannte, keinem vertraute. Und zum ersten Male in ihrem Leben vielleicht empfand sie das wie ein Entbehren. Sie hätte gerade jetzt so gern jemand gehabt, dem sie den heißen Kopf vertrauensvoll ans Herz hätte legen dürfen! — —

Das Orchester stimmte bereits zum nächsten Tanze; nicht fern von sich erblickte sie eine Gruppe plaudernder Herren, und unter ihnen ihren Tänzer. Sie konnte den Einen, vielleicht alle demnächst neben sich erwarten mit ihrem leeren Geplauder, mit ihren hohlen Reden. Das hätte sie jetzt nicht zu ertragen vermocht, und langsam sich erhebend, trat sie mit ihrem gewöhnlichen stolzen Schritte hinter eine andere Gruppe, schritt weiter und weiter, rascher und rascher durch die Plaudernden und Lachenden, von denen niemand viel auf sie achtete, verließ den Saal, eilte durch die lange Zimmerreihe und hielt erst in dem kleinen schönen Raume an, der ihren Schluß bildete.

Sie hatte auf ihrem ganzen Wege wenig Ruhende

gefunden, der Tanz im Saal, das Spiel in den Zimmern drüben fesselte noch die Gesellschaft. Hier, in dem Kabinet, weilte augenblicklich niemand, wie anmuthig und lockend es auch für jemand sein mußte, der Kühle und Ruhe, ein friedliches oder inniges Gespräch suchte. Die Statuen rings, die schweigend aus den Pflanzengruppen hervorlauschten; der Duft der Blüthen, die Beleuchtung, welche durch die saftrothe Farbe der Tapeten und Draperieen noch gedämpfter und geheimnißvoller, magischer wurde; die Klänge der Musik endlich, die sich aus dem Saale herüber verloren, — alles, konnte man sagen, vermehrte noch die Stille und Einsamkeit dieses entzückenden Raumes.

Stephaniens Aufregung kam hier freilich nicht zur Ruhe. Es hauchte sie aus diesem Duft und Dämmer, aus dieser Stille und Abgeschiedenheit etwas an mit heißer Ueppigkeit, mit süßem Rausch. Ihre Wangen glühten, ihre Pulse klopften. Sie stand und schaute träumend zurück durch die geöffneten Thüren, durch die lange Reihe der helleren und helleren Gemächer, bis zu dem strahlenden Saal, — matt und betäubt, als könne sie nicht weiter.

Ein Mann erschien plötzlich zwischen den schweren Vorhängen, welche mit ihren Falten den Eingang verengten — ein leiser Ton des Schreckens entrang sich Stephaniens Lippen, denn sie erkannte Vials schlanke Gestalt. Und im nächsten Augenblick war er neben ihr und hatte ihre Hand gefaßt.

„Sie entziehen sich uns? Sie fliehen?" flüsterte er

weich, fast traurig, während zugleich sein Auge sich so heiß in das ihre senkte, daß sie erbebend den Blick nie derschlug.

„Ich muß ein wenig ruhen," stammelte sie. —

„Und ich soll fern von Ihnen trauern?" flüsterte er wieder und beugte vor ihr das Knie. Er zog ihre Hände an seine Lippen, er schaute zu ihr auf, in ihr Auge, das ihm nicht mehr entgehen konnte. „Stephanie, meine Göttin! Sie, die ich anbete — —"

„Vicomte — Louis!" stammelte sie tödtlich erschrocken. „Hier! Ich flehe Sie an! — Wenn uns jemand sähe! — Ich kehre bald zurück!" Und plötzlich sich losreißend, eilte sie durch eine Thür hinter den üppigen Pflanzengruppen hinaus. Dort führte eine Treppe zu ihren eigenen Zimmern hinauf, und dahin floh sie.

Da stand sie endlich wirklich allein und athmete tief auf. Sie zog die Handschuhe ab und warf sie von sich. Sie strich vor dem Spiegel mit den Händen leicht über die Stirn und fühlte erst jetzt, wie heiß sie war, und dann ließ sie sich in die Sophaecke gleiten.

Die tiefe Stille und Einsamkeit, die kühle und reine Luft, das gedämpfte Licht der beiden Kerzen auf den Lampetten neben dem Spiegel, das alles that dem erregten, bebenden Kinde wohl, es ließ ihr Blut wieder ruhiger fließen und ihr Herz weniger heftig schlagen. Sie legte das Köpfchen an die Polster und die Hände vor die Augen.

Der Abend zog an ihr vorüber mit allem, was er gebracht. — Was war denn das gewesen? Was hatte sie so bewegt und erregt, was hatte Dial zu ihr reden lassen, wie er es nie bisher gewagt? Was hatte sie selbst vermocht, ihn anzuhören? — Und was hatte er denn geredet? Was hatte sie ihm geantwortet? — Hat sie ihn wirklich „Louis" genannt, sie, Stephanie? — Und nun? — Was nun? — Wie wollte, wie konnte sie ihm hinfort begegnen? — Liebte sie ihn? — Nein! Er war ihr in dem langen, ungezwungenen Verkehr angenehm und bekannter geworden, als irgend ein Anderer. Er war ein schöner Mann, ein heiterer Gesellschafter, geistvoll und glänzend, mit einer ausgezeichneten Carriere vor sich. Er schien sie wirklich zu lieben und mit der Tante, die sie, sie wußte selbst nicht weßhalb, haßte, wirklich nur zu spielen. Heute Abend noch hatte er ihr etwas mitgetheilt —

Doch sie verweilte nicht hierbei. Die letzte Scene drängte sich vor ihre Augen, in ihren Kopf, — sein Ton, sein Blick, seine Anmuth und sein Ungestüm, seine Worte, die so schmeichlerisch, so berückend sich an sie schmiegten — die ganze Situation im dämmerigen Raum dort unten, die sie noch jetzt erschreckte —

Und zwischen all diesen Gedanken, Träumereien, Bildern, erhob sich plötzlich, ohne daß sie sie gerufen, ohne daß sie wußte, woher, weßhalb sie kam, eine andere Gestalt in Anmuth und Stolz, ein Gesicht voll ruhigen, ehrlichen, Vertrauen erweckenden Ernstes, und es war ihr, als vernehme sie die Stimme, die, wie selten sie auch anscheinend auf dieselbe gehört, ihr doch stets zu Herzen gedrungen —

Ein leichtes Geräusch ließ sie jäh zusammenfahren und aufsehen. Sie saß wie gelähmt, sie sah Vial wiederum zu ihren Füßen stürzen, sie hörte ihn aufs neue zu ihr flüstern, sie fühlte seinen Arm um ihre Taille, und da erst zuckte sie auf, schlank und hoch. Ihr Auge war nicht mehr allein voll tödtlichem Schreck wie vorhin, nein, jetzt flammte auch ein glühender Zorn daraus hervor und begegnete drohend dem Blick des Kühnen. —

„Mein Herr!" rief sie außer sich, voll Leidenschaft. —

In dem gegenüber liegenden Flügel des Schlosses, in der Nähe jenes Wohnzimmers, welches, nach dem Parke hinaus liegend, schon einige Male von uns betreten wurde, breiteten sich die Zimmer aus, welche seit dem Tode der Mutter von Comtesse Hebe allein bewohnt wurden. Es war hier heute Abend nicht weniger still als wir es droben bei dem jungen Mädchen fanden, und von dem Geräusch des Festes drang nicht ein Laut in diese zierlich eingerichteten Räume. Kein Diener betrat den Corridor, der an den Zimmern entlang führte, keiner der jüngeren oder dem Hause fremderen Gäste verirrte sich hieher, und nichts verrieth, daß dennoch in dem letzten Gemache sich nach und nach eine kleine Herren-Gesellschaft zusammengefunden hatte, die das schöne Zimmer mit Rauchwolken füllte. Denn man rauchte hier, und, wie man's in solchem Raume liebt, war die Erleuchtung nicht überreichlich, sondern beschränkte sich auf wenige Kerzen. Dafür gab es desto mehr Weinflaschen, denen eifrig zugesprochen wurde, und die auf einem Spieltische liegenden gebrauchten Kartenspiele und zerstreuten Marken schienen anzudeuten, daß derselbe erst

seit Kurzem verlassen worden. Kurz, es war alles genau
so, wie ältere Herren es lieben, wenn sie sich einmal zu
dem Opfer an Zeit und Behaglichkeit verstanden haben,
welches ein Ball, den sie mit den Ihrigen besuchen, von
ihnen verlangt, und es war von Gräfin Hebe besonders
rücksichtsvoll, daß sie ihnen dieses Gemach eingeräumt und
eingerichtet hätte, in dem von keinerlei Störung der größten Behaglichkeit die Rede sein konnte.

Aber die Mienen der Herren durfte man nicht ansehen, wenn man die Idee eines gemüthlichen Rauch-Col-
legiums festhalten wollte; es war nicht ein Gesicht in diesem Raume, das nicht voll des tiefsten Ernstes, voll des
sorgenvollsten Nachdenkens. Und man durfte auch nicht
auf das hören, was geredet wurde — es war fern von
der Heiterkeit der Gelegenheits-Anekdoten und von der
Gemüthlichkeit der herkömmlichen Familienberichte. Es waren Unterhaltungen der ernstesten Art, und jetzt schwieg
alles rings und lauschte dem einen Sprecher, der vor
Kurzem erst mit dem Grafen Eberhard hereingetreten und
von dem Letzteren der Gesellschaft vorgestellt worden
war.

„Meine Herren," hatte der Graf gesprochen, und seine
Augen hatten mit ungewöhnlichem Feuer den Kreis über-
flogen, „wir haben uns heute Abend endlich zu dem
entschließen und vereinigen wollen, was wir auf unsrer
Seite und hier in unserem Vaterländchen zu thun ver-
pflichtet und im Stande sind, wenn das ganze Deutschland
sich demnächst gegen die Zwingherrschaft erhebt, die uns
so lange zu Boden hält und uns eine Schmach der Knecht-

schaft zu dulden gibt, wie selbst in unserer, häufig so traurigen Geschichte noch nie davon zu berichten war. Eines Sinnes sind wir stets gewesen, und seit dem Beginne des russischen Krieges haben wir das verlorene Vertrauen sich wieder regen gefühlt, daß das Ende dieser Zustände nicht mehr fern sein könne; wir haben nachzudenken begonnen, wie wir unser Handeln mit dem in Einklang bringen könnten, was in Preußen geschehen muß und wird. Von einem vereinzelten Aufstande und Vorgehen, wie hier und da einige Hitzköpfe in Stadt und Land dazu drängten, konnte und kann kaum die Rede sein. Unser Ruin wäre unvermeidlich und doch für das Große und Ganze vollkommen nutzlos.

„Sie wissen alle von mir," redete er weiter, „daß im Herbst der Ihnen dem Namen nach rühmlichst bekannte frühere Rittmeister von Hoven bei mir einsprach, von Rußland kommend und mit Nachrichten von unserem Freunde Leo Rettfeld. Sie wissen ferner, daß ich mit ihm über unsere Zustände, so eingehend ich's vermochte, sprach und ihn, als er scheiden mußte, bat, uns von Berlin aus nicht nur auf dem Laufenden zu erhalten, sondern auch an den passenden Stellen zu sondiren, wie weit wir beim endlichen Ausbruch auf eine Unterstützung und Förderung unseres Vorgehens zu rechnen haben würden. Zugleich brauchten wir Männer, welche den Aufstand und die aufzustellenden Truppen zu organisiren verstehen, welche mit Einem Wort dafür sorgen, daß unsere Kräfte nicht nutzlos zersplittern und verpuffen, sondern den größtmöglichen Erfolg erzielen, daß wir zur rechten Zeit und am rechten Platze, mit aller

Kraft in das Ganze eingreifen. Mit dem Willen, den wir alle haben, ist es da nicht abgethan.

„Darüber sind wir alle einig, aber wir alle wissen, daß die Zeit immer näher rückt, wo von uns nicht mehr Reden und Ueberlegen, sondern Handeln verlangt wird. Wir konnten uns aber bisher nur mühsam und einzeln verständigen — die Hand der Franzosen liegt schwer auf uns und ihre Augen sind allerwärts. Meiner Schwester nur mit ihrem glänzenden Uebermuth konnte es endlich gelingen, unter den Augen der Feinde, ja, mit ihrer Hülfe uns eine Gelegenheit zu schaffen, wo wir alle uns zusammenfinden und aussprechen konnten. Und daß der Himmel uns wohl will, — heute Nachmittag ist dieser Freund bei mir eingetroffen," setzte der Graf hinzu und ergriff seines Begleiters Hand. „Ich habe ihn als einen Herrn von Seelhorst eingeführt, unter welchem Namen er bei uns weilen wird, und stelle ihn Ihnen jetzt als den Rittmeister von Hoven vor, der, von General Scharnhorst beglaubigt, zu uns kommt, um uns alles zu gewähren, was einstweilen möglich ist — vor allen Dingen, sich selbst zu uns zu bringen und selbst uns mit seinem Muth, seiner Entschlossenheit, seinen Talenten zu unterstützen. Einen besseren Mann hätten wir uns nicht wünschen können!"

Die Herren waren von dieser Erklärung, welche für unsere Leser keine überraschende mehr sein kann, auf das lebhafteste berührt. Von allen Seiten traten sie heran, dem Gaste die Hand zu schütteln, ihm ihre vollste Befriedigung über die Annahme dieser Sendung auszudrücken, und Vetter Christian, der, obgleich mancher unserer Leser das nicht vermuthet haben mag, gleichfalls zugegen war, meinte im jovialsten Tone: „O Gott meines Lebens, was würden die lieben Herren Franzosen sich wundern, wenn sie vernehmen sollten, daß der Komet noch einmal sichtbar geworden, und daß das Va banque ihnen nicht nur dort am grünen Tische, sondern auch im Hinterzimmer zu Nieder-Rhoda geboten wird!"

Selbst Hoven lächelte jetzt und schüttelte die Hand des alten wunderlichen Gesellen, aber Graf Eberhard sagte: „Nun genug der Vorreden. — Sicher sind wir. Meine Schwester beschäftigt mit einigen anderen Damen die Aelteren; die junge Welt hat mit sich selber genug zu thun. Mein Neffe Eugen gibt Achtung nach allen Seiten hin, und behorcht können wir in diesem Raume nicht werden. Also vorwärts, Freund Hoven, damit alle Ihre Nachrichten erfahren und wir zu den weiteren Verhandlungen übergehen können."

Hoven hatte sich bisher schweigend neben dem Grafen gehalten; mit Ausnahme jenes Lächelns über des „Vetters" Worte war aus seinen Zügen der vollste und älteste Ernst keinen Augenblick entwichen, und sein Auge musterte mit ruhiger Aufmerksamkeit diejenigen, mit denen er fortan handeln sollte. — Nun verbeugte er sich und sagte: „Daß ich heute kam, hat seinen Grund in einer Nachricht von unberechenbarer Wichtigkeit, die wir vorgestern Abend erhielten und die das Ende der Schmach bis auf wenige Schritte heranzurücken scheint — der Corse hat am 6. December die Trümmer seiner Armee verlassen, den Ober-

Befehl an Murat übertragen und eilt nach Frankreich, um eine neue Armee zu schaffen." —

Ein Laut des Erstaunens ging durch die lauschende Gesellschaft. Keiner aber hatte ein Wort, und nach einer Pause fuhr Hoven im früheren, ziemlich kalten Tone fort: „Wir wußten längst, daß die Verluste der Armee auf dem Rückzuge von Moskau enorm seien; das letzte Bulletin soll noch größere zugestehen, als man geahnt. Wir sahen es freilich noch nicht, man hält es noch geheim. Allein was thut das, da wir schon über seine Zugeständnisse hinaus sind! — Denn auch das ist noch nicht genug. Die Adjutanten, welche von den Generalen Bülow und York in Berlin anlangten, bringen noch ganz andere Nachrichten, und auch auf Privatwegen erfuhren wir, daß von einer Armee gar keine Rede mehr, ja, nicht einmal von einem Corps, einem wirklichen Regiment oder Bataillon. Mit Ausnahme des preußischen Corps und der Truppen, die mit ihm vereint unter dem Marschall Macdonald stehen, ist so gut wie nichts mehr zusammen, das Elend und die Auflösung ist über alle Grenzen, allen Glauben groß. —

„Daß die russische Armee nach diesem Feldzuge gleichfalls nicht gut, ja, vielleicht nicht viel besser daran ist, als der Feind, sieht jeder Militär auf den ersten Blick ein. In meinem, in Vieler Sinne ist das jedoch wenig zu beklagen. Es gibt Viele, denen die russische Hülfe nicht gerade willkommen ist, und überdies eröffnen sich nach diesem unberechenbaren Ausgange des Feldzugs plötzlich ganz andere Gesichtspunkte, zeiget sich die Möglichkeit anderer Combinationen. — Die 15,000 Mann unter York, die Truppen, die wir in Preußen, Pommern und Schlesien haben, genügen, so gering ihre Zahl im Ganzen auch ist, vollkommen, die letzten Feindestrümmer völlig zu vernichten oder die Russen in ihre Grenzen zu bannen. Das sehen und fühlen nicht wir allein, das fühlt und sieht das ganze Land. Es beginnt sich allerwärts zu rühren, es drängt von allen Seiten. Die Indifferenz und Entmuthigung, welche seit den Verhandlungen des vorigen Jahres, seit der trostlosen Nachgiebigkeit, seit dem schmachvollen Bündniß mit dem Feinde besonders, alle Stände gleich erfaßte und lähmte, — sie beginnt zu weichen, — alles ist erfüllt von Einem Haß, von Einem Muth, von Einer Hoffnung.

„Was daraus wird, meine Herren," fuhr er lebhafter und nach und nach wärmer fort, aber sein Blick wurde dabei nicht heiterer, sondern nur finsterer, „das weiß niemand als — genug davon! — Dieses ist das Gute, was ich Ihnen mittheilen konnte, das Sichere. Was daraus wird, ob wir den Haß noch einmal verschließen und die Hoffnung noch einmal zu Grabe tragen, ob noch einmal, wie vor einem Jahre, unsere Besten und Bravsten verzweifelnd in die Fremde gehen müssen, oder ob man endlich die Zügel frei läßt und uns Raum gibt, ob man mit einem Wort die Situation benutzt, die uns aufgedrängt wurde und eine solche ist, wie sie vielleicht in Jahrhunderten sich nicht wieder bietet, — das, meine Herren, hängt von dem System ab, dem Preußen folgt. — Ob man freilich überhaupt ein System hat," redete er weiter, und das Lächeln in seinen Zügen ward immer bitterer, „das — wissen wir, wie gesagt, nicht. Es scheint fast, als wolle man nur temporisiren oder den Entscheidungen die Spitze abbrechen, ohne vermuthlich selbst sich klar zu machen, wohin man auf solchem Wege geführt werden dürfte.

„Daß man mit Frankreich so zart und demüthig verfährt, wie möglich, das ist sicher, eben so, daß man mit Rußland immerhin noch nicht ganz gebrochen hat, sondern im Geheimen die alten Fäden weiter spinnt, daß man endlich mit Oesterreich unterhandelt. Was man will, wie weit man ist, das — weiß wieder niemand, obschon es klar sein dürfte, daß uns von all diesen drei Seiten nichts Gutes, wenigstens nichts Ehrliches zurück geboten wird. — Alles in allem: das Schwanken und die Unentschlossenheit war nie trauriger und nie gefährlicher, als jetzt. Und was geschehen soll und muß, von oben kommt man nicht dazu, ohne von unten her dazu gezwungen zu werden. Wir haben noch die eine, aber ziemlich begründete Hoffnung, daß die Ereignisse plötzlich den Zögerern über den Kopf gehen, und daß das sich erhebende Volk, von dem man oben nichts weiß oder nichts will, allem weiteren Schwanken ein Ende macht. Anzeichen davon gibt es schon allerwärts. In Ost-Preußen besonders ist alles in Aufregung. Wir wissen, daß die Truppen des York'schen Corps ausnahmslos nur auf den ersten Wink warten, sich gegen den bisherigen Bundesgenossen zu wenden; daß fast alle Offiziere ein weiteres Zusammengehen für unmöglich erklären, ja, daß zwischen ihnen schon ernstlich von einer Lösung dieses schmachvollen Verhältnisses die Rede war.

Ich glaube so gut, wie noch manche Andere — die Entscheidung liegt in York's Händen. Kann man den eisernen Mann davon überzeugen, daß ein Schritt rechts oder links den Staat retten oder vernichten muß, — so hat man ihn und damit die Rettung.

„Das ist das Bild unserer Zustände. Ist es verwaschen und trüb, — es ist nicht meine Schuld. Illusionen sind für uns am wenigsten angebracht. Wir haben das Gute vor uns, so daß wir nur zuzugreifen brauchen.

„Daß wir zugreifen dürfen, das wollen wir hoffen, darauf uns rüsten," sprach Hoven weiter, und Blick und Ton des Mannes wurden wieder heiterer. „Die Wichtigkeit dieser Landstriche für die Erhebung brauche ich Ihnen nicht aus einander zu setzen. Haben wir sie, so schließen wir im Verein mit den preußischen Provinzen den Feind von dem ganzen rückwärts liegenden Küstenstriche ab, wir haben die Zufuhr überall frei und bieten einem englischen, schwedischen oder russischen Invasions-Corps die beste Gelegenheit und den freiesten Raum, sich hier zu sammeln und von hier aus dem Feinde in den Rücken und, nach Hamburg zu, in die Flanke zu fallen. — Also vorwärts, meine Herren! Vorsichtig, aber kraftvoll!

„Den Feind aus dem Lande zu werfen — das ist nicht die Hauptsache, im Gegentheil, es ist das Wenigste. So viel ich im Herbst von Ihrem Lande und Ihren Küsten kennen gelernt habe, wäre es eine Kleinigkeit bei der Stimmung des Volkes und den vorhandenen Mitteln, das ganze französische Wesen mit Einem Schlage los zu werden. — Die Hauptsache aber ist, daß der Feind auch fort bleibt, und dazu brauchen wir keinen raschen Aufstand, sondern eine nachhaltige Erhebung, ein festes Zusammenhalten. So wie Preußen sich gegen die Franzosen entschieden hat, wird uns nicht nur der Aufstand in den nächsten Provinzen die Hand bieten, sondern ich habe Ihnen auch die Versicherung zu geben, daß Sie augenblicklich nicht nur den Bedarf an Material —"

„Dessen bedürfen wir nicht," unterbrach den Sprecher der Baron, mit dessen Gemahlin Graf Eberhard vorhin zu seiner Schwester Tafel getreten war. „Wir haben Ueberfluß, unsere braven Schmuggler sorgen dafür. Es ist kein Mann im Lande, den wir nicht bewaffnen könnten. Aber daß sie diese Waffen richtig gebrauchen, daß sie Anhalt und Beispiel haben, Führung und Ordnung — Graf Eberhard deutete vorhin schon darauf hin — das, Herr von Hoven, das fehlt uns!"

Hoven verbeugte sich ernst. „Auch darüber kann ich Sie beruhigen'," versetzte er wieder kälter. „Man bietet Ihnen ein oder zwei Bataillone und überdies wenigstens einige Offiziere — viel kann Preußen nicht abgeben. Wir müssen uns eben behelfen." —

„Das wollen wir auch!" rief der Baron und erhob, während zugleich auch alle Uebrigen rasch ihre Plätze verließen, die stattliche Figur von seinem Sitz, trat zu Hoven und bot ihm die Hand hin. „Schlagen Sie ein, mein Freund! Schlagt ein, ihr alle! — Ein Mann, ein Wort, ein Herz, ein Schlag! — Zeigt uns nur die Möglichkeit eines Erfolges, die Ahnung eines Anhaltes, und ihr sollt in uns und den Unseren eure Leute finden! — Für das

Vaterland und gegen den Feind wird uns nichts zu schwer sein! — Schlagt ein! — Für's Vaterland!" —

Sie schlugen alle ein, Einer nach dem Anderen, und standen Hand in Hand da, und mehr als ein Auge war feucht, und mehr als einer der starken Männer bebte in der Bewegung des ernsten Moments.

„So gebe Gott denn auch fürder seinen Segen dazu, wie er es bisher gethan," sagte Graf Eberhard nach einer Pause, „denn selbst das Wenige, was geschehen oder vielmehr nur vorbereitet wurde, konnte allein unter einem höheren Schutz möglich werden. Aber ich baue auch auf diesen Segen; unser Rüsten und Kämpfen gilt den edelsten Gütern der Menschheit, es gilt der Wiedererlangung unserer Volks- und Menschenrechte, die wir in schmachvoller Indifferenz und Schwäche von dem schlauen, nur durch unsere Zwietracht, Eifersucht und durch unseren verblendeten Hochmuth übermächtig gewordenen Feind uns stehlen und vernichten ließen. Einem solchen Streben muß unser Herrgott hold sein, und ich sehe seine Gnade schon darin, daß wir uns überhaupt zu solchem Streben, zu solcher Einigkeit, vor allem zu der Selbstlosigkeit erheben konnten und hoffentlich immer weiter erheben werden, die in so scharfem Gegensatz gegen das steht, was wir bis vor kurzer Zeit leider noch in Deutschland im Gange sahen. Schon jetzt denkt jeder — gleichviel aus welchen Motiven das ursprünglich auch noch geschieht — nicht mehr an seine Provinz, sein Vaterländchen, sondern an das Große, Ganze, durch dessen Vereinigung und Zusammenhalten allein der Sieg ermöglicht, ja gesichert werden kann. Und

daß auch wir uns darüber klar werden, das ist, scheint
mir, schon die erste, dankenswertheste und segensvollste
Folge unserer heutigen Zusammenkunft.

„Das Uebrige wird sich leichter finden," redete er
weiter. „Wir kennen uns jetzt, wir fühlen uns als Eins,
wir wissen, was wir zu erstreben, wem wir zu vertrauen
haben. Sie werden in Dreiheiligen weilen, lieber Hoven,
— ich hoffe, ohne Gefahr oder Störung. Ich weiß,"
fügte er, mit leichtem Lächeln sich im Kreise umschauend,
hinzu, „des Generals Unterhaltung hat Einen oder den
Anderen der Wenigen, welche ich damals schon in das
Geheimniß hatte blicken lassen können, mit Sorge erfüllt.
Aber mit Unrecht, Freunde! Grade weil Renaud gesprochen, fürchte ich nichts, setze ich bei ihm keinen Argwohn voraus. Es ist kein Mann, der mit seinen Ansichten und Plänen Versteckens gegen uns spielt. — Da
fürchte ich den Vicomte Vial mehr, er scheint mir gefährlicher als meine Schwester glaubt. Ich traue ihm nicht
und wir müssen daran denken ihn los zu werden. —

„Aber genug davon," fuhr er nochmals fort. „Wie
die Sachen bei uns stehen, läßt sich in drei Worten sagen.
Die Aufsicht im Lande ist weniger streng geworden, die
meisten Truppen haben uns verlassen; der Ersatz ist unbedeutend oder besteht aus Rekruten oder Westfalen, bei
denen wir mit Recht Sympathieen für unsere Sache vor-
aussetzen dürfen. Wir haben ein Schützencorps, das auf
den ersten Ruf zusammen sein kann; wir haben zweitens
eine eben so schnell zu vereinigende Schaar von den vielen
müßigen Seeleuten — Bursche, die nach Karsten Herbarts

Ausbruch den Teufel aus der Welt jagen würden. Wir haben drittens überall, wo es sich ohne Beobachtung thun ließ, unsere Leute so viel wie möglich geübt, so daß ihre volle Ausbildung rasch gehen wird, zumal wir alte Soldaten genug unter ihnen haben. Und endlich besitzen wir Vorräthe an Waffen und Munition an sicheren Plätzen, welche sich täglich vermehren und von denen wir in einigen Monaten unseren Nachbarn noch abgeben können.

„Das ist, in Kurzem, alles. Das Genauere wird Ihnen bei mir in Dreiheiligen vorgelegt und übergeben werden, lieber Hoven," schloß Graf Eberhard. „Wir stellen das Land, die Vorräthe, uns selbst mit Vertrauen unter Ihre Leitung und Anordnung. Jetzt, ihr Herren, laßt uns bereden, was am nothwendigsten ist — das ist die Aufrechterhaltung und Vermehrung unserer Verbindungswege. Wir müssen fortan nicht nur in Bezug auf das Ganze und Große, sondern auch in Betreff der Einzelheiten einig und auf alle Vorkommnisse möglichst gerüstet sein. Eine Gelegenheit uns alle zusammen zu sehen und uns zu verständigen, wie sie das heutige Fest bietet, dürfte nicht wiederkehren. Und selbst heut sollen wir vorsichtig sein und unsere Entfernung aus den Festräumen nicht auffällig werden lassen."

Es geschah nach seinen Worten. Die Männer saßen zusammen und beredeten ernst das Nothwendige. Es erschien Hoven seltsam und erregte sein ernstes Nachdenken, wie häufig er dabei diese stolzen Herren des armen alten Schäfers gedenken, wie unbedingt er sie demselben vertrauen hörte. Er mußte erkennen, daß Steffen Schütze

noch mehr als Gräfin Hebe alle Fäden zu dem in der
Hand hatte, was sich vorbereitete. Die Verbindung zwischen
den Anwesenden nicht nur, sondern überhaupt zwischen
Stadt und Land, ja bis zu den Vaterlandsfreunden jenseits der Grenzen, anzubahnen und zu erhalten, den Feind
bis in seine geringsten und geheimsten Bewegungen zu
überwachen, das meinte man niemand mit mehr Hoffnung
auf Erfolg anvertrauen zu können als dem Schäfer.

Endlich, nach einer langen Zeit, erhob sich Eberhard,
winkte dem Baron und verließ nach den Worten: „Nun
zurück. Muth und Vorsicht ihr Herren!" — mit demselben
das Gemach. Die Anderen folgten nach und nach.

Als der Graf mit seinem Begleiter in die Spielzimmer trat, fanden beide die Tische zwar besetzt und alles
in bester Stimmung, allein die Damen hatten sich bereits
zurückgezogen und von General Renaud war nichts zu
erblicken. Desto rascher gingen die beiden Männer weiter,
in den Saal, wo eben der Tanz pausirte und sich alle
anscheinend so munter wie je durch einander trieben. Comtesse Hebe sahen sie auf ihrem erhöhten Sitz in verhältnißmäßiger Einsamkeit; denn allein die Baronin Marianne
war neben ihr und Beide plauderten mit Sophie Magdalene, welche indessen nur ein halbes Ohr für die Unterhaltung zu haben schien. Ihr Auge flog wenigstens von
Zeit zu Zeit wie suchend über den Saal, und als sie jetzt
die nahenden Männer bemerkte, trat sie ihnen rasch entgegen, hing sich an des Onkels Arm und flüsterte ihm
hastig zu: „Ist Eugen bei euch gewesen?"

Dreizehntes Kapitel.

Er sah sie freundlich an. „Weßhalb fragst du, Kind?" versetzte er. „Du bist aufgeregt. Ist etwas vorgefallen?"

„Ich weiß nichts," gab sie zur Antwort. „Ich hatte mit ihm zu reden. Es ist seltsam, daß ich ihn, seit wir von Tisch aufstanden, nirgends mehr sah."

„Ihr seit wie ein Liebespaar," sagte er scherzend. Da er jedoch bemerkte, daß der Schwester Blicke ihn mit sichtbarer Ungebuld streiften, so setzte er nur noch hinzu: „Ich habe ihn gleichfalls nicht gesehen. Aber was thut das, Kind? Eugen hat heute Abend auch sein Amt!" — und trat dann vollends zu den beiden Damen heran, mit denen sein Begleiter schon im Gespräch begriffen war.

„Eure Spiellust hat sich schnell verloren," meinte er lächelnd.

Gräfin Hebe zuckte die Achseln. „In unserer Zeit wird Einem jedes Vergnügen gestört," sprach sie in einem Tone, der den Bruder sofort aufmerksam machte. „Der arme General hat keine freie Stunde mehr; sogar hieher verfolgten ihn seine Depeschen, und zwar obendrein noch unangenehme, wie es scheint. Er sah wenigstens verzweifelt finster, ja, fast verstört aus, als er zu uns zurückkehrte, und es wäre eine Grausamkeit gewesen, ihn durch seine Zerstreutheit noch mehr verlieren zu lassen, er war schon ohnedies nicht glücklich. — Sollte es unsere Nachricht gewesen sein?" fügte sie rasch und ernst hinzu. „Er scheint an den Aufbruch zu denken; wenigstens ist er sehr ungebuldig und verdrießlich, daß man unseren werthen Vicomte nicht finden kann, nach dem er sogleich verlangte."

„Wer? Vial?" fragte Graf Eberhard überrascht.

„Ja wohl, unser Herr Kommandant ist verschwunden und wird, wie uns eben ein Offizier sagte, noch immer vergeblich gesucht. Gott weiß, wo er steckt oder — schläft!" redete sie spöttisch weiter. „Er schien mir freilich vorhin des Schlafes bedürftig zu sein. Aber er ist ein Egoist und grausam, dieser liebe Vicomte! Den General macht er ungeduldig, mich neugierig und — Andere halb noch langweiliger, als je, halb verschmachtend vor Sehnsucht."

Ein boshafter Blick lenkte, zugleich mit diesen Worten, das Auge Eberhard's seitwärts, wo in einiger Entfernung Stephanie in einem Sessel ruhte und nachlässig und abgespannt kaum einen Blick oder ein Wort für die Herren zu haben schien, welche sie umgaben. Jetzt stand sie gar auf und trat, mit einem kurzen stolzen Nicken sich von ihrem Kreise verabschiedend, zu einer nahe sitzenden älteren Dame, mit der sie fortan im Gespräch blieb.

Gräfin Hebe's Gesellschaft fand aber keine Zeit mehr, auf die stolze Schöne zu achten, da in diesem Augenblick General Renaud mit ein paar anderen höheren Offizieren rasch durch den Saal daher und auf sie zu kam.

„Ich will mich bei Ihnen verabschieden," sagte er, indem er Gräfin Hebe's Hand ergriff und galant an die Lippen zog. „Wir müssen augenblicklich nach S. zurück und wären schon fort, hätte ich nicht auf Herrn von Vial gewartet, der noch immer nicht zu finden ist. Der Bataillons-Chef Bernard, mein Adjutant, bleibt einstweilen, um ihn abzulösen und mir nachzusenden. Geben Sie dem jungen Herrn in meinem Namen einen derben Verweis, schöne Gräfin, daß er so sehr der Galanterie vergaß und sich so lange der Gesellschaft — wer weiß, weßhalb! — entziehen konnte."

„Aber Sie selbst, General —" sagte sie kopfschüttelnd. „Was in des Himmels Namen treibt denn Sie von bannen? — Es kann nicht Ihr Ernst sein!"

„Doch, doch," entgegnete er achselzuckend. „Wir sind alle Sklaven des Dienstes. — Nehmen Sie unseren Dank für das Fest, ich habe nie ein glänzenderes und zugleich anmuthigeres erlebt, und nie eins mit mehr Bedauern verlassen. Aber es muß sein! — Leben Sie wohl, Gräfin! Leben Sie wohl, meine Herrschaften!" —

Vierzehntes Kapitel.

Gräfin Hebe's Morgenstunden.

> — Mais il faut dire quelque chose de la belle ame, qui est si bien logée en si beau corps; — aussi peut-on dire d'elle que c'est la Princesse, voire la Dame qui soit au monde la plus eloquente et la mieux disante, qui a le plus bel air de parler et le plus agreable qu'on sçauroit voir.
>
> Brantome, d. l. reyne Marguerite.

Der Sturm, den wir neulich über das Land dahin brausen sahen, hatte endlich, wie man glauben konnte, dem Schnee Bahn gebrochen. Seitdem war bis zum Ende des alten Jahrs kaum ein Tag vergangen, wo die weißen Flocken nicht zahlreich herabwirbelten und alles mit ihrer Hülle bedeckten. Während dieser Zeit war es verhältnißmäßig milde gewesen, aber das neue Jahr, das Jahr 1813, hatte mit einer an diesen Küsten unerhörten Kälte begonnen. Der Busen, auf dem im Herbste jene geheimnißvolle Jagd zwischen den Douaniers und dem sogenannten Nordlandsboot statt gefunden hatte, welche von Karsten Herbart und seinem Gefährten beobachtet wurde, war jetzt mit einer festen Eisdecke überspannt, die sich bis über die kleine, zum Park von Nieder-Rhoda gehörende Insel Höod hinausdehnte und erst so zu sagen vor der offenen See endete. Man sah's vom Lande aus, wie scharf dort die Grenze zwischen dem silberblinkenden Eise und den frischen und kecken blauen Wellen gezogen war.

Es war ein prachtvoller Wintertag aus den duftigen Nebeln der Frühe hervorgegangen; der Himmel spannte sich glänzend blau, die Sonne breitete ihr vollstes Licht über die weiten Fluren rings, über die Rasenplätze, Baum- und Gebüschgruppen des Parkes aus, und von der blendenden Schneedecke, die das alles verhüllte, hoben sich die blauen Schatten der Stämme, des dichtverschlungenen Geästes auf das sauberste ab. Dazwischen ragten die edlen Tannen schlank und still hervor mit ihren weichen, weißbekleideten Aesten und den zierlich davon abstechenden, dunkelgrünen Nadeln, an denen der Schnee nicht gehaftet, und die Taxuswand, welche dort hinten die offenen Plätze abschloß, zeigte sich duftig angepudert und funkelte im entlang gleitenden Sonnenlichte. Rechts aber schaute man auf die Eisdecke der See hinaus, welche hier vom Parke nur durch einen niedrigen, wallartigen Damm getrennt wurde, und noch weiter zurück erhob sich über die dort dicht vereinten Parkbäume eine Rauchsäule leise und gerade bis hoch in die klare, ruhige Höhe. Da hinten auf der äußersten Landspitze war die Försterwohnung.

Es war ein Tag, wie er die Köpfe heiter macht und die Herzen leicht, wie er Hoffnung und Frohsinn erhält in den Menschenkindern und mit Glanz und Klarheit selbst in die dunkelsten Zimmer strahlt, als wolle er ihre Insassen

hinausloden aus der schweren Schwüle in die frische, ela=
stische Luft der freien Weite. Ueber den Trübsten und
Schwächsten kommt es an solchen Tagen wie eine leise
Erinnerung an die fröhliche Jugendzeit mit ihrer Lust,
ihrem Ungestüm, ihrem ganzen lecken und sorglosen Treiben.

Auch Gräfin Hebe's schönes Gesicht war Ein Lächeln,
als sie jetzt von dem Platze am Fenster ihres freundlichen
Gemaches auf dieses wunderbar frische und erfrischende
Bild hinausblickte, sie selbst in dem Morgenanzuge so rein
und kühl, so duftig und frisch, wie der Tag draußen —
ein entzückendes Bild, wie sie da graziös und doch bequem
in ihrem Sessel ruhte, in der grünen Nische, deren Wände
sich mit dichten Epheuranken übersponnen zeigten, welche,
sich auch vor die Scheiben des Fensters schmiegend, die
Sonnenstrahlen nur in einzelnen, gebrochenen, lang hin=
glänzenden Lichtern hereinschlüpfen ließen — den anmu=
thigen, kleinen Kopf auf die Linke gestützt und die Rechte
auf das dunkle Haupt Sophie Magdalenens gelegt, die
zu ihren Füßen auf einem Tabouret saß und das Gesicht
an den Schooß der Tante gelehnt hatte.

Ins Freie konnte das junge Mädchen von ihrem
Platze aus nicht sehen, nur die Wipfel der alten Tannen
und der Rauch vom Försterhause mochten ihr sichtbar wer=
den. Allein auch das Gemach selbst in der freundlichen
Beleuchtung, mit seinem weichen, bunten Teppich, mit dem
Glanze des üppigen Grüns und dem milden Dufte, der
von einigen der Blumen ausströmte, mit seiner ganzen
geschmackvollen und bequemen Einrichtung, machte einen

nicht nur behaglichen, sondern auch erfrischenden Eindruck. Man mußte sich hier wohl fühlen.

Ihre Augen glitten über den Raum und kehrten dann mit einem halb zufriedenen, halb zärtlichen Lächeln zur Tante zurück. „Es ist hier himmlisch bei dir, Tante!" sagte sie. „Aber du selbst machst es erst zum vollen Himmel, denn du bist der Engel darin."

Gräfin Hebe wandte das Gesicht vom Fenster ab und begegnete den innigen und zugleich bewundernden Blicken des Mädchens. Ihre Hand glitt liebkosend über das dunkle, weiche Haar, und sie versetzte mit leisem Lächeln: „Möchtest du mich noch eitel machen in meinen alten Tagen, Schelm? — An die Engelschaft muß ich am Ende wohl glauben, es haben mich zu Viele so genannt, wenn auch nicht gerade deines Gleichen," setzte sie munter hinzu. „Nur schade, daß sie mich innerlich anders taxirten und mich dort, wenn sie's am besten meinten für den „bösen Engel" erklärten! — Das hast du vordem, als du hier noch in der Gefangenschaft, sicher auch nicht anders gemacht, wenn sich in deinem wilden Kopfe nicht gar noch viel schlimmere Phantasieen und Namen geregt haben."

Sophie Magdalene hatte die Hand der Tante ergriffen und in der ihren behalten. Sie zog sie nun an die Lippen und meinte: „Nein, Tante, da thust du mir Unrecht. Du bist niemals hart und unfreundlich gegen mich gewesen, obschon ich wohl oft genug ein ernstes Wort verdient haben mag. Ich war sicher unerträglich, weder fügsam, noch — theilnahmslos und kalt, wie Stephanie."

„Danke du Gott!" sagte Hebe rasch und ernster als

bisher. „Setze dich nicht selbst herab, Kind, und entschuldige dich nicht, wo es dessen nicht bedarf. Gegen seine Natur kann niemand — ich bin das lebendige Exempel davon — und wenn du die damalige Sophie Magdalene unerträglich heißest, so weiß ich am besten, wie man uns Andere hier im Hause hätte nennen müssen," fuhr sie fort, und durch die klaren Züge glitt etwas wie ein dunkler Schatten. „Es waren böse Tage, mein Kind, Tage, wie das Geschick sie dir selber ewig fern halten möge. Du weißt Gottlob nichts davon, aber ich, aber ich!" — Und sie wandte das Gesicht wieder dem Fenster zu und schaute mit einem gedankenvollen, ungewöhnlich ernsten Blicke zur See hinüber.

„Du hattest es gut," fing sie nach einer Pause, die das Mädchen nicht zu stören gewagt, wieder an. „Du warst jung und wurdest durch all die Misère nicht weiter berührt, an der wir zu laboriren hatten. Und als es dir zu arg wurde, gingst du auf und davon. Ich verdenke dir das wahrhaftig nicht, im Gegentheil, ich wäre dir gern nachgelaufen, hätt' ich's nur vermocht, hätt' ich Hector allein lassen können. Und wenn du dich auch selten wieder an mich heranwagtest," fügte sie hinzu, und ihr Auge lächelte wieder auf das Mädchen — „ich habe dich nicht zurückgestoßen, Sophie Magdalene, ich bin nie gegen dich gewesen, hätte dich gern viel bei mir gehabt. Eugen hätte das oft genug merken können. Aber du warst ja nicht zu fassen, du wilder Vogel, und daß ich dich gestern mit Gewalt festgehalten —"

„Tante, ich hatte ja versprochen, zu kommen und zu bleiben, so lange es dir mit mir nicht zu viel würde!"

„Ja, Versprechen und Halten sind zweierlei, Schätzchen, und Kommen und Bleiben auch! Aber wir wollen uns nicht zanken," redete sie heiter fort, und ihre kleine Hand glitt wieder über Sophie Magdalenens Haar; „wir wollen uns lieber freuen, daß es so ist und daß wir einmal freien Raum und freie Zeit für uns haben! — Mit Stephanien ist weniger als je anzufangen, und, so viel ich weiß, geht's dir mit dem Herrn Bruder nicht viel besser. Da müssen wir uns Rücken an Rücken lehnen und Front machen, und ich denke, wir Beide lassen uns keine Stunde trüben. Wenn mein lieber Herr Papa nur noch ein wenig fortbleiben wollte! So viel Respect ich auch vor ihm habe, es hilft nicht — selbst ich lebe fern von ihm munterer und lustiger, als neben ihm." —

Erst nach einer Pause bemerkte Sophie Magdalene: „Es hat uns doch überrascht, als wir von des Großvaters Reise hörten. So lange ich ihn kenne, war er ja im Winter niemals anders fort, als wenn er mit allen auf einige Zeit in die Stadt ging. Was hat ihn denn nun bei der Kälte, in seinem Alter und so ganz allein hineingeführt?"

Gräfin Hebe zuckte flüchtig die Achseln. „Gott weiß," erwiderte sie fast gleichgültig. „Um dergleichen fragen wir in Nieder-Rhoda einander nicht. Doch mein' ich von Eberhard gehört zu haben, daß eine neue große Ausschreibung im Gange sei und die Landschaft sich der Vertheilung wegen versammeln werde. Das mag ihn hingezogen haben; er achtet jetzt auf Geld und Gut, der liebe Papa, und will wieder einbringen, was er vordem hinausgeworfen. Vielleicht mag es auch um diese Geschichte mit Bial sein, von der die Herren Feinde so viel Aufhebens machen."

Sophie Magdalene schüttelte den Kopf. „In der That, Tante," sagte sie lebhaft, „das ist auch eine der seltsamsten und geheimnißvollsten Geschichten, die ich je vernommen habe — hier vom Balle, aus der Gesellschaft, deren heiterstes Mitglied er war, aus der Lust und Fröhlichkeit des Saales, aus dem Schlosse, das von Menschen wimmelt, verschwindet der Herr, ohne daß ein Einziger eine Ahnung hat, wann oder wohin er gegangen sein könnte, was ihn fortgetrieben, was ihn fern gehalten, — spurlos, mit Einem Worte! — Ich habe bisher noch immer geglaubt, es sei vielleicht eine Finte des Generals Renaud gewesen, um eine rasch nöthig gewordene Sendung zu masliren, aber —"

„Sieh doch! Gibt das Köpfchen hier sich auch mit solchen Gedanken ab?" unterbrach Hebe sie scherzend. „Ich glaubte, allein so schlau gewesen zu sein, auf diesen Einfall zu kommen. Allein, wie du sagst, es ist nichts damit, und ich habe ihn auch gleich wieder fallen lassen. Eine Menschenseele hier im Schlosse oder in den Ställen müßte denn doch von seiner Abreise etwas gemerkt haben. Stephanie wenigstens wüßte es sicher. Sie ist die Letzte gewesen, die ihn gesehen, kurz bevor sie, nach dem Tanze mit ihm, hinaufgegangen ist. Und wie schön die Kleine auch zu grimassiren versteht, vor mir hielte ihre Verstellung nicht Stand. Sie weiß nichts von ihm."

„Und sie leidet, Tante," sprach Sophie Magdalene ernst. „Sie leidet wirklich, Tante, ich sah es gestern gleich beim ersten Begegnen. Und wenn ich auch nicht begreife, wie man für Einen von unseren Feinden ein Interesse, geschweige denn eine Neigung fühlen kann, so bringt mich diese Erkenntniß ihr doch näher. Ich sehe doch, daß sie ein Herz hat und weich ist, wie —"

„Ah bah, ah bah!" fiel ihr Hebe spöttisch in's Wort. „Grimasse, mein Kind, Grimasse und nichts mehr! Und wäre es wirklich etwas weiter, so zeigte sich in meinem Sinne daran erst recht die Oberflächlichkeit der Tünche, mit der die Armuth dieser Natur verhüllt werden sollte. Alles, was die Thörin aus ihren bisherigen gepriesenen Kreisen angenommen hat, gibt ihr nicht einmal den armseligen Halt, nicht einmal das Minimum von Kraft, etwas Schweres und Herbes wenigstens äußerlich mit Würde zu ertragen, das Innere nicht vor allen Augen bloß zu legen."

„Du bist hart gegen sie, Tante," sagte die junge Gräfin leise.

„Hart? Nein, nein, nur gerecht," lautete die ruhige Antwort. „Ich durchschaue sie von Anfang an zu gut, um mich zu ihr gezogen zu fühlen, das ist wahr, aber ungerecht bin ich nicht. Sie ist und kann eben nicht anders. Gebe der Himmel, daß es anders wäre, daß ich mich dennoch täuschte, daß sie ein Mensch und keine hohle Gliederpuppe! Daß sie wirklich trauerte, sich grämte um diesen theuren Vicomte! Ich wollte ihr, weiß Gott, diese Neigung zu dem — kleinen Grimasseur verzeihen und zu Gute halten. Ich sähe doch, daß sie ein Herz, wenigstens

nach ihrer reichsgräflichen Art, hätte, und das erkenne ich
allerwärts an bei einer Frau, einem Mädchen. Es ist
die Mitgift, die jede haben soll, die keine entbehren kann,
nur bei Stephanie hab' ich nicht daran geglaubt und
glaube nicht daran." — Und plötzlich abbrechend und den
Kopf so nahe zu der Nichte herabbeugend, ihr so voll und
tief in die jetzt ernst blickenden braunen Augen sehend,
als wolle sie durch dieselben bis in das Herz hinabschauen,
setzte sie hinzu: „Weißt du, weßhalb ich dich so ganz und
gar lieb habe, mein muthiges Kind?"

Der Blick des Mädchens begegnete dem ihrigen fragend, eine leise Röthe begann von den Wangen in die
Schläfen zu steigen. Aber Sophie Magdalene sagte nichts.

„Ahnst du es wirklich nicht?" fragte Comtesse Hebe
nochmals, und ihre braunen Augen lächelten mit einem
hinreißenden Ausdrucke von Güte und Innigkeit. — „Weil
du dein Loos mit Treue trägst, mit frischem, frohem Muthe,
ohne Sentimentalität, ohne Renommage, gesund, jung und
mit einem ganzen Herzen —"

„Tante!"

„Ja, mein Herz! Wie lange hast du jetzt nichts von
Leo gehört?"

„Tante!" — Sie zuckte zusammen, ihr Gesicht, die
stolze, freie Stirn, der schlanke Hals, so weit er über der
Krause des Morgenkleides sichtbar war, alles glühte in
dunkler Röthe. „Tante — du — Leo — woher glaubst
du —?" stammelte sie.

Gräfin Hebe lächelte jetzt schelmisch. „Glaubst du
kleiner, thörichter Kopf wirklich, daß du da hinter meinem

Rücken all die Jahre lang solche Geschichten machen könntest?" fragte sie, und ihre Hand streichelte leise die glühende Wange. „Oder meinst du, daß Eberhard irgend ein Geheimniß vor mir hat, noch dazu, wenn es eines ist, an dem ich, wie er wohl weiß, von Herzen Theil nehme?"

Die junge Gräfin stand nach einer Weile auf und lehnte sich über die Tante, den Kopf tief herabneigend zu dem der Anderen und endlich Stirn auf Stirn legend. „Tante!" flüsterte sie dabei bewegt.

„Nun, was denn, du wildes Kind?"

Jetzt richtete Sophie Magdalene ihre schlanke, feste Gestalt wieder auf und schüttelte die kurzen Locken zurück, welche ihr ins Gesicht geglitten waren. Ihre Augen gingen wie träumend durch das Fenster hinaus über den leuchtenden Park hin, in die blitzende und blendende Ferne; allein es währte nur einen Moment, dann kamen sie schon wieder zurück und senkten sich zu Hebe nieder, die lächelnd auf das Ende dieser Pause wartete, und indem sie die Hand derselben ergriff und zum heißen Kusse an die Lippen zog, sprach sie weicher, als wir es je von ihr vernahmen: „Ich sag' es wohl, Tante, du bist ein Engel, und dies ist das reichste Neujahrs-Geschenk, das ich jemals erhalten. Es geht mir gar zu gut! Der liebe Gott will Leo und mir sichtbar wohl!"

Gräfin Hebe lächelte noch immer, aber ihre Züge waren stets milder und ihre Blicke sanfter geworden, und nun versetzte sie herzlich: „Ich verstehe dich aber noch immer nicht, Kind. Wie kann dich das so sehr ergreifen?"

„Weil ich bei dir keinen geringeren Widerstand gegen

diese Neigung fürchtete als beim Großvater," erwiderte Sophie Magdalene offen. Sie hielt jetzt die beiden Hände Hebe's in den ihrigen und begegnete den freundlichen Blicken derselben zugleich mit Freiheit und Zärtlichkeit. „Ach Gott, Tante, das habe ich gar nicht zu hoffen gewagt! — Ich spreche nicht oft über diese Dinge, es widersteht mir, ich habe auch wenig Gelegenheit dazu. Aber einmal im Herbst, als Herr von Hoven zuerst hier war und mir seit langer Zeit wieder den ersten Brief, die ersten Grüße von Leo brachte, da redete ich mein ganzes Herz aus und da fühlte ich's und sprach es auch aus, daß ich dich fast mehr fürchtete als alle Anderen."

Es glitt etwas wie ein leichter Schatten durch Hebe's glänzende Augen, und sie meinte mit leisem Kopfschütteln: „Da magst du ein böses Bild von mir entworfen haben! Darum —"

Was sie hinzusetzen wollte, wurde hier durch ein Mädchen unterbrochen, das rasch durch eine Seitenthür hereinkam und zu Hebe eilend, hastig sagte: „Gnädige Gräfin entschuldigen, aber ich soll melden, daß der Herr Graf Sie um zwölf Uhr hier besuchen wolle."

Hebe sah sie einen Augenblick verwundert an, bevor sie spottend entgegnete: „Nun, das muß in der That eine wichtigere Nachricht sein, als sie mir erscheint. Meine lecke Fanny sogar ist bestürzt. Welchen Grafen meinst du, Kind? Vetter Christian sagt, wir haben ihrer hier wie Heu. Am Ende Vetter Christian selbst?"

„Nicht doch, gnädige Gräfin," versetzte die Kammerjungfer, denn eine solche war's, im früheren erregten Tone. "Der Herr Vater —"

"Mein Vater? — Du bist nicht gescheit!" rief Hebe, ihre Augen schauten ein wenig verdrießlich, aber sie war dabei doch aus ihrer Ruhe aufgefahren, so weit ihr's ohne Hülfe möglich war. — "Er ist ja gar nicht da!"

"Doch, gnädige Gräfin, der Herr Graf sind da, sind gestern Abend spät angekommen, als schon alles schlief. Monsieur Leroux hat den Hausmeister geweckt, weiter niemand. Die Diener sind zum Schweigen befohlen, dann gleich zu Bett. So hat's Keiner gewußt. Ich glaube den Tod zu haben, als mir drunten eben Monsieur Pierre entgegentrat mit der Botschaft. Ich konnte kaum die Treppe gesetzt herauf kommen."

Gräfin Hebe hatte sich wieder in den Stuhl zurückgelehnt und die raschen Worte der Jungfer ohne Unterbrechung zu Ende kommen lassen. Auch nun ließ sie noch eine ziemliche Weile vergehen, in der nur ihre Augen mit gedankenvollem Blick sich von dem Mädchen auf die sichtbar gleichfalls nicht angenehm überraschte Sophie Magdalene und wieder zurück wandten, und dann erst sprach sie gedämpft: "Das ist in der That etwas sehr Seltsames. Mein Vater bei Nacht nach Hause, und zwar mit Absicht in einer Art von Heimlichkeit? — Weißt du sonst noch etwas? — Ist er allein?"

"Monsieur Pierre sagte gleich nach der Meldung für Sie zu der Jungfer Josephine, daß der Herr Graf die Comtesse Stephanie zu sprechen wünschten."

"Stephanie? Bei sich? — Sagte Pierre das ganz offen?"

„Nein, gnädige Gräfin. Er zog sie auf die Seite und flüsterte, aber Karl hörte es — gnädige Gräfin wissen vielleicht, der Neffe von dem alten Karsten Herbart — und sagt' es mir wieder."

Ein heller, kluger Blick flog aus Hebe's Augen zu Sophie Magdalene hinüber. „Das bedeutet etwas," sprach sie indessen nur wie zu sich selbst. „Ich fange an zu begreifen! Ah, mein Herr Papa! — Waren wir darum vielleicht mit dem General wieder so cordial?" — Und rasch wieder zu dem Mädchen gewendet, fügte sie lebhaft hinzu: „Gibt es noch mehr, Fanny? Du siehst wie ein ganzer Sack voll Neuigkeiten aus."

„Ja, gnädige Gräfin, der alte Mann, der — den Sie herbestellen ließen, wartet in meinem Zimmer —"

Gräfin Hebe zuckte wieder auf. „Wer? Der alte Brehm?" rief sie. „Ist's denn heut Montag? — Das hab' ich bei Gott ganz vergessen! — Aber es trifft sich ausgezeichnet. Fanny, er muß gleich kommen. Es hat ihn doch keiner von den Schleichern gesehen? Hat er den Kleinen mitgebracht?"

„Nein, er ist allein. Gesehen hat ihn niemand," versetzte das Mädchen mit einer Befangenheit, die deutlich verrieth, daß sie noch mehr auf dem Herzen habe. Und als sie einen Augenblick geschwiegen, sprach sie auch rasch und leise: „Aber das Allerschlimmste, glaub' ich, ist, was mir der Karl noch zugeflüstert. Der Herr Graf habe in S. einen neuen Diener angenommen, den Karl kennt. Es soll der sein, der von Ihnen, gnädige Comtesse" — und sie wandte sich gegen Sophie Magdalene — „beim

Horchen ertappt und von dem Herrn Bruder entlassen wurde —"

„August?" rief Sophie Magdalene, sich aufrichtend. In ihrem Auge blitzte es von Schreck und Zorn jäh durch einander. Gräfin Hebe wandte ihre Augen mit fragendem Blick von Einer zur Anderen. „Was ist denn das?" sagte sie. „Davon weiß ich nichts."

„Tante, es war ein Diener bei uns," redete die Nichte hastig und hoch aufgerichtet, — „gewandt, sanft und glatt, ein Schleicher. Wir hatten ihn schon horchend gefunden. Dann erfuhren wir, daß er mit den Douaniers verkehre. Und als Onkel Eberhard im September mit Hoven zu uns herüberkam, attrapirte ich den Menschen an der Thür des Frühstückszimmers horchend und spähend. Eugen jagte ihn sofort aus dem Dienst. — Tante," fügte sie aufgeregt hinzu, „das darf nicht sein! Man muß den Großvater benachrichtigen."

Comtesse Hebe schüttelte den Kopf. „Umsonst!" versetzte sie mit sarkastischem Lächeln. „Daß ihn Eugen und du fortgejagt, empfiehlt ihn hier vielleicht gerade. Du weißt doch, Kind!"

„Aber Tante," rief Sophie Magdalene wieder, „wir alle, Onkel Eberhard, Eugen, ich, — unsere Pläne, du selbst, sind gefährdet! Onkel Eberhard warnte damals Eugen, aber der hörte nicht darauf, — du kennst ihn ja, wie vornehm er zuweilen denkt. Und doch, und doch! — Hoven ist nach meiner Ueberzeugung auf's äußerste in

Gefahr! Wird diese unbedeutende Maske den Schleicher täuschen?"

„Und Karl hat den Menschen auch in S. mit einem Douanier zusammen gesehen, der früher hier an der Küste stationirt war," sagte die Kammerjungfer leise.

Gräfin Hebe erwiderte eine ganze Zeit lang keine Silbe; den gedankenvollen Blick des Auges auf das erregte Gesicht der Nichte gerichtet, ruhte sie regungslos in ihrem Sessel. Endlich wurden ihre Züge wieder heller, ein Lächeln stieg auf und wurde von Sekunde zu Sekunde spöttischer oder vielmehr boshafter, und mit einem Male den Kopf zu der Jungfer herumwerfend, sprach sie mit dem uns schon bekannten silberhellen Tone: „Wohlan, Fanny! Nun blüht dein Weizen, denn du liebst ja die Intriguen, und es gibt eine, glaub' ich. Es müßte denn sein, daß wir mit offenen Schlägen noch weiter kämen, als mit heimlichen. Bin selber neugierig!

„Also aufgepaßt und den Kopf zusammengenommen!" fuhr sie fort; sie saß aufgerichtet, und ihre Augen strahlten von Lust, Neckerei und Bosheit, sie verrieth nicht im entferntesten, wie groß oder klein ihr selbst dieses alles erscheine. „Höre wohl zu. Zuerst bestellst du mir einen Schlitten nach Dreiheiligen, wir fahren präcise 1 Uhr, und du hast für drei bis vier Tage zu packen. Meine Nichte hier begleitet mich natürlich. Diener und Kutscher instruirst du. Ich habe diese Fahrt schon gestern beschlossen. — Dann vermeldest du meinem Vater meinen Respect, und ich erbäte seinen Besuch etwas früher, etwa um halb Zwölf, da ich mich leider zu 2 Uhr in Dreiheiligen angemeldet. — Drittens bestellst du zuerst den Ludwig Brehm zu mir, läßest uns durch nichts stören und sorgst später für seine heimliche Abreise; nach ihm wünsche ich Herrn Karl zu sehen. Endlich empfiehl auch du diesem vortrefflichen jungen Manne die allerumfassendste Aufmerksamkeit — ich glaube, Fanny, deine Worte werden bei ihm von mehr Gewicht sein, als die meinen, nicht wahr?" — Und sich von der erröthenden Jungfer abwendend, sah sie nach der Uhr und setzte hinzu: „Halb Zehn? Also Zeit genug! — Du, Sophie Magdalene, bleibst hier nebenan und hältst mir meine Heimlichkeiten zu gut. — Ans Werk, Fanny! Bringe den Alten her, und dann — zeige nicht, daß dir die Fahrt und das Packen unerwartet gekommen. Mache meiner Schule Ehre, Kind!"

Der davon Eilenden blickte sie noch heiter nach, gleich darauf verdunkelte sich jedoch ihr Blick und sie sagte zu der Nichte gewendet: „Nur Eines wüßt' ich, was fatal wäre. Das ist, wenn grade der Herr Papa wirklich etwas von unseren politischen Plänen und von dem Zweck unseres Balles gewittert hätte. Dann —" sie sah ernst und die Lippen fest zusammengepreßt einen Augenblick aus dem Fenster, bevor sie wieder zurückblickend fort redete: „Etwas würde meine Gegenmine, die Fahrt nach Dreiheiligen, nützen. Im Ganzen aber müßten wir zu den großen Mitteln greifen und — die hätt' ich mir gern noch aufgespart."

Sie wurde bereits durch ein leises Klopfen von der Thür her, durch welche Fanny gegangen, unterbrochen. „Nun also, Kindchen, in dein Zimmer," sagte sie schnell und leise redend zu Sophie Magdalene, welche mit sorgenvollem Blick und schweigend alles Mitgetheilte angehört hatte. — „Und was und wen du auch siehst — nur unbefangen und heiter! Vergiß das nicht! Es gilt vielleicht nicht nur die Sicherheit der Unseren, sondern auch unsere eigene. Ich kenne meinen werthen Papa. Umsonst kam er weder bei Nacht an, noch beehrt er mich heute mit diesem Besuch."

Sophie Magdalene nickte gedankenvoll vor sich hin, küßte dann zärtlich der Tante Stirn und verließ das Gemach. Da erst setzte Hebe sich wieder bequem in ihrem Stuhle zurecht und sagte laut: „Herein!" —

Die Thür ging auf. Der Jungfer voran trat ein großer, alter Mann in militärisch straffer Haltung und mit fest auf die Dame gerichtetem Blick ein paar Schritte in das Zimmer, verbeugte sich steif und stand wieder aufgerichtet, kerzengerade und regungslos. —

„Die gnädige Comtesse hat mich zu sehen gewünscht," sprach er kurz und in einem Tone, der gleichfalls auf einen alten Soldaten schließen ließ.

Gräfin Hebe nickte ihm freundlich zu, während jedoch auch sie ihn keine Sekunde lang aus den Augen ließ. Dann hieß sie die mit eingetretene Fanny dem Alten einen Stuhl herbeiziehen und das Gemach verlassen, und erst als sie mit dem Manne, der schweigend Platz nahm, wieder allein war, sagte sie mit ernster Freundlichkeit: „Sie sind der Thorschreiber Ludwig Brehm aus G., früher Soldat, wenn ich nicht irre?"

„Ja, das war ich, Feldwebel bei der dritten Kompagnie von Sr. Majestät von Preußen erstem Bataillon Garbe," lautete die dienstlich kurze Antwort.

„Und weßhalb verließen Sie die Stellung? Sie war doch schön."

„Weil ich ein Narr und meine Frau eine Närrin war. Sie behauptete, Heimweh zu haben, und als wir Anno 70 in den Kartoffelkrieg gingen, wollte sie sich umbringen. Nach der Rückkehr mußt' ich meinen Abschied nehmen und kam hieher in das Nest, das Gott verdammen möge."

Hebe beobachtete den alten, finster blickenden Mann eine Weile schweigend; dann fragte sie: „Sie wissen, weßhalb ich Sie zu sehen wünschte?"

„Kann's mir denken," entgegnete er ernst. „'s wird wegen des Buben, des Robert sein."

„Weßhalb nennen Sie Hector nicht, wie er heißt?" fragte sie rasch.

„Weil ich so vornehme Namen bei Unsereinem nicht liebe, Euer Gnaden, am wenigsten bei so einem Bankert. Es sähe aus, als brüsteten wir uns noch mit der Schande."

„Warum sprechen Sie so hart und nennen das Kind bei einem so häßlichen Namen?" fragte sie wieder nicht ohne Schärfe, und auch die feinen dunklen Brauen über den Augen zogen sich ein wenig zusammen. „Sie müssen doch wissen, daß mein Bruder Ihre Tochter und sein Kind nicht nur nebenher geliebt hat — wenigstens ist das nur eine kurze Zeit geschehen, wenn es überhaupt der Fall! — daß er vielmehr alles versuchte, sie auch vor der Welt sein zu heißen und anzuerkennen; daß er zuerst darin verhindert wurde durch den Widerstand Ihrer Hedwig selbst —"

"So hört' ich," fiel ihr der Alte düster ins Wort. "Ich selber weiß das nicht, denn Euer Gnaden haben wohl vernommen, daß ich meine Tochter, als die Schande zu Platz kam, aus meinem Hause jagte. Ich mochte und mag nichts mehr mit ihr zu thun haben, wenn ich jetzt auch nach dem Buben sehe, daß er kein Gauch wird, denn die Hedwig ist in der Fremde nicht anders geworden, und über Buben muß eine Mannshand regieren. Doch das ist es nicht, was ich sagen wollte," fuhr er fort. "Also ich hörte von ihrer Weigerung, gegen den Willen der Eltern des Herrn Frau zu werden, und fand das, wie ich ihr's anerzogen. Denn ich hab' ihr gesagt: Dienen kann man überall, seinem Geschäft nachgehen auch, — da hat man überall seinen Platz, den Keiner Einem mißgönnt. In anderer Weise aber bleibt ein Mensch, der auch auf Reputation hält, Leuten höheren Standes und Herrschaften am besten fern. Man wird nur über die Achsel angesehen, und das gefällt nicht jedermann von uns — halten zu Gnaden." —

Gräfin Hebe betrachtete den alten, trotzigen Soldaten eine Weile lang schweigend und mit ernstem Interesse, bevor sie von neuem sagte: "Ich achte Ihren Stolz und halte Ihre Ansicht für richtig, aber nur nach der einen Seite. Man muß zu unterscheiden wissen, und hier hat Ihrer Tochter Widerstand unsäglich viel Trauer und Kummer über sie selbst und meinen Bruder gebracht und den letzteren endlich in den Tod gejagt. Denn gerade

Vierzehntes Kapitel.

durch das damalige rastlose Hin- und Hertreiben, durch meines Bruders verfahrene Laune wurden die Eltern aufmerksam und — ich brauche wohl nicht erst von dem zu sprechen, was dann geschah."

Der alte Brehm sah sie finster und schweigend an. Erst nach einer langen Pause murmelte er mit einem bitteren Lächeln: „Ja, für die großen Herren war Unsereins derzeit noch geringer, als das Vieh in ihren Ställen."

Gräfin Hebe schüttelte leise den Kopf. „Ich kann und will meine Eltern nicht entschuldigen — meine Mutter am wenigsten, da sie sich gegen ihr Gefühl zu etwas verstanden hat, was das Elend und den Tod ihres Sohnes herbeiführte. Mein Vater hat damit vermuthlich wenig zu thun gehabt. Er ließ sie wohl ganz allein handeln. Aber sie hat es hart genug gebüßt, denn sie schickte damit ihren einzigen Sohn endlich in den Tod. Als er die Hedwig todt glauben mußte und sein Kind verschwunden blieb, da war es mit ihm aus."

Der Thorschreiber antwortete nicht sogleich, sondern ließ nur die von den langen weißen Brauen überschatteten blauen Augen mit düsterem, bohrendem Blick auf der Sprecherin ruhen, als erwarte er noch weitere Worte von ihr. Da sie jedoch schwieg, versetzte er endlich: „Was daran wahr ist oder nicht, das weiß ich nicht, bis auf Eins, das ist, was Gnaden von dem Grafen Hartmuth sagen. Das ist, halten zu Gnaden, nicht wahr. Graf Hartmuth hatte, ob gleich Anfangs, weiß ich freilich nicht — bei allem die Hand im Spiele. Den Todtenschein hat er selber durch den schleichenden wälschen Kammerdiener besorgen

laſſen von dem Prediger, der vor vielen Jahren in Lohnshof Hofmeiſter oder ſo was geweſen und durch die alten
Affairen ganz in ſeiner Hand war. Detlef Reuter weiß
davon, der hat's mit dem Küſter dort herausgebracht. —
Und wenn nach des jungen Herrn und der Frau Mutter
Tode Graf Hartmuth das Koſtgeld nicht für überflüſſig
gehalten — vielleicht hat's der Monſieur Leroux auch nur
unterſchlagen — ſo wüßten wir noch heute vermuthlich
von den Beiden ſo wenig wie früher. — Nur Eines ver-
ſteh' ich nicht," ſetzte der Mann immer finſterer hinzu, —
„daß ſie mit dem Weibe und Kinde, da ſie beide in Händen hatten, ſo viel Umſtände gemacht und einen falſchen
Todtenſchein ausſtellen laſſen mußten. Sie mußten ſonſt
doch mit dergleichen beſſer umzugehen, halten zu Gnaden.
Und als ich den Herrn Vater dazumal an jene Dinge im
Born erinnert hatte und gleich darauf die Hedwig mit
dem Buben fort war, gab ich ſelber keinen Dreier für
ihr Leben."

Gräfin Hebe war während dieſer Mittheilung immer
aufmerkſamer und aufmerkſamer geworden. Sie war zuletzt ſogar ſichtbar erbleicht, ihre Augen ruhten mit einer
Art von Angſt auf dem Erzähler, und da er ſchwieg,
neigte ſie ſich vornüber, als wollte ſie ihm näher ſein, und
ſprach gepreßt: „Was deutet Ihr da an, Mann? Was
heißt das alles? Ich verſtehe kein Wort von dieſen Dingen."

Er maß ſie mit finſterem Blick, indem er erwiderte:
„Nun, ich meine die alten Geſchichten mit den beiden an-
deren Grafen, dem Vater und dem Bruder des Herrn
Hartmuth."

„Und was ist das?" fragte sie gedämpft und doch drängend. „Wir wissen nichts davon. Und Ihr — Sie haben das meinem Vater vorgehalten? Von wem wußten Sie es denn?"

Das Auge des alten Mannes wurde bei dem Anblick ihrer sichtbar ernsten Bestürzung nach und nach etwas milder. „Lassen Euer Gnaden das vergessen bleiben," entgegnete er auch in sanfterem Tone. „Es ist für kein Kind gut, so etwas vom Vater zu hören. — Ich erfuhr's dazumal von Detlef, der mit seinem Herrn auf Urlaub hier war. Aber der hat's auch wohl nur von einem Anderen, Aelteren, von dem Steffen Schütze, mein ich, oder von seinem eigenen Vater —"

„Detlef?" wiederholte sie gedankenvoll, „und der Schäfer? Da weiß es auch mein Bruder —"

„Das glaub' ich nicht, Gnaden. Es ist, wie ich sage, nichts für Kinder ihres Vaters."

Sie legte die Arme über die Brust zusammen und ließ ihre Augen mit einem ernst sinnenden, fast abwesenden Blick auf dem Thorschreiber ruhen. Es war eine lange Stille im Zimmer. Der Mann saß ihr gegenüber, in regungsloser, straff aufgerichteter Haltung, die er bisher noch keinen Augenblick verloren hatte, und seine Blicke begegnete denen der Gräfin, ohne daß man von ihnen oder den starren Zügen des Gesichts irgendwie auf das hätte schließen können, was in seinem Innern eben vorgehen mochte, ob er mit Widerwillen oder einer Art Zuneigung, mit Vertrauen oder Mißtrauen auf das schöne Wesen vor ihm blickte, oder ob er von nichts wußte, als von Gleichgültigkeit und jener finsteren Resignation, zu der zuweilen gerade die trotzigsten Herzen herabgestimmt werden können.

Es war eine verhältnißmäßig lange Zeit vergangen, als Gräfin Hebe's Blick so zu sagen wieder in die Gegenwart zurückkehrte. Sie fuhr mit dem Taschentuch, von dem bei dieser Bewegung ein milder und doch durchdringender Duft sich rings umher ausbreitete, leicht über die Stirn, als wische sie die Falten fort, welche fortan auch verschwunden blieben; und hell zu dem Alten auf- und hinüberblickend, sprach sie: „Schieben Sie Ihren Stuhl näher, mein Freund, was ich zu sagen habe, braucht nicht laut gesagt zu werden."

Er stand auf und folgte ihrem Wunsche, und als er ihr nun ganz nahe saß, fast so, wie vorhin Sophie Magdalene, da lehnte sie sich noch obendrein nach seiner Seite hinüber und redete fortan gedämpft weiter.

„Hören Sie genau zu," sagte sie mit einem gewissen nachdrücklichen Ernst, der sichtbar auch von Eindruck auf den trotzigen und verbitterten Mann war. „Wir wollen alle diese alten Historien ruhen lassen und nur vom Nöthigen und Nächsten reden. Geben Sie einmal Ihre Hartnäckigkeit und Ihr Mißtrauen auf; es gilt die Zukunft Hector's, Ihres Enkels, meines Neffen, dafür erkenne ich ihn an. Ihre Tochter war einsichtiger und hat ihr Mißtrauen gegen mich wenigstens gleich aufgegeben. Sie begriff, daß ich hier im Schloße für mich lebe, und daß man zu mir kommen kann, ohne mit den anderen Bewohnern in Berührung zu kommen. — Zuerst also, mein

Bruder Eberhard und ich sind keineswegs gleichgültig gegen das, was unser Bruder Hector selber gethan hat, was man ihn hat thun lassen und was wir ihm angethan. Als er abreiste, hat er uns sein Kind, wenn man's wiederfände, ans Herz gelegt, und wir sind Beide entschlossen, nicht nur aus Liebe zu dem Bruder, sondern auch, weil das so recht ist, diesem Versprechen nachzukommen.

„Ihre Tochter Hedwig hat in all der Noth und Sorge jener Jahre, trotz der Drohungen und Gefahren, immer das Eheversprechen meines Bruders zu verbergen und zu retten gewußt. Der Knabe ist, angefochten oder nicht, auf den vollen Namen meines Bruders getauft. Wir besitzen in drei gleichlautenden Exemplaren die Erklärung Hector's, daß er das Kind als das seine und die Mutter desselben vor Gott und seinem Gewissen als seine Gattin anerkenne. Ein viertes Exemplar dieser Erklärung, datirt von jenem Tage, wo er Hedwig's Verschwinden entdeckte, ist meinen Eltern vorgelesen und dann in die Hand des Superintendenten Grischow in G. niedergelegt worden. Derselbe besitzt noch andere Erklärungen meines Bruders, die von diesem zwar nur mündlich gegeben, von dem Prediger aber aufgeschrieben wurden, und die derselbe jederzeit durch seinen Amtseid erhärten will.

„Sie sehen also, daß Hector's Name und Stellung als Graf von Rhoda mit Erfolg kaum anzufechten und daß seine Anerkennung durch die Behörde, wenn man sich richtig dafür verwendet, gar nicht zu bezweifeln sein dürfte. Da wir dies alles aber so ansehen und das Verhältniß

Ihrer Tochter und unseres Bruders wie eine Gewissens-
ehe betrachten, so müssen wir dem Kinde natürlich auch
den Vermögenstheil zuwenden, der auf dasselbe als Kind
des Hauses Rhoda fallen kann."

Da sie hier eine Pause machte und den Alten, wie
eine Antwort erwartend, anschaute, versetzte er mit einem
steifen Kopfschütteln: „Das, Gnaden, ist so viel, daß ich
nicht einmal das Ding selber capire, geschweige denn, was
die Herrschaften für Gründe haben zu solcher Gnade und
Großmuth."

„Das überlassen Sie uns, mein Freund," erwiderte
Hebe, und über ihre Stirn zog etwas wie ein leiser
Mißmuth. — „Ich glaube, so offen zu sein, daß Sie keinen
Rückhalt zu fürchten brauchen. Einen Grund hab' ich be-
reits angedeutet —, wir betrachten dieses alles als eine
Art Sühne des himmelschreienden Unrechts, das Hector,
Hedwig und ihr Kind zu erleiden gehabt, als eine Sühne
des Unrechts, das unsere Eltern begangen. Damit genug
hiervon. Sie können die Ordnung dieser Angelegenheiten
uns überlassen. Uebrigens ist, was wir dem Kinde zuwenden können, für dieses vielleicht bedeutend, für einen
Grafen Rhoda aber nicht gerade glänzend. Denn das
Vermögen, welches meine Mutter hinterließ, war nicht
übergroß und ist überdies noch mehrfach geschmälert worden. Was wir für den Knaben von seinem Großvater erhalten, müssen wir abwarten. Wir wissen nicht einmal,
ob Graf Hartmuth überhaupt Privatvermögen besitzt.

„Ich habe mir wohl zuweilen gedacht," fuhr sie nach
einer Pause mit nachdenklichem Tone und Blicke fort,

„daß es nicht unmöglich sein möchte, dem Kleinen dereinst auch die Grafschaft zuzuwenden. Mein Bruder hat keine Familie; mein Neffe Eugen auf Rhobenfelde beerbt ihn und hat dann genug für sich und seine Nachkommen. Wir beiden Schwestern kommen nicht in Betracht. — Allein — damit ist es nichts."

Der Thorschreiber wandte den Kopf ein paarmal hin und her, daß der lange Zopf sich leicht über den Rücken des grautuchenen Rockes bewegte. „'s wäre zu viel!" sagte er endlich. „Aber curios wär's. Es würde auf die Weise richtig, was des Grafen Hartmuth Vater ihm auf dem Sterbebette vorausgesagt."

Hebe's Blick verdunkelte sich. „Was war das?" fragte sie lebhaft.

Der Thorschreiber sah sie einen Augenblick starr an. Dann sprach er: „Das wissen Gnaden auch nicht? — Nun, der alte Herr soll da dem Sohne gesagt haben, daß seine Praktiken ihm doch nicht helfen würden. Er bringe die Güter nicht zusammen, und der sie später besitzen würde, sei nicht von seinem Blute. Das sei zu sündig."

Ueber Hebe's Gesicht flog ein fast finsteres Lächeln, aber sie erwiderte einstweilen nichts und verharrte, die Augen dem Fenster zuwendend, in einem ziemlich langen Schweigen, das der Thorschreiber nicht zu stören wagte. Endlich drehte sie den Kopf ihm wieder zu und sprach im früheren ernsten und ruhigen Tone: „So stehen also die Sachen, mein Freund, und dies Ihnen mitzutheilen war der Hauptgrund, weßhalb ich Sie zu sprechen wünschte, denn es kann in der bisherigen Weise — ich meine den Widerstand gegen alles, was wir dem Kinde gönnen wollen — nicht länger fortgehen. Wir haben schon eine kostbare Zeit verloren. Sie sehen ein, daß Hector eine andere Erziehung haben muß, als er sie bisher erhalten. Sie wissen vielleicht auch, daß wir, mein Bruder und ich, schon längst dahin gestrebt, daß aber unsere Absichten auch bei Ihrer Tochter auf hartnäckigen Widerstand gestoßen. Sie behauptet, daß sie selbst sich in andere Verhältnisse nicht finden, andererseits sich von dem Kinde nicht trennen könne. Endlich beruft sie sich auf Sie, der Sie nicht einmal einen gelegentlichen Verkehr mit uns dulden wollen."

Der Mann hatte fürs Erste wieder nur einen düster sinnenden Blick zur Antwort, bis er nach einer Pause entgegnete: „'s ist richtig, so hab' ich gesprochen. Da ich das Weibsbild seit Martini wirklich wieder ins Haus genommen, um sie vor neuen Angriffen zu sichern, muß sie sich meinem Willen und Einsehen fügen, und das ist seither gewesen, daß uns von hier, halten zu Gnaden, nichts Ehrliches und Gutes gekommen."

Gräfin Hebe sah ihn scharf an. „Und nun — ändern sich Ihre Ansichten?" fragte sie.

Er zuckte die Achseln. „Daß Euer Gnaden und der Herr Bruder es gut meinen, glaub' ich gern," entgegnete er. „Aber —"

„Sie meinen, es sei noch zu fragen, ob und wie wir's durchführen können," fiel sie ihm ins Wort. „Das ist unsere Sache, mein Freund, und ich bitte Sie, vertrauen Sie uns. Sie werden dabei nicht schlecht fahren. Daß wir bei dem, was wir mit Hector im Sinne haben, einen

Einfluß auf ihn und seine Erziehung beanspruchen, versteht sich von selbst, wiederhole ich; ebenso, daß wir Ihre und der Mutter Wünsche dabei so viel wie möglich berücksichtigen wollen. Von langem Zögern kann aber keine Rede sein," fuhr sie noch ernster fort. "Mein Vater ist zwar alt, aber noch von fester Gesundheit. Ueberdies gehen wir einer Zeit entgegen, wo man an Privat-Angelegenheiten nicht viel wird denken können. Es könnte leicht zu lange währen. Also, Herr Brehm?" —

Er erhob sich von seinem Stuhle und stand kerzengrade. "Wer bürgt uns für die Sicherheit des Knaben?" fragte er in starrer Haltung. "Was einmal geschah, kann wieder geschehen, und was dazumal unterblieb, kann jetzt ausgeführt werden."

"Sie und wir, mein Freund," versetzte sie fest. "Sie sollen Hector eben so wenig aus den Augen lassen, wie wir es wollen. Wie Sie das geordnet zu sehen wünschen — was möglich ist soll geschehen. Der Knabe muß aber eine Stellung und Erziehung erhalten, wie es sich für einen Grafen von Rhoba schickt. Das steht fest."

Der Thorschreiber schaute sie eine Weile forschend an. Dann antwortete er: "Ich will es mit der Hedwig überlegen, Euer Gnaden."

Sie neigte den Kopf. "Gut!" sagte sie. "Nur Eines vergessen Sie nicht. Wie Sie selbst wissen, kommen bei dieser Angelegenheit Verhältnisse in Betracht, welche fremde Einblicke vielleicht noch weniger vertragen, als ich selbst bisher ahne. Mit Einem Worte — fremde Augen und Einmischung dulden wir nicht. Die Sache muß unter uns abgemacht werden."

Er stand wo möglich noch graber und regungsloser als sonst, indem er versetzte: „Ich hab' mich auch mein Leben lang immer nur auf mich und meinen Herrgott verlassen. Hier muß ich aber mit meiner Tochter reden. Sie hat ein Recht darauf. Weiter mein' ich nichts, und lange währen soll's auch nicht."

Sie richtete sich ein wenig auf und bot ihm die Hand hin. „Geben Sie mir Ihre Hand, Herr Brehm, Sie sind ein braver alter Mann," sprach sie. „Geben wir uns die Hände darauf, daß wir zusammen halten, einander vertrauen und das Beste Hector's treulich fördern wollen. Da muß es gut gehen."

Brehm hatte die Hand respectvoll genommen und, da sie nicht zurückgezogen wurde, auch fest gehalten. In seinem Gesichte zeigte sich eine Bewegung, ja, es schien fast, als wolle er wirklich freundlich auf die Gräfin hinabsehen, und auch seine Stimme klang beinahe herzlich, als er jetzt erwiderte: „Na, Euer Gnaden, unser Herrgott wird alles zum Besten fügen. — Haben mir Euer Gnaden sonst noch etwas zu befehlen?"

Sie nickte ihm freundlich lächelnd zu. „Also Gott befohlen, mein Freund, und lassen Sie uns nicht zu lange warten," sprach sie; sie hatte nun die Hand zurückgezogen. „Bringen Sie Ihre Entscheidung mir oder meinem Bruder. Für die nächsten Tage werde ich vermuthlich gleichfalls drüben sein."

Der Thorschreiber nickte mit dem Haupte. „Wenn Sie's erlauben, geh' ich lieber nach Dreiheiligen," antwortete er. „Diese Heimlichkeit hier ist nicht meine Sache. Gott befohlen, Euer Gnaden!" — Und militärisch Kehrt machend, ging er mit ordonnanzmäßigem Schritte der Thür zu und hinaus.

Fünfzehntes Kapitel.

Vater und Tochter.

> Was wird es doch, des Wunders nach,
> So gar ein seltsam Leben,
> Als jemand ist, ob Gott das ist,
> Mit Namen ganz und gar umgeben.
> Gut Wort arge That, viel Grüß böse Blick,
> Ist jetzt der Gebrauch auf Erden,
> Es giebt keiner mehr, dem Andern Ehr,
> O Gott, was wil nach daraus werden.
> *Ambraser Liederbuch.*

Es verging eine lange Zeit, in welcher nichts die Ruhe und Einsamkeit des Zimmers störte, denn nachdem Hebe den Blick von der Thür ab und auf die Uhr gewendet, welche noch nicht voll auf Elf zeigte, ließ sie die Wimpern über die Augen sinken, lehnte sich tief in den Stuhl zurück und regte sich fortan nicht mehr. Ja, wenn sich nicht von Zeit zu Zeit die Spitze ihres Fußes bewegt hätte oder etwas wie ein Lächeln durch ihre Züge geglitten wäre, so hätte man fast glauben mögen, ihre Ruhe sei in wirklichen Schlummer übergegangen. — Und es störte sie nichts. Alles umher war todtenstill; nur die Uhr pickte leise, und zuweilen summte eine Fliege an den Fenstern, die in dem freundlichen Raume bisher ihr Leben gefriſtet hatte. Von draußen aber klang weder aus dem Schloſſe, noch aus dem Parke ein Laut in das Gemach.

So war eine ſtarke halbe Stunde vergangen. Die Sonne hatte ſich aus der Fenſterniſche zurückgezogen; die Epheuranken, die anderen Pflanzen, das ganze Zimmer, alles hatte wieder eine, wenn man ſo ſagen kann, ſtillere, winterlich ruhige und behagliche Färbung angenommen, und beim Ausblick ins Freie freute man ſich weniger des ſonnigen Tages als des warmen Zimmers, denn alles, was man draußen erblickte, machte den Eindruck einer einbringenden Kälte. — Da hoben ſich zum erſten Male wieder, und ohne daß ſich ſonſt etwas an ihr bewegt hätte, Hebe's lange, dunkle Wimpern, und ein glänzender, kluger und lauſchender Blick haftete an der Flügelthür, welche im Hintergrunde aus dem Raume führte. Es waren von draußen ein paar Töne vernehmbar geworden, als ob man in der Ferne eine Thür geöffnet und nach einer Pauſe wieder geſchloſſen habe.

Gräfin Hebe hatte ſich nicht getäuſcht. Nach einigen Augenblicken trat durch die Nebenthür hinter ihr die Jungfer ſchnell herein, machte einen Knix und meldete: „Gnädige Gräfin, der Herr Graf ſind da und wünſchen zu entriren." — Und gedämpft ſetzte ſie raſch hinzu: „Sie ſind im grünen Zimmer und wollten mir gleich nach. Ich habe aber vorgeſchützt, daß —"

„Ganz recht," fiel ihr Hebe ruhig ins Wort. „Es würde ſich für meinen Vater wenig ſchicken, durch Nebenthüren zu gehen. Schließe die Flügelthür auf und führe ihn durch den Salon, ich liebe es, die Kommenden zu sehen. Schiebe den Lehnstuhl heran, Fanny, und lasse hier den Vorhang herab." — Und während das Mädchen ihre Weisungen erfüllte, fuhr auch sie leiser fort: „Ist der Brehm sicher untergebracht? — Vergiß nicht, wir fahren unter allen Umständen präcise ein Uhr; vorher muß ich aber noch Monsieur Charles sehen! — Gut, Nun laß ihn herein." —

Fanny eilte hinaus. Die Gräfin rückte sich so bequem wie möglich in ihrem Stuhle zurecht, stützte das Köpfchen auf die Rechte und wandte die Augen der Thür zu. Und diese Augen so gut wie ihre Züge, so weit man sie bei der, durch den rosaseidenen Vorhang gedämpften Beleuchtung beobachten konnte, ja, wie ihre ganze Haltung, alles hatte jene Art von schmachtendem Ausdruck gewonnen, welche wir früher hin und wider bei einer Unterhaltung mit dem Vicomte Vial an ihr zu bemerken Gelegenheit fanden.

Jetzt endlich öffnete sich die Thür dort hinten und, auf der einen Seite von dem Kammerdiener unterstützt, auf der anderen sich des Krückstocks bedienend, schob sich langsam Graf Hartmuth ins Gemach, das er seiner ganzen Länge nach durchmessen mußte, bevor er zu der beobachtenden Tochter und seinem Sitze gelangen konnte. Und sie ließ ihn keinen Augenblick aus den Augen. Sie sah ihn mit Einem Blick ganz und gar, und es entging ihr nicht das Geringste; nicht die einfache und bequeme und doch außerordentlich feine, ja, fast ein wenig kokette Haustracht, in der er erschien; nicht die jetzt elfenbeinerne Krücke seines Stockes; nicht der kleine dreieckige, schlicht schwarze

Fünfzehntes Kapitel.

Hut, der auf der blonden Perücke schwebte und den Monsieur Pierre, da sie an der Thür Halt machten, seinem Herrn nun abnahm und in die Rechte gab; nicht der Ausdruck des Gesichtes, nicht der Klang seiner Stimme, als er ihr jetzt mit ein wenig gezierter Lebhaftigkeit entgegenrief: „Ah, mon enfant! Wie freue ich mich, dich wieder zu sehen, Hebe!"

Sie richtete sich ein wenig auf und erhob sogar, wie voll drängender Zärtlichkeit, die Arme ihm entgegen; in ihren Zügen zeigte sich gleichfalls eine zärtliche Bewegung, und sie versetzte in schmachtendem Tone: „Ach, cher Papa, in solchen Augenblicken könnte meine Gebrechlichkeit mir heiße Thränen auspressen! Wie gern flöge ich Ihnen entgegen!"

Er kam jetzt so rasch es ihm möglich sein mochte heran, und als er neben ihr stand, ließ er den Diener los, beugte sich und küßte flüchtig ihre Stirn, während sie seine runzelvolle Hand ergriff und drückte und, da er sich wieder aufrichtete, an die Lippen zog.

„Wie geht's dir? Man sieht dich kaum!" sagte er, während seine Augen ihre Züge zu studiren schienen. „Du siehst angegriffen aus, aber dieser Schatten —"

„Ah, Papa, das Licht blendete meine Augen! Aber Pierre —" und sie lächelte den alten, verschrumpften Franzosen freundlich an — „zieht vielleicht den Vorhang zurück —"

„Nicht doch, nicht doch, ma chère," unterbrach sie der Graf. „Deine Behaglichkeit vor allem! — Ah, du hast mir schon einen Stuhl hinstellen lassen! — Hilf mir, Pierre!

Ich bin noch ein wenig steif von der raschen Fahrt. — So, so!" Und nach diesen ungewöhnlich rasch gesprochenen Worten Platz nehmend, setzte er hinzu: „Es ist gut, Pierre. Halte dich im Vorzimmer, mein Freund, und achte auf die Klingel. Hübsch verträglich und höflich gegen Mamsell Fanny, Alter! Hörst du?" —

Wir wissen schon, daß diese beiden Menschen sich auf das allergenaueste kannten, und brauchen daher auch kaum noch zu sagen, daß Gräfin Hebe diese von seiner gewöhnlichen Weise so sehr verschiedene muntere und ein wenig frivole Lebhaftigkeit des Vaters nicht unbeachtet ließ. Im Gegentheil entging ihr auch jetzt nicht ein Laut, nicht eine Biegung der Stimme, und ihrem mit schmachtender Zärtlichkeit auf seinem Gesichte haftenden Auge nicht das leiseste Zucken in den breiten Zügen. Sie hatte, wie angedeutet, dabei den Vortheil, daß der Vater im vollsten Lichte saß, während sie selbst durch den Schatten des Vorhanges einer genauen Beobachtung entzogen wurde.

Pierre hatte jetzt das Gemach verlassen, und sie waren allein. Der Graf langte die Spanioldose aus der Westentasche und nahm mit zierlich eintupfendem Finger eine Prise. Dann sagte er mit Theilnahme in Blick und Stimme: „Aber du siehst mir wirklich angegriffen aus, mon enfant!"

Sie lächelte sanft. „Ach, Papa, die Ueberraschung, als ich von Ihrer Ankunft erfuhr, und die freudige Erwartung Ihres Besuchs!" erwiderte sie, und indem ihr Auge mit einer Art von Wehmuth auf ihm ruhte und aus ihrer Stimme etwas wie ein milder Vorwurf zu ihm

hinüberklang, redete sie weiter: „Sie sind gar nicht freundlich gegen mich, Papa! Gestern Abend schon angekommen,
so heimlich, daß ich's erst heute Morgen durch Ihre Botschaft
erfuhr, und heut' erst so spät! O Papa, wenn ich doch
nur gehen könnte, muß ich wiederholen! Wie wäre ich
Ihnen entgegen geflogen! Wir sind ja lange, lange nicht
so getrennt gewesen! Fast vierzehn Tage!"

„Ich wollte niemand stören," versetzte er in gutmüthigem Tone. „Und da ich hörte, daß du ein paar Tage
gar nicht recht wohl gewesen —"

„Ach, Papa, was will das heißen!" fiel sie ein.
„Sie kennen ja mein Unwohlsein. Migraine verliert sich
am leichtesten durch solche Freude. Denn sehen Sie,
Papa," setzte sie mit sanftester Weichheit hinzu, beugte sich
vor und bot ihm die Hand hin, die er denn auch mit den
Fingerspitzen ergriff — „ich hatte eine solche Sehnsucht
nach Ihnen! Gerade weil Sie in der letzten Zeit doch
manchen Verdruß hatten, den ich Ihnen so gern erspart
gewußt, und, Papa, weil wir so gar harmonisch lebten,
weil es mir gelungen schien, Sie mit mir zufrieden zu
sehen — Sie wissen's ja, Papa —"

Graf Hartmuth rückte ein wenig hin und her, da er
durch diese ihm noch nicht bekannten, schlangenartig sich
fortwindenden Sätze der sonst überaus klar und präcise
sprechenden Tochter sich nichts weniger als behaglich berührt fühlte. „Ja wohl, mon enfant!» unterbrach er
sie daher plötzlich. „Wir sind lange nicht so getrennt
gewesen. Und auch ich habe es drüben in der Stadt
gespürt — es ist doch nirgends besser qu'au sein de sa

famille, zumal für einen Mann, der wie ich doch schon
das Alter fühlt."

„O Papa, reden Sie nicht vom Alter!" sprach sie
herzlich. „Sie sind ja ganz wohl auf und müssen sich
nur schonen. Aber solche Courierfahrt, Papa, und diese
Nachtreise — das hat mich doch erschreckt! Wie konnten
Sie nur so unvorsichtig sein?"

„Ja, was willst du!" versetzte er und zog langsam
die Schultern in die Höhe, während er zugleich eine neue
zierliche Prise nahm. „Die Geschäfte waren zu Ende,
der Bekannten finde ich immer weniger, die Vergnügungen
sind nichts mehr für mich. Amusant ist es jetzt in der
Stadt auch nicht, und da ich überdies allerlei hören mußte,
was uns und die Unseren betraf, und außerdem mich nach
Hause und euch sehnte, so trieb mich alles fort, und ich
bin allerdings rascher gefahren als sonst. Wir wären
schon mit der Dämmerung hier gewesen," setzte er hinzu,
und sein Ton wurde immer langsamer und so zu sagen
majestätischer, „hätten wir nicht im Bertelshöfer Holze so
viel mit dem Schnee zu kämpfen gehabt. Es ist, deutsch
heraus, dort totalement detestable! Wir sind sogar um=
geworfen."

"Mon dieu, Papa!" rief Hebe erschrocken aus.

„Ja, umgeworfen, ma fille! Ich mußte beinahe
eine Viertelstunde lang aus der Kutsche in den Schnee,
und wir brauchten fast drei Stunden, um durch dieses
verwünschte Holz zu kommen. Doch das ist nun vorbei,
und nun soll mich in dem Winter auch nichts wieder aus
dem Hause bringen."

Fünfzehntes Kapitel.

„O Papa, wären Sie doch daheim geblieben!" meinte Hebe wieder einmal vorwurfsvoll. „Was Sie mir da erzählen, ist ja ganz furchtbar! Aber Sie wissen doch, daß es im Winter fast immer so ging. Sie hätten gar nicht in die Stadt reisen sollen. Sie sind alt genug und haben so viele Jahre für das Beste des Landes gesorgt, daß Sie nun wohl Jüngere arbeiten lassen dürfen."

Graf Hartmuth rückte in seinem Stuhle von neuem unbehaglich hin und her, denn er verstand die Weise der Tochter immer weniger, da sie früher niemals so viel Zeit bis zu ihrem ersten offenen Worte hatte verstreichen lassen. Wollte sie dasselbe etwa ihm überlassen? Er besah seine Nägel und drehte den großen Siegelring ein paarmal rund um den Finger.

„Ach, mon enfant," sagte er endlich und wandte ihr wieder die Augen zu, „was jetzt vorgeht, nimmt uns alle in Anspruch, und zumeist uns Allen. Denn die Jüngeren sind von einem seltsamen Ungeschick, von einer Tattlosigkeit, möcht' ich sagen, die Unsereinen erschrecken muß. Wenn wir nicht zurückzuhalten und die Vernunft in Herrschaft zu erhalten suchten, wäre nicht nur unser eigener Ruin, sondern auch der des ganzen Departements unabwendbar. Ich kam zur rechten Zeit nach S. Ja, wäre ich nicht der Graf Hartmuth, den man kennt, dessen Wort doch noch immer von einigem Gewicht ist und dessen Bitten Berücksichtigung finden; wäre General Renaud nicht ein Cavalier und ein billiger, einsichtiger Herr, der zu unterschreiben weiß — so dürfte es bereits zu spät gewesen sein. Ich habe meiner ganzen alten Energie und

Entschlossenheit beburft, versichere ich dich, und wir werden es nur meiner bekannten tadellosen Loyauté gegen Se. Majestät den Kaiser und meiner Klugheit zu danken haben, wenn das drohende Unheil sich noch einmal von unserem Hause abwendet." —

Sie hatte ihn ausreden lassen, indem sie ihm die Worte mit einem auf das seltsamste aus Schmachten, theilnehmender Sorge und Spannung gemischten Blick von den Lippen lesen zu wollen schien, und nun sagte sie mit vibrirender Stimme: „Sie spannen mich aber auf die Folter, Papa! Was um Gottes Willen kann man denn gegen Sie haben?"

„Gegen mich?" wiederholte er, jetzt in hohem Tone und während zugleich auch die Augen und das ganze Gesicht so zu sagen einen Anlauf zu einem etwas imponirenderen Ausdruck nahmen, was ihnen jedoch bei der sichtbaren Abgespanntheit des alten Herrn nicht recht gelang. „Gegen mich, ma fille? Daß ich nicht wüßte, obgleich weniger vernünftigen und polirten Leuten, als dem General und dem Präfecten gegenüber, selbst mir diese mysteriöse Affaire mit dem Vicomte von Vial —"

„Vial?" unterbrach ihn Hebe plötzlich mit fröhlichem Lachen. „Bildet man uns noch immer ein, daß dieser theure Vicomte vermuthlich ermordet oder entführt, enfin gegen seinen Willen abhanden gekommen sei, während doch sicher niemand besser, als gerade der General von der Weise und dem Zweck dieses Verschwindens unterrichtet ist? Glauben Sie mir nur, Papa," setzte sie hinzu, als sie die großen Augen des Vaters noch größer werden und sein ganzes breites Gesicht den Ausdruck einer ungeheuchelten Ueberraschung annehmen sah. „Glauben Sie mir nur, Papa, so ist es! Es wäre ja zu albern, anzunehmen, daß der junge Herr von selber von hier fortgelaufen — ich gebe zwar zu, daß meiner Nichte Augen gefährlich, aber sie schrecken doch nicht ab, sondern reizen mehr zum Bleiben! — oder daß er gar, der Himmel weiß wie, zu Schaden gekommen! — Man sieht aber daran recht," schloß sie ernster und schüttelte das Köpfchen, wie gering uns diese Herren Franzosen taxiren."

Der alte Herr sah die Sprecherin noch eine Weile ganz verdutzt an, bevor er gleichfalls mit Kopfschütteln erwiderte: „In der That, Hebe, darauf bin ich noch nicht gekommen, und deine Ansicht schiene mir Einiges für sich zu haben, wäre von dieser Sache mehr und in anderer Weise die Rede gewesen. Es kam nur gelegentlich zur Sprache —"

„Nun eben darum, Papa!" fiel sie munter ein. „Das spricht ja für mich! Denken Sie doch, ob sie, wenn er wirklich verschwunden wäre, wie sie uns glauben machen wollen, ob sie, sage ich, nicht ein ganz anderes Geschrei erheben —"

„Mein Kind, man betreibt die Nachforschungen im Geheimen," unterbrach er sie mit einer gewissen Ueberlegenheit. „Man geht mit Vorsicht. Die Stimmung im Lande ist gereizt, und es gibt hier und da wahnsinnige Menschen, die nur auf irgend eine Gelegenheit zu passen scheinen, um irgend einen Streich gegen die Regierung zu wagen. Die Wahnsinnigen," fügte er heftiger hinzu, „sehen

nicht ein, daß sie so oder so das Verderben über sich her-
aufbeschwören. Der jetzigen Vorsicht wird seiner Zeit ein
rasches Durchgreifen folgen, und wehe dann den Thoren
und Verräthern! Wäre nicht meine Loyauté so über jeden
Zweifel erhaben, während man mir zugleich noch eine
Revanche schuldig für die im Herbst erduldete Brutalität,
so würde selbst ich nichts davon erfahren haben. Und
wäre ich gleich gewissenlos wie — wie Andere — in
Bezug auf die Renommée und den Besitz unseres Hauses, so möchte ich fast wünschen, nichts gehört zu haben.
Sie hätten in ihr Verderben stürzen mögen."

„Aber in des Himmels Namen, was bedeutet das
alles?" fragte Hebe, und wären die Augen des alten
Grafen besser oder der Schatten auf dem Gesicht der Tochter nicht so tief gewesen, so hätte es ihm kaum entgehen können, daß sie einer wirklichen und sichtbaren Anstrengung
bedurfte, um auch jetzt noch wie bisher mit Gedulb und
so zu sagen nur Schritt vor Schritt vorzugehen.

„Das heißt, mon enfant," sagte er mit hohem Tone
und in einer Art von fast auch äußerlich wahrnehmbarer
Aufgeblasenheit — „daß man gegen meinen Schwachkopf
von Sohn und gegen den albernen Menschen, den Eugen,
so schlecht wie möglich gestimmt ist; daß man möglicher
Weise bald gegen sie und ihr Treiben einschreiten wird;
daß man ihnen rathen muß, sich wenigstens persönlich in
Sicherheit zu bringen —"

„Mein Gott, Papa!" — Es war ein leuchtender
Blitz, der aus ihrem Auge fuhr, allein schon im nächsten
Moment sah sie den Vater nur noch wie heftig erschrocken

an, und da sie sich zugleich gegen ihn vorbeugte, konnte ihm dieser Ausdruck nicht verborgen bleiben.

Seine Züge drückten eine wirkliche Befriedigung aus. Hat's getroffen? dachte er, und laut sprach er: „Ja, wie mich solche Erfahrungen auch betrübten und entrüsteten, zugleich muß ich doch höchlich contentirt durch die Rücksicht und Courtoisie sein, mit der man gegen mich verfährt. Dieser Rücksicht und Courtoisie werden sie es zu verdanken haben, wenn sie sich wenigstens salviren können und ihr Besitz nicht wie der von Verräthern dem Fiscus anheimfällt, sondern wie mir der General und Präfect verheißen haben, durch die Gnade Seiner Majestät gleichfalls meiner Disposition überlassen bleibt."

„Gleichfalls, Papa?" wiederholte sie wie mit naiver Verwunderung, während das Wort und der Ton den Grafen sichtbar auf das allerunangenehmste überraschte und ihn für den Augenblick die wulstigen Lippen fest zusammenpressen ließ. — „Ist denn auch von Ihrem Besitz die Rede gewesen, Papa?" fügte sie hinzu.

Graf Hartmuth nahm eine sehr umständliche Contenance-Prise. Von Zurückweichen war bekanntlich Hebe gegenüber keine Rede. Es galt also nur, sich so gut wie möglich aus der Sache zu ziehen, und er sagte daher mit erträglicher Unbefangenheit, durch welche er aber doch einige Entrüstung durchklingen ließ: „Als ich von diesen Dingen erfuhr, ma fille, war es wohl natürlich, daß ich mich persönlich und hier unser Haus sicher zu stellen suchte und mich auch vor den Behörden von jeder ferneren Verbindung mit den Beiden lossagte, wie das im Grunde und unter uns ja schon lange der Fall gewesen."

„Aber was in des Himmels Namen wirft man ihnen denn vor?" fragte Hebe nach einer Weile, und jetzt klang ihre Stimme traurig. „Der arme Eberhard! Der arme Eugen! — Ich kann und kann es nicht glauben, daß hier etwas Anderes als Verleumdung vorliegt —"

War dem Grafen dieses etwas gar zu viel oder wurde ihm die bisherige Weise des Gesprächs langweilig oder empfindlich, — denn er sah von Anfang an, daß die Tochter mit ihm spielte, — genug, er zog plötzlich die Brauen in die Höhe und sagte hochmüthig: „Verstelle dich nicht zu arg, ma fille. Du weißt besser als ich, daß sie innerlich nichts weniger als treue Anhänger des Kaisers, sondern voll wahnsinniger oder abgeschmackter Träume sind. Glück genug, daß unsere übrigen Standesgenossen zu loyal und vernünftig denken, daß die Städte und der größte Theil der Landbewohner zu indifferent oder zu feig sind, um sich fortreißen zu lassen. Sie wären, glaub' ich, im Stande, eine Verschwörung anzuzetteln, die zwei Grafen Rhoba zum Schaffot oder auf den Sandhaufen führen würde."

Ueber Hebe's Gesicht glitt ein blitzgleiches, fast triumphirendes Lächeln, das aber wiederum wie vorhin alsbald einem anderen, nur noch milden Platz machte. „Gott bewahre, Papa, was für grausige Phantasieen Sie haben!" sprach sie mit leichtem Kopfschütteln.

„Und doch lächelst du dazu?" unterbrach er sie gereizt.

„Ach Papa, nur darüber, daß Sie auch mich hinein

verflechten! Ich Unschuldslamm wüßte von diesen Dingen mehr als Sie!"

„Ja! Leugne das! Ich erfuhr nur gelegentlich davon."

„Gelegentlich der Besitz-Angelegenheit, Papa?" fragte sie naiv. — „Aber nichts davon! — Ich wüßte mehr als Sie, wiederhole ich?"

„Etwa nicht? — Leugne es, daß du, so wie du von meinem heutigen Besuch erfuhrst, sogleich die Fahrt zu Eberhard bestelltest — doch wohl nur, um ihm das Erhorchte mitzutheilen?"

«Aber Papa, Sie irren sich! Diese Fahrt war schon gestern Nachmittag beschlossen und drüben angemeldet. Natürlich geben mir Ihre Mittheilungen noch einen weiteren Grund. Ich wäre untröstlich gewesen, schon heute wieder von Ihnen gehen zu müssen. Jetzt ist das was Anderes. Denn Sie wollen ja selber die Armen gewarnt haben, und ich sehe ein, es muß sein."

Er starrte sie an. „Einen weiteren Grund?" fragte er. „Und dein erster, mon enfant?»

Sie lächelte ihn mit ihrem zärtlichsten Lächeln an, so daß es den alten Herrn förmlich überrieselte; er wußte auch jetzt wieder nur gar zu wohl, daß ihre Schläge begannen, und fühlte sie schon im Voraus. — „Ach Papa, auch in Besitz-Angelegenheiten," versetzte sie sanft. „Es wäre entzückend, wenn wir uns hier begegneten und meine Wünsche mit Ihren Maßnahmen übereinstimmten! Denn nicht wahr, Papa — Sie blieben doch gewiß nur so lange in der Stadt, um dies gründlich zu ordnen und die Anerkennung einzuleiten?"

Graf Hartmuth's Gesicht, das heute Morgen, vielleicht in Folge der gestern und vorgestern bestandenen Strapazen, wirklich etwas weniger gefärbt gewesen, als es sonst zu sein pflegte, war bei ihren Worten wieder so roth geworden wie je, und seine Augen schauten noch ein wenig wässeriger und stierer zu ihr hinüber, als es gewöhnlich der Fall. Der Hieb hatte, wie man das zu nennen' pflegt, getroffen und saß ausgezeichnet. — Der alte Mann stützte sich auf die Lehne des Stuhls und den Krückstock, um sein Erbeben nicht sichtbar werden zu lassen. Und ohne selber recht zu wissen, ob ihn die Offenheit der Tochter mehr zum Zorn reizen oder mehr erschrecken müsse — denn war es möglich, daß sie sein Handeln und seine Pläne nur errathen hatte? War es nicht viel wahrscheinlicher, daß es Spione in seiner Umgebung gab, die ihr alles berichteten? Und wer waren diese Spione? — Also, ohne recht zu wissen, was sich im gegenwärtigen Augenblicke für ihn als Vater und Graf von Rhoba schickte, sagte er nur mit majestätischem Kopfschütteln nach einer Pause: „Alles, was ich von deinem Geschwätz verstehe, ist, daß du mit deinem Bruder Eberhard über Besitz-Angelegenheiten sprechen wolltest. Und dies, mon enfant, verstehe ich nun ganz und gar nicht. Willst du dich darüber erklären, ma fille!-

Sie schaute ihn mit einer Art von treuherziger Theilnahme an, während sie antwortete: „Armer Papa! Ich habe wohl Recht, um Sie zu sorgen. Solche Reisen greifen Sie an, Sie sehen übel aus, Papa, recht übel! Bitte, bitte, nehmen Sie sich in Acht! — Also, was ich mit

Eberhard wollte, fragen Sie?" fuhr sie in etwas verändertem Tone und gewissermaßen nachdenklich fort. "Nun, Sie wissen ja, Papa, daß Eberhard manchmal wunderlich ist und gar zu sehr an Rücksichten und Umschweifen hängt. Ich wollte also mit ihm alles in Ordnung bringen, damit Ihre freundlichen Absichten bei ihm keinen Widerstand fänden. Ihm kann dieses alles ja gleichgültig sein. Er hat, auch wenn er Sie überlebt, schwerlich noch Verlangen, die ganze Grafschaft anzutreten, sondern genug an seinem jetzigen Besitz. Und da er das Kind ja eben so sehr liebt, wie wir alle, und von seinem Rechte überzeugt ist, so —"

"In des Teufels Namen, was schwatzest du?" brach Graf Hartmuth bebend vor Aufregung und Ungeduld durch. "Was sind das für Pläne? Was wollt ihr? Was soll ich gewollt haben?"

"Aber Papa, eher Papa, was regt Sie denn so auf?" sprach Hebe gleichsam ernstlich erschrocken und beugte sich vorwärts, als wolle sie ihn besser sehen. "O, diese Reise, Papa! — Was um des Himmels Willen —"

"Was du schwatzest, was du andeutest, will ich wissen!" unterbrach der alte Herr sie grob. "Ich dulde dieses Spiel nicht länger, sag' ich dir und euch allen!"

"Aber Papa, ich kenne Sie gar nicht wieder!" bemerkte sie wie erstaunt und schüttelte leise den Kopf. "Diese Worte, dieser Ton, diese Geberden —"

"Was du andeutest, sollst du sagen!" — Auch er hatte sich vorgebeugt und stierte sie an. In seinem Gesicht zeigte sich wieder etwas von dem Grimme, mit dem wir ihn vor langer Zeit einmal des alten Schäfers gedenken sahen.

„Aber, mein Gott, Papa, es ist ja alles so klar wie möglich!" versetzte Hebe nun in einem zwischen Erstaunen und Demuth schwankenden Tone und doch mit dem Ausdruck der vollsten und ruhigsten Ueberzeugung. „Wir wissen alle, daß Sie die Rhobenfelder Nebenlinie stets nur ungern gesehen haben, daß Sie weder den armen Eugen, noch seine heitere Schwester lieben, und daß Sie noch weniger gern den ganzen Besitz der Rhoba dereinst in seine Hände kommen lassen würden. — Und doch hätte es dahin kommen müssen," fuhr sie nach einer Pause fort, in der nur ein grollender Ton des Alten zu ihr herübergellungen. „Eberhard ist kinderlos, heirathet auch gewiß nicht wieder, und unser Hector ist todt. Da haben wir aber nun des Todten Kind, den kleinen, schönen, klugen Hector, dessen —"

„Den Bastard!" unterbrach sie Graf Hartmuth mit rauher Stimme.

„Welch' ein häßlich Wort, Papa!" sagte sie mit einer Art von Widerwillen. „Weßhalb brauchen Sie's nur immer und quälen sich und uns damit, da Sie es doch so gut mit dem Kinde im Sinne haben und an ihm das alte Unrecht gut machen wollen! Es ist ja auch gar nichts mit dieser unehelichen Geburt. Bei all den Zeugnissen von unseres Hector's Auffassung dieser Sache, bei Ihrer und unserer Zustimmung, bei Ihren Connexionen, bei Ihrer Stellung zu den französischen Behörden müssen Sie ja die Anerkennung und Legitimirung des Kleinen ohne ben geringsten Widerstand erhalten. Und für Ihr eigen Gefühl, Papa," fügte sie in einem ganz eigenthümlichen Tone — man möchte fast sagen, er glich jenem, mit dem man aufgeregte Kinder zu beruhigen sucht — hinzu, „und für die Ansicht von der Sache, auf welche Sie sich nun einmal capriciren, — so bedenken Sie nur, wie häufig dergleichen in großen Familien vorzukommen pflegt. Man drückt ein Auge zu und denkt zuerst an die Erhaltung und Fortführung —"

Der Graf starrte sie, da sie, vielleicht vor seinem Blick innehielt, an, als ob es schon im nächsten Augenblick zu einem Ausbruch der Wuth und des Grimmes kommen müsse, die ihn sichtbar auf das drohendste erfüllten. Man sah es zucken und zittern in seinem Gesicht, und die dicken Lippen öffneten und schlossen sich wie unter der Einwirkung eines Krampfes. Allein ob der alte Herr noch immer unter der Herrschaft der langen gesellschaftlichen Gewöhnung stand, oder ob er uns nicht bekannte Gründe hatte, die freilich nichts weniger als respectvoll und kindlich auftretende Tochter auch jetzt noch zu schonen, — er faßte sich noch einmal wieder und versetzte nach einer ganzen Weile nur mit allem ihm möglichen Hohn: „Ihr scheint also zu glauben, daß ich dem Bastard meines Sohnes mit der Erbschaft der Burg- und Waldgrafen zu Rhoda ein kleines Präsent machen würde?"

Es hatte einer Beobachterin, wie Gräfin Hebe war, am wenigsten entgehen können, was in dem Vater vorgegangen, und daß die Saiten bis zum Zerreißen gespannt waren. Aber es war augenscheinlich ohne besonderen Eindruck auf sie geblieben, denn in vollkommen unveränderter Haltung, mit wieder ruhig ernstem Blick und Ton erwiderte sie augenblicklich: „Ja, Papa, das denken wir freilich, denn das ist ja seit jenem Nachmittag zwischen uns abgemacht, mein' ich. Wir wissen ja auch außerdem, Papa, daß Sie sich seither weiter nach dem Kleinen erkundigten. Pierre redete von Ihrer freundlichen Theilnahme! — Und ich kann Ihnen sagen, daß Eugen keine Einwendungen machen wird, selbst wenn Sie ihm noch dergleichen zugestehen wollten. Er ist zu gerecht, um die Rechte des Knaben zu leugnen, um nicht in dem Acte seiner Anerkennung eine Sühne des alten, schweren Unrechts zu sehen, das unser Hector vordem zu erleiden hatte. Und gibt man ihm einmal Namen, Rang und sein eigenes Vermögen — weßhalb auch nicht das Uebrige? — So sehen wir alle es an, Papa," setzte sie hinzu, und so habe auch ich Ihr Schweigen auslegen zu müssen geglaubt."

Graf Hartmuth schien sich jetzt völlig gefaßt zu haben. Der Grimm war aus seinen Zügen verschwunden und hatte einer Härte und einer Entschlossenheit Platz gemacht, die dem so zu sagen zusammengepreßten Gesicht und den starrenden großen Augen zwar nichts wirklich Imponirendes zu geben vermochten, aber doch immerhin andeuteten, daß der Mann da sich zu einer Kraft und Energie aufgerafft habe, die vielleicht selbst Hebe nicht mehr von ihm erwartet hatte. Von Lächeln oder auch nur Gleichgültigkeit war jetzt wenigstens nichts mehr in ihrem Gesicht zu bemerken. Sie sah vielmehr gespannt aus, oder als schaue sie gar dem Kommenden nicht ohne einige Besorgniß entgegen. Und da kam es auch schon.

"Also so steht's?" sprach der Graf in verhältnißmäßig ruhigem Tone und mit fester Stimme. "Nun gut, Offenheit gegen Offenheit, und da ich einmal noch Herr bin, so ersuche ich dich und durch dich die Meinen um Gehorsam gegen meine Befehle und Anordnungen. Ich bin also wirklich der Erbschafts-Angelegenheit wegen zur Stadt gefahren, da ich aus jenem Nachmittagsgespräch und aus dem intimen Verkehr mit Eberhard schloß, daß ihr gegen mich intriguirtet und Pläne verfolgtet, die ich allerdings nur für wahnsinnig halten konnte, denen ich aber, wie ihr nun einmal seid, ernstlich entgegentreten mußte, wenn sie nicht dennoch gewissermaßen gefährlich werden sollten. Auf Reden mochte ich mich nicht einlassen — ich verzichte auf den Kampf gegen Weiberzungen — und also handelte ich und sorgte nur dafür, daß ihr nicht früher davon erfuhrt, als bis die Sache in Ordnung war."

Ein harter, krampfartiger Husten unterbrach ihn, und erst als er auch nach dem Anfall noch eine Weile geschwiegen und sich die thränenden Augen getrocknet, vermochte er wieder fortzufahren.

Gräfin Hebe regte sich nicht. Sie saß zusammengeschmiegt im Schatten ihres Vorhanges und ihre Augen ruhten noch immer fest und mit einem geradezu lauschenden Ausdruck auf seinen Mienen.

"Das Uebrige ist schnell gesagt," redete er nun, zuerst mit noch etwas bewegter Stimme und einigemal anstoßend, weiter. "Mein Entschluß wurde eigentlich schon an jenem

Nachmittage gefaßt und hat sich dann desto rascher befestigt, je häufiger ich sah, wie feindselig und entwürdigend dein Benehmen gegen meine Enkelin war, gegen die Tochter meines geliebtesten und würdigsten Kindes, gegen den Sprößling des väterlichen und mütterlichen Geschlechtes, der sich von euch allen allein zweier solcher Namen würdig zeigt. — Mit Einem Worte: Stephanie ist meine Erbin. Die alten Lehnsverhältnisse kommen nicht mehr in Betracht. Und nach dem, was ich in S. von Beiden erfuhr, die außer mir noch im Besitze Rhoda'scher Güter sind, habe ich schon dafür gesorgt, daß selbst diese Besitzungen auf mich, das heißt auf Stephanie dereinst, übertragen werden. Sie ehrt unseren Namen, unser Geschlecht. Das theile Eberhard mit. Ich habe mit ihm nichts mehr gemein."

Die ungewöhnliche Lebhaftigkeit, mit der er gesprochen hatte, bewirkte einen neuen, noch stärkeren Hustenanfall, der es ihm unmöglich machte, den finsteren und verachtungsvollen Blick zu bemerken, der mit einem Male aus Hebe's tief gedunkeltem braunem Auge hervorschoß. Ihr ganzes Gesicht zog sich dabei momentan wie im Krampfe zusammen unter der Wucht der Gedanken, die ihren Kopf erfüllen mochten. Sie beugte sich jäh vorwärts und ihre Lippen öffneten sich zu einem vielleicht schrecklichen Wort. Im nächsten Augenblick jedoch zuckte ein boshaftes Lächeln durch ihre schon wieder harmonisch klaren Züge, und zugleich warf sie sich fast gewaltsam in ihren Stuhl zurück.

So blieb sie noch einen Moment in voller Ruhe, bis

der alte Herr den Anfall völlig überwunden und die Augen gewischt hatte. Dann beugte sie sich aufs neue, aber langsamer vor, so daß ihr Gesicht im vollen Tageslicht ihm durchaus sichtbar war, und richtete ihre Augen auf die seinen mit so durchdringendem Blick, daß er wie gebannt unter der Gewalt desselben ohne Laut und Regung blieb. Er führte nicht einmal die Prise zur Nase, die er doch bereits aus der Dose getupft hatte.

Sie blieb, wie gesagt, mehrere Sekunden lang schweigend sitzen. Dann sagte sie plötzlich in durchaus nicht scharfem Tone: "Ist das wirklich wahr, Papa, und Ihr wirklicher Wille?"

"Zweifelst du etwa an der Wahrheit meiner Worte?" fragte er fast barsch. "Die Komödie ist zu Ende. Ich bin der Herr und werde euch das fühlbar machen."

"Ja wohl, ja wohl, Papa! Erhitzen Sie sich nur nicht unnöthig!" versetzte sie unverändert. "Ich frage ja auch bloß, weil —"

"Nun, weil —?" wiederholte er wieder barsch, da sie stockte. "Ich wünsche, diesen Grund zu hören."

"O Papa, es ist vielleicht gar kein rechter Grund," sprach sie mit anscheinender Befangenheit. "Vielleicht ist es gar nicht wahr. Ich dachte nur, daß Sie auf solche Weise allerdings die Prophezeiung Ihres Vaters, des Grafen Eberhard Günther, an der freilich, bei diesen Ihren Maßnahmen, also doch etwas zu sein scheint, am schnellsten und sichersten zu einer — Unwahrheit machen würden."

Es war durch ihn hingezuckt, als habe ihn ein Blitz

getroffen; sein Gesicht verzerrte sich, seine Farbe wechselte
rasch, sein Mund haschte nach Athem. Aber was immer ihm
auch in diesem Augenblick wieder neue Kraft zu verleihen
im Stande sein mochte — er faßte sich schnell, und fast
unmittelbar nach ihren letzten Worten fragte er mit allerdings noch etwas stierem Blick: „Was ist das für ein
Geschwätz? Was für eine Prophezeiung soll dein Großvater ausgesprochen haben?"

Sie sah ihn aufs neue mit jenem schier unheimlich
mächtigen, durchbringenden Blicke an, der ihn wie verzaubert still halten ließ, und sagte mit ihrer hellsten und zugleich sanftesten Stimme: „Papa, ich weiß ja nicht, ob es
wahr ist. Ich hörte nur, daß Ihr Vater auf dem Sterbebette prophezeit habe, Sie würden es, trotz aller Mühe,
nicht erreichen, daß Ihr Blut nach Ihnen über die Besitzungen der Rhoda herrsche." —

Er ruhte zusammengesunken in seinem Stuhl, seine
Augen begegneten den ihren mit einem fast bewußtlosen
gläsernen Blick, seine Finger umspannten krampfhaft den
Stock, und seine Brust athmete schwer.

Gräfin Hebe schien aber auf diese ernsten Anzeichen
eines tief getroffenen Gewissens nur geringes Gewicht zu
legen. Sie sagte in einem gewissermaßen begütigenden
Tone: „Wie kann Sie das doch so ergreifen, Papa? —
Offen gestanden, halte ich es selbst kaum für wahr; denn
wie wäre Ihr Vater dazu gekommen? — Sie wissen aber,
wie es geht. Man glaubt an etwas nur halb und legt
ihm doch einen Werth bei. So dachte ich, wenn das

wahr wäre, würden Sie durch Hector's Anerkennung vielleicht die Worte des Herrn Vaters zu Fall kommen lassen. Und da wir dachten, daß Sie wirklich mit unseren Wünschen in Betreff dieses Enkels übereinstimmten, so paßte, wie Sie gestehen werden, alles aufs herrlichste zu einander. An Stephanie, das Mädchen, dachten freilich wir, an Hector, wie es scheint, Sie nicht. Da Sie aber das Mädchen mit Uebergehung der männlichen Glieder zu Ihrer Erbin wünschten," fuhr sie achselzuckend fort, „so müssen wir —" sie brach ab und, statt des Erwarteten, setzte sie nach einer kleinen Pause nur hinzu: — „dann wohl annehmen, daß jene Prophezeiung doch keine leere Erfindung war." — Aber freilich — dann werde ich nun wirklich ein wenig neugierig, wie es damit zusammenhängt."

Graf Hartmuth hatte sich von seinem, wir müssen wohl sagen: Entsetzen wieder erholt und mit Ausnahme der noch immer etwas bleicheren Farbe seines Gesichts, zeigte sich an seinem Aeußern nichts Auffälliges mehr. Die Ueberlegenheit und das Selbstbewußtsein jedoch, welche sich vorhin in jeder Miene und in jedem Wort ausgesprochen hatten, schienen jetzt unwiederbringlich dahin und hatten einem Ausdruck und gewissen eigenthümlichen Bewegungen Platz gemacht, die Hebe selbst am wenigsten mißdeutete. Sie wußte indessen nicht, was in dem alten Herrn vorherrschte, ob die durch ihre Andeutung wach gewordene Erinnerung oder die Bestürzung über die ihm durchaus neue und nicht recht verständliche Weise der Tochter, von der er nach seinen Mittheilungen eher alles vermuthet haben mochte, als die geschilderte verhältnißmäßige Resignation und Nachgiebigkeit.

Es war ihm entschieden unheimlich neben ihr, und nachdem er, ihre letzten Worte ignorirend, nur ein gepreßtes: „Ja, allerdings, so ist es, dabei bleibt es!" — hervorgebracht, stand er alsbald auf und sprach in gemäßigtem Tone: „Aber es wird Zeit für dich und mich, ma fille. Wir wissen jetzt Beide genügend von einander, und ich will dich von deiner Fahrt nicht zurückhalten. Theile Eberhard das Nöthige mit. Mag er dann selbst nach seinem Willen und Ermessen handeln. — Darf ich dich bitten, zu klingeln?"

Sie folgte seinem Wunsche, und als darauf nicht nur Pierre, sondern auch ihre Jungfer herbei eilte, ließ sie sich von der letzteren aufhelfen, zum Vater führen und sagte, nachdem sie ihm die eiskalte Hand geküßt: „Adieu, cher Papa! Ich werde alles besorgen."

Er neigte den Kopf gegen sie, berührte ihre Stirn leicht mit seinen Lippen und versetzte: „Gott befohlen, mon enfant! Bleibe gesund und komme bald wieder!" Und dann stützte er sich schwer auf den Diener und ließ sich langsam der Thür zu und hinaus geleiten.

Gräfin Hebe kehrte zu ihrem Stuhle zurück und sank tief in seine weichen Polster. Ihre Augen hafteten mit beinahe finsterem Sinnen an der Thür, durch welche Graf Hartmuth verschwunden war.

„Gnädige Gräfin wollen verzeihen — der Karl wartet draußen," bemerkte Fanny endlich leise, welche bisher im Zimmer geblieben und hier und da aufgeräumt hatte, während sie von Zeit zu Zeit mit halb neugierigen, halb besorgten Blicken zu der stummen Gebieterin hinüber gesehen.

Hebe erhob rasch den Kopf. „Du hast Recht," sprach sie lebhaft. „Es ist keine Zeit zum Träumen und Grübeln. Laß ihn hereinkommen und bestelle das Anspannen." — —

Sechzehntes Kapitel.

In Dreihciligen.

> Ich hatte nicht die Welt, die Welt nicht mich,
> Ich folgte nicht, wo solche Winde bliesen,
> Nicht beugt' mein Knie vor ihrem Götzen sich,
> Erzwungen Lächeln hab' ich nie gewiesen.
> Ich habe nie als Echo mein gepriesen,
> Daß man mich nicht zum Haufen zählen darf,
> Ihm nah, trat ich doch nimmer unter Diesen,
> Gedanken trag' ich, die ihm fremd —
>
> Byron, Harolds Pilgerfahrt.

In dem Gemache, welches nach der Giebelseite des langen, schlichten Hauses gelegen war und durch dessen Fenster man im Sommer, wie wir wissen, auf Blumen- und Gebüschpartieen hinaussah, während in nicht weiter Entfernung der hohe, sogenannte Drohiner Wald mit seinen gewaltigen Stämmen sich hoch über alle Gartenbäume erhob und das kleine Bild abschloß, saß um diese Zeit, bald nach dem einfachen Mittagessen, Hoven an einem Schreibtische und nahm von einem Haufen Papiere und Briefe ein Stück nach dem anderen auf, durchflog es, machte sich zuweilen ein paar Notizen auf einem Blatte und ging zu einem anderen Schriftstück über. Er sah bei dem Geschäfte nicht heiter aus, und was er las, mochte seine Laune auch nicht gerade verbessern. Er schob endlich sogar alles wieder zusammen, stand auf und ging, die Hände auf dem Rücken in einander gelegt, schweigend im Zimmer auf und ab.

Es war, wie wir wissen, jene Zeit, die wir, wo nicht zu den schwersten, so doch zu den qualvollsten zählen müssen, welche Deutschland jemals zu ertragen gehabt hat, jene Zeit, in der nicht die Liebespaare allein, sondern alle treuen und ehrlichen Herzen es auf das gründlichste zu erfahren hatten, was ein „Hangen und Bangen in schwebender Pein" zuweilen bedeuten, und wie viel und wie furchtbar Schweres mit diesen wenigen Worten zu bezeichnen sein kann, — das waren December und Januar des Winters von 1812 auf 1813.

Vom Beginne des December-Monats an waren die ersten Schaaren der aus Rußland geretteten Armeereste in den preußischen Grenzländern erschienen und hatte sich die Kunde von dem unerhörten Elende erst leiser, dann lauter wie ein Lauffeuer in Deutschland hinein verbreitet. Überall die alten, seit dem preußischen Bündnisse mit Napoleon tief begrabenen, knirschend auf die Seite geschobenen Hoffnungen wieder erweckt und der Gleichgültigkeit der Verzweifelnden ein Ende gemacht. Aber man trat zum Theil nur scheu aus dieser Gleichgültigkeit heraus, man hielt diese Hoffnungen mit finsterem, zweifelndem Kopfschütteln noch immer zurück; denn man war gar zu lange schon hingehalten worden, man hatte sich schon mehr als einmal auf das bitterste getäuscht gefunden, war mehr als einmal zurückgeworfen worden in schmachvolle, dumpfe Unthätigkeit. Und man hatte auch jetzt und von neuem wohl ein Recht zu dieser Scheu, zu solchen Zweifeln, denn von dem Eindruck, den die Ereignisse auf das Volk machten, ließ sich an den maßgebenden Stellen noch immer nichts bemerken.

Die Nachrichten mehrten sich und wuchsen von Tag zu Tag; das Elend wurde immer sichtbarer, der gänzliche Ruin der größten Armee, von der man fast im ganzen Laufe der Weltgeschichte erfahren, trat immer grasser hervor. Man sah, daß, allerdings mit Ausnahme der nicht starken Besatzungen in den preußischen Festungen und weniger, hier und da vertheilter unbedeutender Corps, vom Feinde eigentlich so gut wie nichts mehr zusammen und widerstandsfähig war, um so weniger, da die immerhin noch in ziemlich großer Anzahl vorhandenen Menschen nicht allein der Waffen und der Kleidung, aller nöthigen Bedürfnisse entbehrten, sondern auch durch Hunger, Kälte und das ganze unermeßliche Elend dieses Rückzuges bis in die Grundfesten ihrer Natur erschüttert, leiblich, geistig und moralisch gebrochen waren und endlich in ihren Reihen schon die Anfänge der furchtbaren Pest mitschleppten, des Typhus, der in den nächsten Jahren den Armeen mehr Leute kostete, als alle Schlachten, und in Land und Stadt seine finstere Ernte hielt.

Das, um es zu wiederholen, wußte man alles, erfuhr es besser und ergreifender von Tag zu Tag. Ueberall in ganz Norddeutschland wurde man wach, überall sah und begriff man bis auf den Blindesten und Stumpfsten herab, daß die Zeit der Abrechnung für die sechs vergangenen Jahre endlich angebrochen, daß nicht die Möglichkeit, nein, die Sicherheit des Erfolges und der Rettung aus der unerhörten Knechtschaft geboten sei, daß man aber auch die Stunde ergreifen und den Moment nützen müsse, der vielleicht nie wieder so günstig zurückkehren mochte. Und man erfuhr endlich von York's energisch durchgreifender That, man wußte, daß in Ostpreußen Hoch und Gering, unter den Augen der Feinde noch und unbekümmert um sie, auf das eifrigste vorwärts strebten, organisirten, vorbereiteten, rüsteten, — und man sah, um auch das zu wiederholen, von oben her nichts von Förderung, nichts von Eingehen auf diese Wünsche, Hoffnungen, Bestrebungen, nicht einmal ein schweigendes Gehenlassen dessen, was man eben nicht hindern konnte, sondern man fand Mißwollen, Mißtrauen und sogar entschiedenen Widerstand. York's That wurde desavouirt, er selber von seinem Posten ab- und zur Verantwortung berufen, und wenn dies alles bei Worten und der eiserne General in seiner Stellung blieb, so hatte man das denen zu verdanken, deren Freundschaft alle ächten Patrioten, sei es mit voller Ueberzeugung, sei es nur instinctmäßig, mißtrauten — den Russen, welche den die Befehle des Königs überbringenden Adjutanten Natzmer bekanntlich nicht nach Königsberg passiren ließen.

Und dazu endlich sah man die Feinde sich nach ihrer Niederlage schon wieder fassen und sammeln. In den polnischen Festungen hielt man die Rückzügler fest, organisirte, kleidete, bewaffnete sie und schuf sich Besatzungen von mehr als genügender Stärke. In den Marken, in den jetzt westfälischen Provinzen, in den Elbgegenden bildeten sich rasch wieder verhältnißmäßig starke Corps, die sich täglich nicht nur verstärkten, sondern auch innerlich kräftigten, die nicht mehr im ersten Anlaufe mit den einstweilen vorhandenen, noch geringen Mitteln über den Haufen zu werfen schienen. — Und was Vielen nicht als das wenigst Schlimme und Bedenkliche erscheinen wollte, — die Russen breiteten sich in Preußen aus, setzten sich fest und geberdeten sich auf eine Weise, die zu ernstem Nachdenken Veranlassung gab und nicht allein den Einwohnern, sondern auch den mit ihnen verkehrenden preußischen Civil- und Militärbehörden bald unerträglich wurde.

Wir müssen es schon jetzt und hier auf das Bestimmteste aussprechen, daß die Auffassung des beginnenden Krieges eine sehr-verschiedene war. Das offizielle und offiziöse Schönthun mit Rußland, das Rechnen auf seine Hülfe und das übermäßige Erheben derselben, nachdem sie wohl oder übel geleistet war, fand in dem großen Ganzen der Armee und des Volks weder jetzt noch später einen rechten Wiederhall. Im Gegentheil begriffen alle, welche überhaupt über dergleichen nachdachten und sich klar zu machen vermochten, was man erstrebte und was kommen mußte, sehr wohl, daß der beginnende kein Kabinets-, sondern vor allem ein reiner und richtiger Volkskrieg und daß bei ihm von jenen Interessen, welche sonst die Kriege zu veranlassen und die Allianzen zu bedingen pflegten, höchstens erst in zweiter Linie die Rede. In diesem Sinn empfand man es in allen zurechnungsfähigen Kreisen tiefer als Manche bis auf den heutigen Tag glauben wollen, daß grade bei diesem Kriege und seinem heiligen Zweck — der Befreiung des Vaterlandes von dem schmachvollsten Joch — in der russischen Hülfe etwas lag, was für das deutsche Gefühl, gelinde gesagt, nichts weniger als schmeichelhaft oder gar erhebend war.

In den Kosaken und Baschkiren, in all jenen wilden, kaum disciplinirten, nicht innerlich erhobenen, sondern nur für ihren heimischen Krieg fanatisirten Schaaren, in den Generalen, die zum Theil ungern und widerwillig den Feldzug nach Deutschland hinüber weiter geführt sahen, sollte man hier seine Retter und Helfer sehen! Es bedarf keiner Auseinandersetzung, was dieser Gedanke Niederdrückendes, ja Demüthigendes enthielt. — Man mochte die wilden Reiter, welche von diesen Helfern zuerst erschienen, wie fremde Wunder anstarren, hie und da ihnen als solchen entgegenjauchzen; man hatte durch das Gerücht von dem Entsetzen erfahren, welches ihr Erscheinen den französischen Flüchtlingen einflößte, man beobachtete jetzt sogar hin und wider einen ähnlichen Eindruck, wo sie plötzlich heranrauschten, und der Spott und Hohn, mit denen man Niederlage und Flucht der Franzosen damals verfolgte, riefen ganz folgerichtig eine Art von Enthusiasmus für diejenigen hervor, welche diese Flucht am besten ausnützten und die Verwirrung vermehrten. Allein tiefer drang dies alles dennoch nicht und von wahrhaften Sympathieen konnte schon um dessentwillen keine Rede sein, da man in den, zuerst den Russen geöffneten Strichen, in Preußen, Pommern und den Marken, nur zu gut an das furchtbare Hausen solcher Horden während des siebenjährigen Krieges sich erinnerte. So etwas vergessen die Völker niemals.

Nach dieser gebotenen Abschweifung kehren wir zu dem Vorigen, zu dem, was man vom Feind und den Vorgängen in Preußen erfuhr, und was dort die Ereignisse zu gebieten schienen, zurück, und da konnte man sich's nicht verhehlen: der wirkliche und richtige Moment war bereits verpaßt. War es vielleicht überhaupt schon zu spät, und mußte man, wie vor dem Jahre, noch einmal die freudigsten Hoffnungen, die glühendsten Wünsche, das frischeste, verheißungsreichste Regen und Knospen zu Grabe tragen — diesmal auf Menschenalter hinaus? —

Für die Gegenden und Striche, in denen wir mit unseren Lesern weilen, haben wir aber mit dieser Darstellung der Verhältnisse den bestehenden Zuständen um mehrere Wochen vorgegriffen. Man befand sich hier, in den ersten Januartagen, wie wir wissen, noch so zu sagen in ihren Anfängen und war im Grunde nur wenig über die Nachrichten hinausgekommen, welche Hoven mitgebracht hatte. Aus den Zeitungen und Bekanntmachungen der Feinde erfuhr man nur, was sie mitzutheilen erlaubten; es gab derzeit noch kein ganz unabhängiges Blatt. Mit brieflichen Mittheilungen stand es wenig besser, und nur, wo die Beförderung derselben durch Privathände statt fand und eine zwar sichere, natürlich aber auch häufig eine viel langsamere war, erhielt man Kunde von dem wirklichen Stande der Dinge. Man war aber immer noch meistens nur auf Allgemeines beschränkt; man wußte bestimmt, daß die Armee vernichtet, daß die Aussichten die günstigsten, daß nicht allein die Hoffnungen groß, sondern auch der Wille überall der beste, ja, daß man überall sich so viel wie möglich auf das Kommende zu rüsten begann.

Endlich hatte sich gerade in diesen Tagen in den patriotischen Kreisen ein dunkles Gerücht von dem Abfalle York's zu verbreiten angefangen, von dem niemand wußte, woher es kam, noch wie es entstanden war, das, wie es öfters in solchen Fällen geschieht, dem Factum selbst um mehrere Tage vorausging. Denn von der wirklich bereits abgeschlossenen Convention von Tauroggen konnte zu dieser Zeit noch keine Nachricht nach Berlin, geschweige denn an diese Küsten gelangt sein.

Das wenige Gute, das man vernahm, wurde obendrein durch dasjenige vollkommen paralysirt, was man viel genauer und sicherer, besonders durch Hoven's Vermittlung, über das unselige System oder vielmehr über die anscheinend gänzliche Systemlosigkeit, über das Schwanken und Schaukeln in den maßgebenden Kreisen Preußens erfahren mußte. Man wußte im wörtlichsten Sinne des Wortes nicht mehr, was man hoffen durfte, fürchten mußte, erwarten konnte. Aber man verzagte dennoch nicht; man hielt mit der Zähigkeit, die dort zu Lande nicht allein dem Volke, sondern auch den höheren Classen der Einheimischen innewohnt, fest an jedem auch noch so geringen, noch so schwachen Halt, mußte das Kleinste zu nützen, alle Kräfte herbeizuziehen und anzuspannen und vor allen Dingen den ersten und obersten Grundsatz unverbrüchlich aufrecht zu erhalten, daß man stets, wenn auch mit noch so kleinen, noch so verborgenen Schritten, vorwärts ging, nie und unter keinen Umständen einen Schritt zurück that oder auch nur einen Augenblick still stand.

Man hatte an Hoven einen Mittelpunct dieser Bestrebungen gewonnen, der ihnen bisher gefehlt hatte, in dem sie sowohl ihre Einigung fanden, als auch nach und nach in geordneten Gang, zu einem vorsichtigen und leisen und doch energischen Fortschreiten gelangten. Was geschehen konnte, geschah, und wer Hoven's Wirken und Thätigkeit zu beobachten Gelegenheit fand, erkannte in ihm täglich mehr den Mann, der noth that. Er war nicht nur der Soldat, der in allen Theilen des Dienstes gründlich daheim und, nach manchen Seiten hin Anhänger und Schüler des genialen Heinrich Bülow, der allen engherzigen Gamaschen-Auffassung und Betreibung derselben weit voraus war, sondern er besaß auch im vollsten Maße das Talent des Organisirens und Disponirens, und vor allen Dingen die Erfahrung und Bildung, den Takt und die Gewandtheit, das billige Nachgeben und das energische Festhalten und Durchgreifen, was alles in seiner jetzigen Stellung zwischen den vielen verschiedenartigen, häufig schroff sich gegenüberstehenden Interessen für einen zu erzielenden erfreulichen Erfolg unumgänglich nothwendig schien.

Trotz alle dem blieb seine und aller Verbundenen Thätigkeit immer noch eine sehr beschränkte und trotz allen Verabredungen, trotz aller Uebereinstimmung, eigentlich nur vorbereitende; denn wenn auch die Truppen jetzt aus den Landgegenden fast ganz zurückgezogen und selbst in den Städten auf die allernothwendigste Anzahl beschränkt waren, so spürte man doch in anderer Weise nichts von einem Nachlassen des Druckes, noch von einem milderen Auftreten der gegenwärtigen Gebieter. Die Douaneaposten waren möglichst verstärkt worden und aufmerksamer als je. Die häufigen Truppenzüge, hin und wider auch eigens zu diesem Zwecke gebildete kleine Colonnen, boten Gelegenheit, Land und Leute unter strenger Aufsicht zu halten und jede freiere Regung, man hätte sagen mögen: jedes freie, unvorsichtige Wort zurückzudrängen, ja, unmöglich oder wenigstens gefährlicher als je zu machen. Man strafte niemals schneller und unerbittlicher.

Dabei hatte man bei dem Mangel an verwendbaren Truppen eine Menge von Spionen und Aufpassern über das Land zu verbreiten gesucht, um es, wo nicht unter den Bayonnetten, doch unter solchen Augen und Ohren zu haben, und es war, gleichviel ob wahr oder nicht, das Gerücht entstanden oder absichtlich verbreitet, daß unter dieser Bande auch Einheimische zu finden wären. Man hatte dadurch unter den Bewohnern selbst ein gegenseitiges Mißtrauen entstehen lassen, das der Fremdherrschaft unter diesen Umständen am allerwillkommensten und förderlichsten sein mußte. Und zu alle dem waren die dem Lande neuerdings auferlegten Lieferungen und Leistungen aller Art so groß, daß sie, nicht nach dem Glauben der Franzosen allein, alle Kräfte und alle Gedanken in Anspruch nahmen. Zur Ordnung dieser letzteren Angelegen-

heiten und zur Vertheilung dieser Lasten hatte sich in den
letzten Decemberwochen die alte sogenannte „Landschaft"
in S. zusammengefunden, zu der, wie wir wissen, auch
Graf Hartmuth hineingereis't war.

Die Betheiligung war im Ganzen jedoch eine nichts
weniger als allgemeine gewesen. Die Abgeordneten aus
den Städten waren alle erschienen, von den Landgemein-
den kam aber fast niemand, und vom Abel betheiligten
sich nur wenige ältere Deputirte, denn die meisten sahen
in dieser Versammlung nichts weiter als eine Komödie
der frivolsten Art, in der sie nicht Lust hatten, als Mario-
netten an den, von der Hand der Fremden bewegten
Drähten zu agiren. Manche erschienen, nur um sich gezeigt zu haben, für ein paar Tage, sahen sich den Lauf
der Dinge, Vorlagen und Protocolle einmal an und
gingen, wenn sie ihre Privatgeschäfte besorgt, wieder
davon. Davon, daß sie, wie vordem bei ähnlichen Gelegenheiten, ihre Familien mitgebracht oder gar mehrere
Wochen, ja, Monate mit denselben in der Stadt gewohnt
hätten, war diesmal gar keine Rede. Alle hatten auf
vorwitzige Fragen nach solcher geringen Theilnahme und
solcher Zurückgezogenheit die gleiche Antwort, daß man
das Weihnachtsfest doch unter allen Umständen daheim
und mit den Seinen zubringen müsse und daß die Zeit-
umstände niemand größeren Aufwand erlaubten; zu den
Geschäften werde später wohl die Zeit kommen, — Antworten, die den Fremden als Zeichen des eigenen Willens und Selbstgefühls nichts weniger als angenehm
waren, während sie ihnen auf der anderen Seite, da sie

ihnen und den Ihren völlig freie Hand ließen, doch nur
willkommen sein konnten. Die Umgänglichkeit und Gefügigkeit, die man auf dem Fest in Nieder-Rhoda beobachtet haben wollte, schien dort ihren Anfang und ihr Ende
gefunden zu haben.

Graf Eberhard war gleich Anfangs ebenfalls ein paar
Tage zur Stadt und zu diesem sogenannten Landtage
gewesen, ohne jedoch dort dem Vater begegnet zu sein,
ja, ohne nur von dessen etwa gleichzeitiger Reise dahin
früher etwas zu erfahren, als bis er nach Dreiheiligen zurückgekehrt, daselbst eine Mittheilung Hebe's über diese Reise
empfing, die ihn nicht weniger überraschte, als es bei der
Schreiberin selber der Fall gewesen sein mochte. Er war
darauf nach Nieder-Rhoda hinübergefahren und hatte mit
der Schwester und dem alten Vetter eine lange Unterredung gehabt, war dann ein paar Tage still daheim geblieben und endlich zu Fahrten durchs Land aufgebrochen,
trotzdem daß dieselben einem mißtrauischen und von den
Gewohnheiten des Herrn unterrichteten Beobachter auffällig werden konnten. Der Graf war niemals bisher so
beweglich gewesen.

Hoven hatte den Gastfreund selten begleitet und war
überhaupt wenig aus dem Hause gekommen, wenn er
nicht zuweilen durch die Waldungen streifte oder einmal
bei den jungen Geschwistern drüben in Rhodenfelde vorsprach, wo er je länger, desto lieber zu weilen schien.
Bis jetzt konnte er wenig anders als so zu sagen auf
dem Papier handeln, und mußte, was auszuführen war,
den Einheimischen überlassen. So wenig er nach einer

persönlichen Gefahr fragte, und so ruhig auch Graf
Eberhard in Betreff der Sicherheit seines Gastes zu sein
schien, — sorglos war weder der Letztere noch Hoven
selbst, und Beide begriffen, daß es sich im schlimmen Falle
hier nicht um das Unglück eines Einzelnen oder einiger
mit ihm verbundener Familien, sondern, wie die Sachen
einmal standen, um den Ruin des ganzen kleinen Landes
handeln würde. Bei dem oben erwähnten, neuerdings
immer weiter ausgebildeten Spionir-System war gar nicht
abzusehen, wie leicht und durch welche anscheinend gänzlich gleichgültige und unbedeutende Umstände die Ent-
deckung von Hoven's wahrem Namen und Stellung, von
allen Plänen der Patrioten herbeigeführt werden konnte,
und man hatte dafür zu sorgen, daß die Anwesenheit des
Fremden so wenig wie möglich bemerkt wurde. Schon
jetzt hatte man an Briefen, welche den Postweg gegangen
waren, nur gar zu sichtbare Spuren gefunden, daß ihr
Inhalt von fremden Augen durchforscht worden, etwas,
das damals in manchen Gegenden freilich längst nicht
mehr Ausnahme, sondern Regel geworden war. — —

Hoven ging im Zimmer unruhig auf und ab. Die
Einsamkeit, die Ruhe und verhältnißmäßige Unthätigkeit,
zu der er in Dreiheiligen gezwungen war, fiel dem kräf-
tigen und energischen Manne, der seit Jahren von dem,
was Andere als Frei- und Mußestunden preisen, wenig
genug erfahren hatte, je länger desto schwerer. Er hatte
bisher, wenn auch in Bezug auf das Ganze und Allgemeine und in Uebereinstimmung mit dem Kern der Patrioten, fast stets nur selbstständig und in völliger Freiheit

gestrebt, gehandelt und an der Befreiung des Vaterlandes gearbeitet, war, um es so auszudrücken, stets im Mittelpunkt alles Geschehenden gewesen, stets der Erste, der etwas erfahren, und der Erste, der die neuen Fäden zu den alten in die Hand genommen, und sah sich nun überall, von innen wie von außen, von Schranken umgeben, von Grenzen und Rücksichten eingeengt, fand sich so oft vor dem „Unmöglich!" — einem Wort und Begriff, die der Einzelne zuweilen kaum kennen lernt oder verachten darf, die aber, so wie unser Thun und Treiben Beziehungen zum Größeren und Allgemeineren gewinnt, nur gar zu leicht und häufig zur Fessel werden für alle Wünsche und Hoffnungen, für jeden Plan und jede That.

Das unselige Schwanken und Zögern, welches er überall dort sah, von wo die Entscheidung kommen sollte; der finstere Mißmuth, die tiefe Verstimmung und Erbitterung, die zu ihm aus all den Kreisen herüberklang, welche er vor kaum drei Wochen trotz aller Befürchtungen dennoch in neu erstarkendem Glauben, in freudig sich regender Hoffnung verlassen; alles, was ihn hier in seinem jetzigen Wirkungskreise — er lächelte trübe, wenn er dieses auch nur dachte — umgab und hemmte, — es war nichts dabei, was ihm eine Stunde erheiterte, was ihm die übernommene Stellung erleichterte. Er lernte jetzt gründlich dasselbe, was dazumal alle die Besten und Tüchtigsten zu erlernen hatten, was die Feuerprobe war für alle diese ehernen Männer, für den eisernen York und den milden Scharnhorst, für den wilden Blücher und den klugen Gneisenau, für den festen Schön, den diploma-

In Dreiheiligen.

tischen Krusemark und den treuen, unermüdlichen Knesebeck, und wie sie alle heißen, die Aelteren und die Jüngeren, die damals arbeiteten an der Befreiung des Vaterlandes, — das war die Qual und die Kunst des Wartens, sich Gedulden und Aushaltens. — —

Er ging auf und ab. Die Thür in ein Nebenzimmer hatte er aufgestoßen, um mehr Raum für seine Schritte zu haben, um auch einen Blick dort hinaus werfen zu können, wo er an der Rückseite des Hauses, an der uralten Linde mit ihrem gewaltigen Stamm vorüber tief hinein sehen konnte in die weiteren und freieren Räume, zu welchen der Garten überging. Es war draußen eben so still wie in den Zimmern, aber es war trotz der Schneedecke freundlicher dort und einladender. Der Sonnenschein lag noch mild über Plätzen und Gebüschen, ein feiner Duft umwebte alles und ließ die weitere Ferne, den schweigenden, auch hier die Aussicht schließenden hohen Wald in einer wunderbaren, verlockenden, bläulich und goldig schimmernden Beleuchtung erscheinen.

Das alles sah er eine Weile schweigend, fast träumend an, bis er sich plötzlich aufrichtete, mit der Hand über die Stirn strich und vor sich hinmurmelte: „Ich will mir ein Pferd satteln lassen und nach Rhodenfelde reiten. Kann ihr selber seinen Brief bringen."

Die Worte waren freilich nur leise, aber bei der rings herrschenden Stille schienen sie doch auch weiterhin vernehmbar geworden zu sein, denn sie fanden wenigstens eine Antwort.

„Das ist nicht nöthig, Herr von Hoven," sagte hinter ihm die klingende, melodische Stimme Hebe's; „sie ist schon selbst hier und kann ihren Brief in Empfang nehmen."

Er hatte sich bei dem ersten Laut sichtbar sehr überrascht umgewandt, denn er hatte in seinem Träumen und Schauen kein Geräusch vernommen, und er sah nun in einer anderen Thür, durch welche man in einen kleinen, selbst jetzt im Winter freundlichen Gartensaal blickte, Gräfin Hebe stehen, die kleine Gestalt an die schlanke und hohe Sophie Magdalenens gelehnt.

Ein schalkhaftes Lächeln erhellte ihre Züge, das jedoch beim Anblick seiner sichtbaren Ueberraschung schnell einem gedämpfteren, nur noch freundlichen Platz machte, und sie sprach nun: "Entschuldigen Sie unseren Ueberfall mein Herr. Da ich erfuhr, daß mein Bruder davon und Sie daheim, wollte ich Sie hieher, ins Eckzimmer, bitten lassen, nahe Ihrer Kanzlei und in einen Raum, der mir von lange her bekannt und lieb. Sie waren aber schon da und hörten nicht unser Kommen."

Es entging selbst Hoven nicht, daß aus ihrer Stimme und ihren Worten eine Befangenheit klang, die wenig der gewöhnlichen Weise des wunderbaren Geschöpfes entsprach, und da er dieselbe als Folge der sie überraschenden Begegnung und ihrer ersten raschen, scherzenden Rede verstand, so versetzte er mit heiterem Tone und Blick: "In der That, gnädige Gräfin, der Soldat und Verschwörer war nicht wenig erschrocken und beschämt, daß er so überrascht werden konnte! Und doch war nie ein Ueberfall gelegener. Ich wollte allerdings nach Rhodenfelde, weil ich einen Brief für Sie habe, Comtesse," setzte er gegen die erröthende Sophie Magdalene gewendet, lächelnd hinzu. „Darf's die Tante noch immer nicht wissen?"

„Sie weiß es eben, Herr Postillon d'Amour!" lachte Hebe zurück, indem sie zugleich am Arm der Nichte vorschritt; „und sie ist nachsichtig genug, die Kleine hier nur wegen ihres Schweigens und Mißtrauens auszuzanken. — Aber wie ist's?" fuhr sie fort, und ihr Auge traf wie mit heiterer Frage das dunkle und ernstere Hoven's. „Verweisen Sie uns oder nehmen Sie uns hier auf?"

Er war, wie angedeutet, schon wieder ernst und vollkommen ruhig geworden. Auf ihre Frage machte er eine leichte Verbeugung, und den Stuhl vorschiebend, welcher weich und tief und wie bereit zur Aufnahme einer solchen Leidenden am nächsten Fenster stand, gab er zur Antwort: „Das, Gräfin, fragen Sie nicht im Ernst. — Sie halten es hoffentlich für kein Compliment, wenn ich sage: Ihre Gesellschaft beglückt mich. — Vorerst aber den Brief!" fügte er gegen Sophie Magdalene gewendet freundlicher hinzu und ging rasch in das Nebenzimmer.

Die beiden Damen wechselten während seiner Abwesenheit kein Wort. Hebe nahm mit Hülfe der Nichte Platz und sah gedankenvoll bald im Gemach umher, bald in den Garten hinaus, wo der Sonnenschein bleicher und die Ferne immer duftiger wurde, und man erkannte wohl, daß auch ihr einmal die Heiterkeit und der Scherz abhanden gekommen zu sein schienen, die sonst ihre glänzendsten Krongüter bildeten.

Inzwischen kehrte Hoven zurück und bot dem jungen Mädchen ein dünnes Schreiben hin. „Viel ist es nicht," sprach er freundlich dazu, „aber es wird nur Gutes sein. Er schreibt wenigstens an mich voll Erhebung und Enthusiasmus. — Darf ich Ihnen nun mein Zimmer zum Lesen anbieten? Sie werden nicht säumen wollen, denn er ist schon vier Wochen alt und innerhalb der russischen Grenzen geschrieben. Ein Adjutant York's hat ihn von den russischen Vorposten mit nach Berlin genommen."

Sie nickte, befangen und erröthet, nur ganz kurz, wandte sich und ging. Hoven sah ihr eine Sekunde lang freundlich nach. — „Doch ein erfreutes Herz!" sagte er dann, sich wieder zu Hebe kehrend, und trat zu ihrem Sitze näher heran.

Ihr Auge wandte sich von der Thür, durch die Sophie Magdalene gegangen, zu ihm hinauf und verweilte auf seinem Gesicht mit ungewöhnlich ruhigem und ernstem Blick, als prüfe oder studire sie es bis in die einzelnen Züge, und als sei sie mit dem Ergebniß wohl zufrieden, sprach sie nach einer Pause mit sich erheiternder Miene und in einem Tone, durch den es wie ein leise, leise aufdämmernder Scherz klang: „Ich sehe Sie heut eigentlich zum ersten Mal, mein Herr, und das muß mein Anstarren entschuldigen. Ich muß mir jetzt Ihr wahres Gesicht, nach dem durch die Binde entstellten, klar machen, und das ist nicht leicht, glaub' ich."

Er neigte das Haupt. „So glaube auch ich," entgegnete er in gleichgültiger Weise, als führe er nur aus Höflichkeit ein Gespräch fort, dem er sich nicht entziehen durfte. — „Das erste Sehen gibt uns den Menschen, wie er hinfür in unserer Vorstellung bleiben soll. Jede spätere Veränderung, und sei sie noch so gering, verwirrt uns. Wir müssen unser Kennenlernen so zu sagen noch einmal beginnen. Ich glaube selbst, daß die Binde mich entstellt."

"Sehr, so daß ich Sie kaum wieder erkannt hätte. Der Ausdruck oder Eindruck, wie Sie wollen, ist ein anderer," meinte sie lächelnd.

Es war, als wolle er gleichfalls lächeln. "Ein besserer oder schlimmerer?" fragte er aber wieder nur in der höflich gleichgültigen Weise.

"Das kommt darauf an, wer diesen Eindruck empfängt und wie er mit demselben zufrieden ist. Sagen wir also lieber: ein sichererer. Denn man erkennt einen Menschen allerdings nur aus seinen beiden Augen."

Jetzt lachte er aber wirklich; eine solche Unterhaltung mochte dem ernsten Manne seit langer Zeit nicht geboten sein. "Und was ist das Resultat dieser — Untersuchungen, Gräfin?" fragte er fast scherzend, und sein Auge heftete sich auf ihre Züge, als wolle er sich nicht die leiseste Regung in denselben entgehen lassen.

Allein sie wich dem Blicke keineswegs aus, begegnete ihm vielmehr mit immer sichtbarer hervortretender Heiterkeit und erwiderte nun schalkhaft: "Ein für Unsereinen sehr wenig schmeichelhaftes, Herr von Hoven. Sie sind ein wenig Menschen-Verächter und ganz und gar Weiberfeind. Sie haben sich neulich mit großer Ueberwindung zu den Mittheilungen an mich verstanden und fühlen sich heute nichts weniger als behaglich dabei, daß ich Sie aus Ihrem Ernst und Ihrer Stille in meine Gesellschaft hinüber zwinge, Sie zum Plaudern auffordere, wo Sie doch lieber nur schweigen oder reden möchten. — Da haben Sie mich, wie ich bin," setzte sie munter hinzu. „Wenn mein Gegenüber irgend danach ist und die Interessen sich nicht geradezu kreuzen, geht mir die Offenheit über alles, und ich bin selbst offen bis zur Indiscretion."

Sein Auge war während ihrer Worte ernst geworden und seine Züge hatten den gewöhnlichen, stillen, fast strengen Ausdruck wiedergewonnen, nur daß nichts Finsteres darin war; man hätte, was man an dem festen Manne sah, vielmehr für eine Art von Melancholie halten können, und da er nun sprach, war auch in dem Klange der Stimme etwas eigenthümlich Weiches.

„Sie irren in mir doch, Gräfin," redete er nach einer kleinen Pause. „Ich bin weder Menschen-Verächter noch Weiberfeind, obgleich uns von den Menschen im Allgemeinen und den Frauen im Besonderen genug zu Augen und Ohren kommt, was einen Mann von Charakter, zumal in unserer Zeit und bei so entschiedenen Ansichten wie die meinen, weder für die Einen noch die Anderen schwärmen läßt. — Es ist wahr, ich bin kein gewandter und leichter Gesellschafter. Ich habe keine Gelegenheit gehabt, mich auszubilden oder in Damenkreisen mich zu bewegen. Mit dreizehn Jahren Soldat, weiß ich nicht einmal etwas von einem rechten Familienleben. Und überdies habe ich meine Mutter gar nicht, meinen Vater kaum gekannt, meine einzige Schwester schon in früher Jugend verloren. Ich glaube, das genügt, einen Menschen ernst zu machen, der schon ohnehin Anlage dazu hat.

„Ich sage es offen," fuhr er fort, und begegnete ihren theilnehmenden Blicken wieder freundlicher, „das Treiben vieler meiner Kameraden blieb mir unverständlich. Ich trat niemals einer Frau näher, verkehrte niemals mit einer häufiger. Ich fühlte nie das Bedürfniß dazu, und seitdem vollends das Unglück über uns hereinbrach, hätte ich weder Zeit dazu gefunden, noch würde ich in solchem Verkehr irgend eine Förderung zu finden vermocht haben — eher ein Hinderniß, denn wir brauchen alle Kräfte, alle Gefühle für das Vaterland, und was wir erstreben, bedarf der Männer, die Frauen kommen dabei gar nicht in Betracht. — Sie sehen, auch ich bin offen bis zur — bei mir muß es wohl lauten: Unhöflichkeit," setzte er lächelnd hinzu. „Das — war aber mein Glaubensbekenntniß noch bis vor kurzer Zeit." —

„War?" fiel sie ein.

„Ja, war, Gräfin. Und als Leo Rettfeld mir von seiner Liebe sagte und mich mit Grüßen und Briefen beauftragte, bestürzte mich das, gerade wie er ist, ernstlich. Halb hielt ich ihn unserer Sache für verloren, halb wurde ich doch nicht wenig neugierig auf diejenige, die ihn gerade so zu fesseln vermocht. Ich sage offen, das lockte mich am meisten her. Und ich war fest entschlossen, diesem Bunde auf jede mir mögliche Weise entgegenzutreten, sobald ich in der Dame jemand fand, die — sage ich: die denen glich, welche ich kennen gelernt oder vielmehr nur bei Gelegenheit beobachtet hatte. So kam ich hieher." —

„Und Sie lernten durch Sophie Magdelene anders

denken?" fragte sie nach einer langen Pause mit einem
Interesse, das sie gar nicht zu verbergen bemüht war.

„So ist's, Gräfin," versetzte er mit einem gar besonderen, man hätte sagen mögen: nachdenklichen Ausdruck.
„Ueber das Wie ist nicht zu reden, Sie kennen Ihre
Nichte besser als ich. Was sie mir bei einem Spazierritt
sagte und zeigte, hat mich bis ins Innerste verändert,
damit ist alles ausgesprochen. Ein solches Wesen und
die Liebe eines solchen und zu einem solchen hindert den
Mann allerdings nicht, sondern fördert ihn, sehe ich jetzt
mit ernster Freude ein. Und das Leben, das ich in Rho-
densselbe kennen gelernt, hat mich unendlich freundlich an-
gemuthet; es war mir, als fände ich plötzlich ein paar
jungere Geschwister, einen Familienkreis auch für mich,
der ich nie, wie gesagt, einen solchen bisher gehabt. —
Sie sehen wohl," brach er lächelnd ab, „der starre, finstere
Mensch ist zugänglicher, weicher, als Sie vielleicht geglaubt." —

Gräfin Hebe hatte, wie angedeutet, diesen Auseinan-
dersetzungen mit unverhohlenem, ernstem Interesse gelauscht,
und die letzten Worte des Gastfreundes schienen sie sogar
fast ergriffen zu haben, wie es freilich bei solchen Tönen
von solchen Lippen wohl erklärlich sein konnte. —

„Gottlob, Gottlob!" sagte sie nun voll wahrer Innigkeit, „so haben Sie doch etwas Gutes bei uns gefunden,
mehr und Besseres, als ich hoffen zu dürfen glaubte. Ich
sah Ihren Aufenthalt in dem stillen Dreiheiligen, bei
meinem stillen Bruder mit Sorge, Herr von Hoven, Eberhard ist milde und liebenswürdig, er ist Mensch, Mann,

Cavalier, wie man sie nur wünschen kann, er liebt das Vaterland mit der ganzen Innigkeit und der ganzen Kraft seiner Natur und ist zu jedem Opfer für dasselbe bereit. Aber freilich, erheiternd und unterhaltend ist er nicht, und um den goldenen Kern seines Wesens kennen zu lernen und erfassen zu können, muß man ihm unendlich viel näher kommen, als er sich gewöhnlich irgend jemand kommen läßt. Denn Sie haben das vielleicht schon selbst bemerkt — so offen und zugänglich er scheint, so unzugänglich bleibt er doch im Grunde. Und da hab' ich denn für Sie gesorgt," fuhr sie fort. "Was konnte und mußte hier, in dieser Stille, aus Ihnen werden, der Sie an Bewegung, an Handeln gewöhnt und daneben schon von Natur aus streng, kalt und stolz verschlossen schienen? Nun Gottlob, wiederhole ich, daß Sie das Gegengewicht bei den Geschwistern gefunden haben und dort vielleicht selbst wieder zum Gegengewicht dienen können. Eugen scheint mir dessen zu bedürfen — er ist, wo ich ihn seither gesehen, seltsam verändert."

"Das ist er sogar für mich," bestätigte Hoven. "Ich hätte ihn kaum wieder erkannt, so anders ist er als damals im Herbst."

"Und doch sind Sie der Einzige, mit dem er bereitwillig zu verkehren scheint, zu dem er Vertrauen hat," mischte sich plötzlich Sophie Magdalene in das Gespräch, welche vor einigen Augenblicken wieder in die Thür getreten war und die letzten Worte der Tante und Hoven's Entgegnung vernommen hatte. Sie kam jetzt vollends heran und fügte, sich an den Sessel Hebe's lehnend, hinzu:

„Ich habe Sie schon neulich einmal nach ihm fragen wollen, Herr von Hoven. Es quält und betrübt mich unendlich, wenn ich ihn ansehe; er ist —"

„Sind das auch Gedanken für eine kleine Braut, die eben vom Briefe ihres Geliebten kommt?" unterbrach Hebe sie neckend und sah ihr lächelnd in die ernsten Augen.

„Ja, Tante, gerade!" versetzte sie, die Rechte der Anderen zwischen ihre beiden Hände nehmend, und sie war reizend in dieser Mischung von Verschämtheit und Heiterkeit, von Eifer und Innigkeit, die ihrem ganzen Wesen aufgeprägt war. „Grade, weil ich meine erste Sorge wieder los geworden,' darf ich der anderen desto eher nachgeben. Unser Glück, wenn es ein wahres, ächtes ist, isolirt uns nicht, sondern macht uns theilnehmender, aufmerksamer gegen unsere Umgebung. Und wie Eugen neuerdings ist, so finster, so bleich, so stumm, so einsam — ich wiederhole: es betrübt mich mehr, als ich es sagen kann. Ihr Anderen seht ihn alle nicht so wie ich. Und es ist so gar nichts aus ihm herauszubringen, er wird gleich so sehr verstimmt, so gereizt und heftig, wenn man noch so schonend fragt. Und zu allem Anderen — ich ahne nicht den Grund dieser Veränderung, dieser Verstimmung!" —

„Auch ich, obgleich ich ihn seither wenig gesehen und also auch nicht beobachtet habe, möchte kaum daran denken, daß ihn wirklich eine unglückliche Neigung zu Stephanie beherrscht haben könnte," meinte Comtesse Hebe nach einer Pause.

„Sage das nicht, Tante! Eugen's verändertes Wesen schreibt sich doch gerade vom Herbst, von der Zeit ihrer

Ankunft her, und hat besonders, seit der Vicomte Vial
bei euch haus'te, reißend zugenommen. Aber freilich kann
auch ich nur muthmaßen; denn die Verschlossenheit, die er
hierüber so gut wie über alles Persönliche gegen mich beobachtet, ist in meinen Augen das, wo ich ihn fast am
meisten verändert finde."

Comtesse Hebe schüttelte den Kopf und blickte eine
Weile nachdenklich in den Garten hinaus, wo die Sonne
jetzt fort war und mit der beginnenden Dämmerung der
Duft sich rasch weiter zu erheben und auszubreiten anfing. Es sah dort draußen kalt aus, wie man zu
sagen pflegt. —

„Ich glaube nun einmal nicht recht daran," sprach
sie endlich. „Ich liebe die Stephanie nicht, es ist wahr;
aber ich will jetzt einfach bei dem Satze stehen bleiben:
sie ist zu unbedeutend und Eugen zu bedeutend, als daß
er sich ernstlich hätte zu ihr gezogen fühlen, daß sie ihn
hätte fesseln können, zumal sie, so viel ich von ihrem Verkehr gesehen, vor und nach Vial niemals ein Geheimniß
aus ihrer Gleichgültigkeit gegen Eugen's Bemühungen gemacht. Er hat doch am Ende Selbstgefühl genug und
sehr wenig Anlage zum Ritter T●●●burg, mein' ich,
zum aussichtslosen Schmachten und Seufzen. Und endlich — warum hätte er denn jetzt gerade seine Bewerbungen eingestellt, nachdem Herr Vial ihm das Feld ge-
räumt? Ein trostbedürftiges Herz, hab' ich mir immer
sagen lassen, ist das allerschwächste. —

„Die Geschichte mit dem theuren Vicomte wird aber
wirklich je länger, desto mysteriöser," redete sie abbrechend

weiter. „Nach dem, was mein Vater andeutete, will man in S. noch immer nicht begreifen können, wo er geblieben, und betreibt im Geheimen noch allerlei Nachforschungen auf das eifrigste. Für eine Komödie wäre die vergangene Zeit nachgerade fast zu lang. — Aber wir langweilen Sie mit all diesen Thorheiten und Mysterien," wandte sie sich plötzlich lächelnd an Hoven, der bisher mit schweigender Aufmerksamkeit dem Gespräche gefolgt war. „Da haben Sie aber auch und zwar eine nicht angenehme Seite des Familienlebens. Man kommt von solchen Dingen, die den Einzelnen nicht berühren, dort nicht los."

Hoven machte eine lebhafte, ablehnende Bewegung. „Nicht doch, Gräfin, nicht doch!" versetzte er, sich aufrichtend; denn er hatte sich bisher leicht auf die Lehne eines Stuhles gestützt. — „Gerade dieser Herr Nial, oder wie Sie ihn heißen, und sein Verschwinden interessirt mich auf das ernstlichste; denn es zwingt mich beinahe, an etwas zu glauben, was ich bisher für Aberglauben erklärte. Sie wissen doch, was der alte Schäfer von ihm vorhergesagt hat?"

„Sleffen Schütze von dem Vicomte? Was denn?" fragte Hebe lebhaft.

„Der Herr muß einige Tage vor dem Balle hier durchs Dorf geritten sein. Da hat ihn der Schäfer gesehen und gegen Detlef in seiner Weise es ausgesprochen: das sei ein todter Mann, und zwar werde sein Ende blutig kommen. — Ich gestehe, es wurde mir, seit Detlef uns dies am Morgen nach dem Balle bei Ihnen drüben erzählte, wunderlich zu Muthe," fügte er ernst hinzu. „Es ist wenigstens schon die zweite Probe, die ich von der seltsamen Begabung dieses Menschen erhalte. Moskau's Brand und die Vernichtung der französischen Armee hat er mir damals im Herbst selbst voraus verkündet, wie er nachmals, nach des Grafen Eugen Aussage, dasselbe auch gegen den General Renaud ausgesprochen haben soll."

„Aber daß wir bisher gar nichts hiervon erfahren!" bemerkte Hebe gedankenvoll. „Solche Aussprüche —"

„Hier ist das sehr natürlich, Gräfin," fiel er ein. „Graf Eberhard hat Detlef auf das strengste verboten, von der Sache zu reden. Diese Prophezeiung könnte für den alten Gesellen mehr als nur gefährlich werden, denn die Feinde dürften darin etwas Anderes finden, als wir. Wäre es übrigens nicht leicht möglich," brach er ab, „daß der Alte Kunde von irgend einem, dem Franzosen drohenden Angriff erhalten? — Sie sehen, ich wahre mich gegen das anscheinend Uebernatürliche, wie ich kann."

Es war ein langes, nachdenkliches Schweigen unter den drei Personen, bis Sophie Magdalene endlich gedämpft fragte: „Sie glauben also wirklich an den Tod des Unglücklichen?"

„Ja, wenigstens an ein durchaus unfreiwilliges Verschwinden," lautete die erste Antwort. „Wäre er vom General versandt worden, so müßte seine Abreise bemerkt worden sein, und wär's auch nur von einem Einzigen. Ueberdies was wäre das für eine Sendung, die noch heute nach vierzehn Tage und mehr, geheim bleiben müßte? — Endlich soll des Herrn Auftreten und Verfahren, trotz aller Höflichkeit und Courtoisie nach oben, doch von einer

Art gewesen sein, um eine politische sogut wie eine Privatsache, zumal hier an der Küste, nicht unmöglich erscheinen zu lassen."

„Und davon sollte unser alter Steffen erfahren haben?" fragte Sophie Magdalene zweifelnd.

„Warum nicht, Gräfin? Wäre es so undenkbar, daß hier ein, nach den bestehenden Verhältnissen nicht einmal verwerfliches Spiel statt gefunden? Daß mehr als Einer den Franzosen für gefährlich gehalten, weiß ich aus directen Aeußerungen, die ich am Ballabend vernahm. Wäre es nun undenkbar, wiederhole ich, daß Steffen hiervon gewußt und Detlef von dem, was geschehen sollte, eine Andeutung gegeben, die in dessen und Anderer Augen seinen alten Ruf zu befestigen geeignet war? — Sie müssen besser wissen, als ich, daß der Alte in der That eine Art Beichtiger ist, dem nichts verborgen bleibt. Im Sommer in der Heide hat er es gut, da kommt und geht man unbeachtet. Hier und im Winter ist es damit freilich etwas Anderes. Ich habe in mehr als einer müßigen Stunde seine Thür beobachtet und sehe fast keinen Menschen als höchstens Detlef zu ihm gehen. Dennoch weiß er von allem, das steht fest. Graf Eberhard wandte sich schon mehrmals an ihn um Auskunft über Dieses und Jenes, und erhielt stets die sichersten Nachrichten.

„Ich will den alten Mann überhaupt nicht herabsetzen, sondern schätze ihn wahrhaft, wo nicht als Propheten, doch als Patrioten. Wir wären ohne ihn übel daran. Er hat das Vertrauen des Volks, er hat Verbindungen nach allen Seiten des Landes hin und erhält den Verkehr zwischen uns allen im Gange, weiß immer Hülfe, Wege und Boten. Er ist geradezu unschätzbar für uns."

Es herrschte im Gemache wieder eine Zeit lang ein tiefes Schweigen, das diesmal zuerst von Comtesse Hebe gebrochen wurde. —

„Sie mögen von Ihrem Standpunkt mit Ihren Zweifeln Recht haben, Herr von Hoven," sprach sie in einem gewissen nachdenklichen Tone. „Sie müßten ihn länger und genauer kennen, um nicht mehr zu zweifeln, um zu begreifen, daß in ihm und seinem Treiben, so viel es ihn selbst und seine Gabe betrifft, nicht eine Spur von Berechnung ist. Für uns aber, die wir ihn kennen, ist und bleibt es etwas ganz Besonderes, etwas zugleich Erschreckendes und Tröstendes, um diesen alten Menschen. Er weiß nicht allein von Gegenwart und Zukunft, sondern auch von der Vergangenheit mehr als irgend ein Anderer, und ich bekenn's, daß ein Hauptgrund meines heutigen Kommens und Bleibens in einer und der anderen Frage besteht, die ich ihm vorzulegen habe. Ich muß heute Abend noch mit ihm sprechen."

„Da werden Sie ihn rufen lassen müssen," bemerkte Hoven lächelnd. „Ich beobachte ihn, wie Sie merken können, und zu Hause ist er jetzt schwerlich noch, vielmehr, wie fast immer, wenn es das Wetter erlaubt, schon draußen am Riesenstein. Was er daselbst treibt, weiß ich nicht. vielleicht gibt er dort seine Audienzen."

„Ich weiß, ich weiß!" sagte Comtesse Hebe wieder in einem gedankenvollen Tone. „Er sieht nach den Sternen,

Herr von Hoven, denn er ist in seiner Art ein eifriger Astronom und auch ein wenig Astrolog, wie ich glaube. Es thut mir leid, daß ich ihn stören muß: aber —"

In diesem Augenblick wurde die Thür, durch welche vorhin die Damen eingetreten waren, rasch aufgedrückt, und die hohe und hagere Gestalt des Grafen Eberhard erschien in der Oeffnung. Er stand und sah zu der Gruppe am Fenster hinüber, als wünsche er erst die einzelnen Glieder derselben in der bereits das Gemach durchziehenden Dämmerung besser zu erkennen, und dann, sich mit ein paar großen Schritten nähernd, sagte er: „Also doch wahr? Du bist's wirklich, Hebe?" — Und nach einigen flüchtigen Worten der Begrüßung an die beiden Anderen setzte er hinzu: „Ich wollte Detlef's Meldung von eurem Hiersein gar nicht glauben. Es schien mir zu gut, um wahr zu sein. Ich habe seltsame Nachrichten für dich, Schwester, die kaum einen Aufschub ertragen zu können scheinen."

„Sieh, sieh!" versetzte sie in einem ganz eigenthümlich bewegten und doch auch wieder nur kalten Tone. „Wie sich das bei uns Beiden trifft! Mir geht's ja gerade so. — Vielleicht begegnen wir uns auch in den Nachrichten selber, mon cher!"

„Das bezweifle ich," gab er zur Antwort, ohne dabei den Blick von ihr abzuwenden. „Die meinen beziehen sich, wie ich schon jetzt sagen kann, auf ziemlich seltsame Geschäfte, die der Vater in S. betrieben zu haben scheint."

Es war doch bereits zu dämmerig, als daß er noch den Ausdruck ihres Gesichtes hätte erkennen können; aber ihre Stimme war voll Hohn, der ihn in diesem Augenblicke vielleicht noch mehr überraschte und noch aufmerksamer machte, als die beiden anderen Hörer, und sie sagte: „Sieh, sieh, Eberhard! Und die meinen beziehen sich auf ziemlich seltsame Geschäfte, die, um mich unzweideutig auszudrücken, der Burg- und Waldgraf Hartmuth zu Rhoda-Lipen kürzlich in S. betrieben hat."

Siebzehntes Kapitel.

Ein kurzer Uebergang.

> Heraus! Es brüllet in dem Dunkeln
> Des Trübsaals voller Schlangenwust —
> Heraus! Wo Gottes Sterne funkeln,
> Da wird der Muth die fest und fest.
>
> Wie? Willst du auf den Hort nicht bauen,
> Der dir ein Feld in Rücken war?
> Auf den Propheten nicht vertrauen,
> Der selbst die Träume machte wahr?
>
>   E. M. Arndt.

Jenseits des Dorfes Dreiheiligen, da, wo es den Ruinen von Drohin zu geht, welche auf dem höchsten Punkte einer Art Hügellandes gelegen sind, war vor diesem ansteigenden Terrain eine kleine Fläche dürren und öden Landes, eine Art Vorposten, den die drüben sich ausbreitende Heide über den weit ausgedehnten Wald in die reichen und gesegneten Fluren hinausgeschoben zu haben schien, so sehr stach dieser Fleck von dem ihn rings einschließenden Boden ab, so hartnäckig widerstand das dürre, sandige Terrain jedem Versuche, es nutzbar zu machen und zu cultiviren. Selbst die Kiefern, die Graf

Eberhard hatte ansäen lassen, wollten nicht recht gedeihen; sie blieben im Wuchse zurück und verkrüppelten oder standen auch ganz ab, und nur der Wachholder, der hier von Alters her auf ein paar Stellen angesiedelt war, schien mit seinem Platze zufrieden zu sein und hatte sich nach und nach zu größeren Massen ausgebreitet. Groß war dieses Terrain, wie schon gesagt, nicht; die größte Entfernung von den letzten Gärten des Dorfes bis an den Fuß der ersten Hügel mochte höchstens tausend Schritte betragen. Rückwärts, gegen Südost zu, schloß der Hochwald dieses Landstück gewissermaßen hermetisch ab, nach vorn, gegen Norden so gut wie gegen Westen, dagegen sah man ungehindert über ein offenes Land hin und hatte einen fast unbegrenzten Horizont vor sich. Das Stück Heide war auch hier ganz nahe und scharf vom fruchtbarsten Boden begrenzt.

Dicht an dieser Grenze, ein wenig rechts gegen den Fuß der Drohiner Hügel, erhoben sich aus der Heide hier und da einige jener großen Steine, welche über die ganze norddeutsche Ebene zerstreut sind, und halb schon auf die Wiese hinauf, die sich hier anschloß, ruhte der größte von ihnen, ein wahrer Koloß, den das Volk daher auch mit allem Recht den „Riesenstein" hieß. Andere leiteten den Namen von der Sage ab, daß unter diesem Grabsteine der letzte der vor langen Jahren im Lande hausenden Riesen bestattet sei. Es lief eben alles darauf hinaus, daß der Stein von ungewöhnlicher Größe war, in einer Länge von dreißig bis vierzig, in der Höhe von zehn bis zwölf Schuhen sich über den Boden erhebend, während seine unter demselben befindliche Masse die obere vermuthlich noch weit übertraf. Hart neben ihm lagen ein paar kleinere Brocken, über welche man auf die Höhe des großen hinaufklettern konnte, und hier oben war der Block mit Flechten und Moos so dicht bedeckt, daß man zur guten Jahreszeit dort bequem ruhen und von dem verhältnißmäßig hohen Punkte sich einer weiten Aussicht erfreuen mochte.

Jetzt freilich lag der Schnee allüberall auf Fluren und Triften, auf den Schonungen wie auf den einzelnen Büschen, aber die Fläche des Riesensteines zeigte sich davon rein gekehrt, und überdies waren Kiefernzweige zu einer Art Sitz angehäuft; denn wie wir aus der Unterhaltung am Schlusse unseres vorigen Kapitels wissen, wurde dieser Fleck von dem alten Schäfer als Observatorium benutzt. Steffen Schütze war durch seine Lebensweise an die freie Luft gewöhnt und ein eifriger Beobachter, Kenner und, man möchte sagen: Liebhaber des gestirnten Himmels und seiner Erscheinungen.

Es ist sehr begreiflich, daß sich in solchen alten Burschen, die dazumal, und besonders in diesen Gegenden, ein ganz anderes Leben führen mußten, als ihre heutigen Nachfolger, nach und nach nicht nur eine Menge auf ihr einsames Leben begründete Eigenheiten, sondern auch ein Schatz von Naturbeobachtungen, Kenntnissen und Erfahrungen aller Art ansammelte, und daß sie dem Volke und auch oft genug den sogenannten Gebildeten durch solche Kenntnisse imponirten, ja fast wie eine Art Hexenmeister erschienen. Und was man auch sagen mag, es

ist mit mehr als einem dieser Menschen manches Geheim‑
niß, manche Erfahrung und mancherlei Wissen verloren
gegangen, die selbst unsere heutige Naturwissenschaft ver‑
geblich zu ergründen und wieder zu erlangen sucht. —
Kam nun noch jene besondere Begabung hinzu, die wir
an dem alten Steffen fanden und die, wie wir wissen,
in diesen Küstenstrichen noch heutigen Tages nicht so gar
selten ist, so nahm ein solcher Mensch zwischen seinen
Landsleuten eine Stellung ein, die, wenn nicht etwa
seine Persönlichkeit oder sein sonstiges bürgerliches Leben
den Eindruck beeinträchtigte, gar nicht einflußreich genug
gedacht werden kann. Er war in seinem Kreise und für
denselben alles in allem, Rather, Beichtvater und Helfer,
Arzt, Prophet und Gebieter, dessen Worte unbedingten
Glauben, dessen Weisungen unweigerlichen Gehorsam fan‑
den, — alles, wie wir es auch von unserem Steffen
Schütze wissen. —

Es war ein kalter, aber ungewöhnlich stiller Abend,
so daß man sich, trotz der Kälte, im Freien gar nicht
unbehaglich fühlte. Die Sterne glänzten und flimmerten
blitzend am dunklen Himmel, die Mondsichel leuchtete
schon von Westen mit ruhigem, hellem Lichte und verhieß
den Wetterkundigen durch ihre gerade Stellung die be‑
ständigste Witterung. Der Duft, der sich mit der Däm‑
merung erhoben und ausgebreitet, hatte sich wieder verloren,
und die weißen Fluren lagen still und weit übersehbar
vor dem Alten da, der jetzt übrigens nicht oben auf
seinem hergerichteten Sitze verweilte, sondern am Fuße
des Steines lehnte, wo die kleineren Brocken sich wie

Stufen zur Höhe an einander reihten. Der Mondschein
drang hieher nicht, nur die Sterne und der Schnee ver-
breiteten ein ungewisses, dämmeriges Licht, und wer von
der Anwesenheit des Alten an dieser Stelle nichts gewußt
hätte, würde seine Gestalt in dem langen, schmutzigweißen
Rock vielleicht gar nicht wahrgenommen haben, so ver-
schwamm sie mit ihrer Umgebung. — Desto sichtbarer
war aber eine andere Gestalt, die dunkel gekleidet vor
ihm stand.

Sie hielten die Hände zusammengefügt, wie zum Ab-
schiede, und Steffen sagte eben leise, denn bei der Stille
und Klarheit der Luft wäre jeder lautere Ton nur zu
weit vernehmbar geworden: „Also Gott befohlen, junger
Herr, und schlagt Euch die Grillen aus dem Kopf. Es
ist, wie ich sage — Ihr braucht ihn zu anderen Dingen.
Was es gibt, weiß ich nicht, aber wohl, daß es was gibt
und bald, daran denkt. Das Geschehene ist doch nicht zu
ändern, und die — Dirne, — na, junger Herr, was
wollt Ihr anders? Das ist nur die alte Art. So lange
es Rhodenfelder gibt, — von dem Grafen Hartmuth und
was zu ihm gehört, ist ihnen kein Heil erwachsen, weiß ich."

„Und doch, Vater!" versetzte der Dunkle, in dem
unsere Leser jedoch schon den Grafen Eugen erkannt
haben, in gepreßtem Tone. „Ich weiß nicht, wie das werden soll. Darf ich schweigen, muß ich reden? — Von
mir persönlich will ich kein Wort sagen. Aber wie
kommt's, daß sie nicht spricht? Oder ist es anders, als
ich fürchte? Ist sie unschuldig? Reden mit ihr nach diesem Begegniß kann ich noch —"

Ein kurzer Uebergang.

Ein gewaltiger Druck von Steffen's dürren, eisernen Fingern unterbrach ihn und zwang ihn zugleich bis hart an den Alten heran. „Hinter den Stein, Herr!" flüsterte dieser zugleich. „Es kommt jemand. Ich erkenne ihn noch nicht." —

Eugen war bereits in der Höhlung zwischen zweien der großen Steine verschwunden, der Schäfer lehnte allein an der kalten Wand, vor der er, wie wir schon oben angedeutet, kaum sichtbar sein mochte. Denn der Ankömmling blieb in ziemlicher Nähe stehen und schaute augenscheinlich suchend und prüfend umher, ohne den Greis zu entdecken. — Nach einer Weile sah man ihn die Hand zum Munde erheben, und gleich darauf klang von seinem Platze her der gedämpfte Schrei eines Kauzes.

„Alles recht, es ist Detlef," sprach Steffen vernehmbar. „Hier bin ich; was bringst du, Gesell?"

Der Jäger war mit ein paar mächtigen Schritten heran und gleichfalls im Schatten. „Seid Ihr allein, Steffen?" fragte er, hörbar nur mühsam die rauhe Stimme dämpfend. „Mir war's doch —"

„Kümmere dich nicht darum," unterbrach der Greis ihn ruhig. „Was gibt's?"

„Wir haben heute Nachmittag Besuch erhalten von der Gräfin Schwester und der Sophie Magdalene, weiß nicht, was es gibt. Sie sind zuerst bei dem drinnen gewesen. Dann kam der Herr, die Kleine hat's mit ihm gar eifrig gehabt, und nun soll ich Euch holen. Sie wollen mit Euch reden."

„Die Schiefe und der Eberhard?" fragte jetzt der

Schäfer seinerseits, und Detlef sah die alten, für gewöhnlich so stumpfen Augen sich zugewendet mit einem Glanze, der durch die Dämmerung drang, und in der Stimme war etwas so eigenes, als fühle sich der alte Mann durch diese Botschaft zum ernstlichsten Nachdenken angeregt. — „Das ist kurios," setzte er nach einer Pause hinzu.

„Es geht mancherlei Kurioses vor, glaub' ich," bemerkte der Jäger grämlich. „Als der Herr mit der Hebe zehn Minuten allein gewesen, kam er heraus, sah ganz finster aus, wie ich ihn in Jahren nicht gesehen, und hieß mich kurz, einen Expressen zum Eugen schicken, daß der gleich herüber käme."

„Zu mir?" sprach in diesem Augenblicke der junge Graf, der sich bei den Worten des Jägers aufgerichtet hatte und nun aus seinem Versteck vollends hervortrat. „Und du weißt wirklich nicht, was ich soll?"

Der Jäger war zwar vor der plötzlich auftauchenden Gestalt einen Schritt zurückgewichen, hatte sich jedoch schon bei den ersten Lauten wieder gefaßt und versetzte jetzt rasch: „Na, 's ist um so besser, junger Herr, daß Ihr schon da seid. Sie pressiren nach Euch, wie nach Euch, Vater. Nun kommt heim. 's ist obendrein spöttisch kalt."

Der Greis war aus dem Schatten hervorgetreten und stand, die lange hagere Gestalt ein wenig zusammengesunken, schweigend da, die Augen mit dem uns schon bekannten, starren, abwesenden Blick auf das erhellte Feld hinausrichtend. Plötzlich jedoch zogen sich die Brauen leicht zusammen, durch die harten Züge ging ein flüchtiges

Zucken, so daß sie fast den Ausdruck einer trüben Sorge gewannen, und dann murmelte er kopfschüttelnd vor sich hin: „Hab's kommen sehen, Gott weiß, hab's kommen sehen! Es mußte so sein! — Und doch, da ich nun davor stehe — na, wie der Herr will."

Die beiden Zuhörer hatten diesen, für sie unverständlichen Worten schweigend gelauscht, und erst nach einer Pause fragte Eugen, indem er zugleich dem Wunsche des Jägers folgte, gleichwie der Schäfer aus dem Schatten heraustrat und sich gegen die in der Ferne sichtbar werdenden Häuser des Dorfes zu bewegte: „Also meine Schwester ist auch dort?"

„Ja, junger Herr, sie ist mit der Tante gekommen und sitzt jetzt bei unserem Gaste," lautete die Antwort. „Die beiden Alten werden schon ungeduldig sein, Steffen. Ich habe auch ein paar Leute in den Garten und auf den Lehrsdorfer Weg schicken müssen. 's muß so was von Schwatzerei über unseren Gast gegeben haben."

Seine Bemerkung fand keine Antwort. Der Schäfer hing augenscheinlich noch seinen Gedanken nach.

Rasch schritten sie dem Dorfe zu, und erst als sie fast schon die ersten Häuser erreicht hatten, sprach Steffen leise zu Eugen: „Hier trennen wir uns, junger Herr, 's ist besser, daß man Euch und mich nicht zusammen sieht. Und denkt an das, was ich Euch gesagt. Ihr hörtet eben, was hier der Detlef sagte. Das stimmt. Nehmt Euch vor dem Burschen in Acht. Meine Nachricht ist sicher."

— Damit wandte er sich ab und ging mit seinen großen Schritten, so daß der Jäger ihm kaum zu folgen vermochte, um das Dorf herum, über den Hof und in das Herrenhaus. Vor der Thür stampfte er den Schnee von den Füßen, und als Detlef ihn mit einer Handbewegung gegen die Zimmer des Grafen Eberhard gewiesen, klopfte er an und trat gleich darauf ein. — —

Wir selber treten erst eine gute Viertelstunde später in das uns schon bekannte, stille Arbeits-Cabinet des Grafen und finden diesen selber in der Sophaecke, während Gräfin Hebe auch hier in einem Lehnstuhle ruhte, der ihrem Körper von allen Seiten einen besseren Halt gewährte. Der alte Schäfer stand ihnen noch gegenüber, obgleich er einen Sitz neben sich hatte. Er schien in ungewöhnlicher Aufregung zu sein, ja, es war fast, als sei sein gefurchtes Gesicht ein wenig geröthet, und seine Augen ruhten mit einem halb scheuen, halb fast bittenden Ausdrucke bald auf seinem Herrn, bald auf der Schwester desselben.

„Die gnädige Herrschaft wolle mir das erlassen," sprach er eben in einem gepreßten Tone, der unendlich verschieden war so gut von der Gleichmüthigkeit wie von der Kälte, die wir ihn sonst stets bewahren fanden. „Ich habe dem hohen gräflichen Hause stets gedient und es stets in Ehren gehalten, — bis auf Einen," unterbrach er sich plötzlich finster, „mit dem ich nun freilich nichts zu thun und nichts gemein haben will; und was mir aufgetragen ist, das hab' ich wo möglich gethan. Wenn die gnädige Herrschaft es so befiehlt, so muß ich gehorchen, denn es ist ihr Recht und meine Schuldigkeit. Aber — erlasse die gnädige Herrschaft mir's!"

„Sei vernünftig, Steffen," lautete des Grafen Antwort, „und mache einen Unterschied. Wir verlangen nicht danach aus schlechter Neugier, wir verlangen nicht danach zum Hohne meines alten Vaters, obgleich du es am besten wissen kannst, daß er mir eigentlich nie ein Vater gewesen." — Und während der Schäfer bekräftigend den Kopf neigte, sprach Eberhard im gleichen Tone weiter: „Die da," und er deutete auf die finster darein schauende Hebe — „steht noch freier als ich; es ist nicht davon zu reden —"

„'s ist auch nicht nöthig, denn ich weiß leider Gottes auch davon," fiel Steffen mit dumpfer Stimme ein. Er hatte sich, als wisse er, daß er trotz seines Widerstrebens doch bleiben müsse, auf seinen Sitz niedergelassen, einen einfachen, niedrigen und lehnenlosen Schemel, wie er in den Küchen zu finden ist und in den Hütten der armen Leute, und den Graf Eberhard, der die Weise des Alten kannte, eigens für ihn hatte hereinbringen lassen. Er war nur eines harten Sitzes gewohnt, und er saß ein wenig vornüber geneigt, die Ellbogen auf die Kniee gelegt und die Hände in einander geschlungen. Stock und Hut lagen neben ihm auf dem Boden.

Die Augen der Geschwister begegneten sich mit einem raschen, man hätte sagen mögen: scheuen Blicke, und dann redete der Graf: „Nun gut, alter Freund, so steht's. Da der Vater aber unseren Wünschen sich entzieht, da er überdies uns in unserem Eigenthum beeinträchtigen zu wollen scheint, die Rhobenfelder so gut wie mich; da er das alles nur aus seiner — du kennst das ja — Begierde nach' Besitz und für jemand zu betreiben scheint, den wir für nicht ein Haar breit berechtigter dazu halten können, als irgend einen Anderen von uns, so müssen wir wohl nach Waffen suchen, vor allen Dingen aber nach seinem Rechte fragen, wenn er auch über meine Besitzungen disponiren will. Diese Finte, daß ich aus Angst vor gedrohten Gefahren davon laufen sollte, um den Feinden ein Recht zum Einschreiten gegen mich und meinen Besitz zu geben, ist vergeblich. Ich gehe nicht. Aber wie ich ihn kenne, wird er, da er sich einmal auf dergleichen gesetzt, andere Mittel und Wege suchen, und dem muß ich begegnen können. — Meines Wissens ist der Fall vorgesehen, daß ich ohne Erben bliebe. Aber bestimmte Nachrichten, Documente haben wir darüber nicht, und ich habe bisher auch nie danach gefragt, da es fest steht, daß mein Besitz mein freies Eigenthum, und da ich von meinem Vater keinen Einspruch erwarten konnte. Jetzt aber kommt es auf wirkliche Documente an. Sind sie nie vorhanden gewesen oder nur — nicht mehr vorhanden?"

Der alte Mann hatte während dieser Rede längst wieder alles aus seinem Aeußeren verloren, was auf irgend eine Bewegung hindeutete. Sein Gesicht war wieder einmal so regungslos und erstarrt, als sei es aus Holz geschnitten, und sein Blick kam unter den kaum erhobenen, faltigen Lidern starr und kalt hervor und ging ebenso zu seinem Herrn hinüber.

„Von den Papieren weiß ich nichts," versetzte er, als der Graf schon eine Weile geschwiegen. „Der alte Advocat, der Bohrmann, ist ja schon manches Jahr todt, der müßt's wissen. Aber daß die Sache sich also verhält, ist mir von dem alten Herrn Grafen her bekannt. Und daran —" es zuckte wie ein Blitz durch die kalten, blassen Augen — „daran soll der Hartmuth nichts ändern, ich leid's nicht, so lang' sich meine Zunge noch rühren kann. Die gnädige Herrschaft hat Recht, ich muß also erzählen. — An die aber, das muß ich noch sagen, so der Hartmuth jetzt im Sinne haben mag, an das Kind der Reichsgräfin," setzte der Alte starr wie bisher hinzu, „da darf er nun gar nicht denken; denn es ist nirgends in der Welt Mode, daß Eine, die vielleicht von Gottes und Rechts wegen im Strohkranze an der Kirchthür stehen sollt', vor den ehrlichen Kindern zum Erben käme."

Graf Eberhard richtete sich auf, und selbst Hebe machte eine ungewöhnlich rasche Bewegung.

„Was redest du da?" fragte die Letztere mit einem durchbringenden Blick ihrer braunen Augen auf den Schäfer.

„Die Wahrheit, gnädige Herrschaft," gab der alte Mann kalt zur Antwort. „Zum wenigsten halten wir's noch dafür."

„Von wem weißt du das aber?" fragte sie, und dieses Mal hörbar ungeduldig. Und ohne den ernsten Blick des Bruders zu beachten, fügte sie hinzu: „Ich habe allen Respect vor dir und deinem Wissen, Steffen, aber, nichts für ungut, wenn du dergleichen aus dem Schlosse erfahren konntest, mußte ich auch davon hören."

Der Schäfer nahm keine Notiz von dem spöttischen Tone, in welchem diese Bemerkung laut geworden. „Ich weiß es von dem," sagte er kalt, wie vorhin, „der den französischen Major, oder was er sonst war, in der Nacht der großen Festivität dem hochmüthigen jungen Weibsbilde in ihre Stube nachschleichen sah, darauf dort Wache stand und endlich eintrat, weil er meinte, man habe um Hülfe gerufen. Das scheint aber nicht der Fall gewesen zu sein. Doch das und alles Andere muß sich die gnädige Herrschaft von ihm selber erzählen lassen."

Die beiden Zuhörer horchten auf diese Mittheilung wie im Traum, so wurden sie durch dieselbe bestürzt, und erst nach einer ganzen Weile sprach Hebe, während Graf Eberhard mit gekreuzten Armen finster vor sich hinstarrte, mit leiser Stimme: „Du weißt also auch, was aus dem Franzosen geworden, Vater Steffen?"

Der Schäfer sah langsam auf und den Grafen ruhig an, bevor er erwiderte: „Das wird der Herr Eberhard besser wissen als ich."

Der Genannte schaute überrascht auf. „Ich?" fragte er. „Du irrst, Steffen. Mir ist nichts mehr über den Vicomte zu Ohren gekommen."

Steffen sah ihn noch ein paar Sekunden lang starr an; dann senkten sich die Lider wieder langsam über die Augen, und er versetzte: „Ich glaube der Franzose ist gestorben."

„Ermordet?" riefen die Geschwister zugleich.

„Nein. Man wollte ihm einen ehrlichen Kampf gönnen vor Sonne und Menschen. Allein der Wälsche war wie toll und besessen; er holte Degen aus seinem Zimmer, und sie gingen hinaus in den Park, die Sache sogleich abzumachen. Da haben sie sich geschlagen bis aufs Blut und der Franzose ist unterlegen."

Es war eine lange Stille im Zimmer. Endlich bemerkte Gräfin Hebe leise: „Du redest doch von Eugen?"

„Ja, ich rede von dem jungen Herrn," lautete die Antwort. —

„Also ein Duell! Waren keine Zeugen dabei?" fragte Eberhard wieder nach einer Pause, gleichfalls gedämpft.

„Wie der Herr Graf es nimmt," entgegnete der alte Schäfer kalt. „Sie brachten in jener Nacht die Ladung Munition durch den Park, und — ein paar ihrer Posten trafen mit den Beiden zusammen. Der Franzose hat dann abbrechen und sie anzeigen wollen, glaub' ich, oder wie es sonst gewesen ist; der Eugen litt das aber nicht. Genug, sie schlugen sich weiter, bis er fiel. Darauf haben ihn die Leute auf die Seite gebracht." —

„Und du weißt es nicht, ob er todt?" fragte Eberhard auch jetzt wieder erst nach einem längeren Schweigen.

„Nein, ich weiß es nicht, und der junge Herr auch nicht. Wir haben niemand von denen im Busch seitdem gesehen und nichts davon gehört, — denn wozu?" — Aber glauben thun wir's," versetzte Steffen kalt. —

„Nun gut," sprach der Graf nach einer Pause wieder mit seinem gewöhnlichen ruhigen Ernst. „Ich erwarte Eugen heute Abend noch —"

„Er ist schon drinnen," fiel Steffen ein. „Er war bei mir, als Detlef mich rief, und ist mitgekommen."

Die Geschwister sahen zuerst einander, dann den Alten mit gedankenschweren Blicken an, und endlich sagte Eberhard: „Desto besser! Nun laß uns aber zu deinem Bericht kommen, Steffen, denn wir müssen hierin klar sehen.

Und was du auch zu sagen haſt — ſchone niemand und beſchuldige niemand ohne Beweis. Wir brauchen die ganze Wahrheit."

Der Greis ſchaute unter den ſchweren Augenlidern hervor auf den Grafen mit einem ruhig ernſten Blicke, in welchem faſt etwas wie ein Vorwurf zu liegen ſchien.

„Ich bin von je her ein treuer und ehrlicher Diener des hohen Hauſes geweſen," ſprach er; „was mir aufgetragen ward, hab' ich auch, wenn's menſchenmöglich, ſtets gethan. An der Wahrheit aber hab' ich nie gerüttelt, gegen den Herrn, unſern Gott, rege ich weder Hand noch Zunge. Die Herrſchaft hat es gewollt, die Herrſchaft wird es hören. Ich kann nichts davon, ich kann nichts dazu thun."

Und ohne in ſeiner Stellung etwas zu ändern, ohne ſeine Stimme zu erheben, begann er die Erzählung.

Achtzehntes Kapitel.

Aus dem alten Jahrhundert.

Und haben wir das all durchlebt,
Durchwandert und durchrungen,
So dicht verworren und verwebt,
Mit Kontra viel durchschlungen
Und Dorngeflechten scharf und spitz?
Sind wir durch Kunst und Mutterwitz
Durch oder drüber gesprungen?
E. M. Arndt.

„Die gnädige Herrschaft muß nicht ungeduldig werden, wenn ich von mir selber anhebe," fing Steffen an. „Das gehört dazu. Ich muß zeigen, wie ich zu all diesen Dingen gekommen bin, die über das, was sonst ein leibeigener Mann hörte und sah, weit hinausgehen. Es ist auch so lange her, daß nur Wenige noch leben, die überhaupt davon wissen könnten, und auch die wissen nichts Rechtes. Es war Diesem und Jenem darum zu thun, daß all diese alten Geschichten vorüber wären und vergessen, wie die Jahre, da sie passirten, und ich selber that den Mund darüber auch nicht auf. So mag mich Mancher, und die gnädige Herrschaft hier auch, wohl gut genug kennen, aber was Rechtes weiß niemand von mir.

„Ich bin als ein Nieder-Rhodaer Kind geboren, obschon die Schütze eigentlich und von Alters in Dreiheiligen zu Hause gewesen. Der damals regierende Graf hat vor nunmehr hundert und mehr Jahren einmal mit dem alten General Steinheim gewürfelt und ihm dabei meines Großvaters Vater und ein paar andere Häusler abgewonnen und nach Nieder-Rhoda verpflanzt, wo derzeit nach dem Kriege manche Häusungen leer gestanden. Und weil mein Großvater und auch mein Vater anstellige Männer gewesen, so haben sie nicht zu Feld und Hofe dienen müssen, wie ihres Gleichen, sondern sind meistens in den Ställen und im Garten gebraucht worden, und mein Vater, den der alte Herr Eberhard Günther gut hat leiden können, ist endlich richtiger Gärtner gewesen, hat mit seinem Grafen reisen und sehen und ihm endlich helfen müssen bei all den neuen Anlagen im Parke. Der Herr hat nichts ohne ihn gethan; wo er draußen gewesen, hat mein Vater immer mit ihm sein müssen; oft und oft hat der Herr bei uns in dem Gärtnerhause gesessen und die Pläne und Risse studirt, und mich hat er ganz ins Schloß und zu den beiden jungen Grafen genommen, dem Hartmuth und dem Günther; ich war wenig über ein Jahr jünger als sie — es waren Zwillinge, nur daß der Hartmuth eine halbe Stunde älter als der Günther — und mußt' nun stets mit ihnen sein, hatte gar den Unterricht mit ihnen und die Uebungen im Reiten und Fechten, und was sonst sich für solche Herren schickt; und Kost und Kleidung, das hatt' ich alles im Schlosse.

„Mein Vater hat's nicht gern gesehen; ich sehe jetzt,

wohin ich nicht gehöre, und müsse nachher zu weit herunter, hat er gemeint. Und ich selber war auch nicht sehr dafür. Ein fester Reiter bin ich geworden, und mit dem Fleuret, mit Pistole und Büchse lernte ich leicht umgehen, allein die Wissenschaften haben mir wenig in den Kopf gewollt; ich ging lieber, wo ich fort konnte, in die Ställe und aufs Feld, in den Wald, und bei dem alten Schäfer, wenn er mich duldete, blieb ich Tage und Nächte lang draußen. Doch hielt ich mit den beiden jungen Herren noch immer treulich zusammen, mit dem einen, wie mit dem anderen, denn auch der Hartmuth war dazumal noch brav, wenn auch zu Zeiten etwas rechthaberisch und herrisch und bei Gelegenheit ein wenig auf den Besitz aus. Er theilte nicht gern mit uns, seinem Bruder und mir, aber wir haben Beide nicht viel daraus gemacht, sondern nur wohl einmal darüber gelacht.

"Anno 1748 starb die Gräfin; das war eine Frau nach dem Herzen Gottes, und ihr Tod ist für Alt und Jung, für Mann und Kinder und Unterthanen ein erschreckliches Unglück gewesen. Wäre sie am Leben geblieben, so möchte all das spätere Unheil nicht geschehen sein. Sie war eine sanfte und gütige Frau, aber wo es Recht und Ehre galt, war sie von Eisen und Stahl, niemand hielt Stand vor ihrem strafenden Blick, und die Knaben, die mit ihren zwölf Jahren gerade im obstinatesten Alter, waren in ihren Händen wie Wachs, und was die Liebe nicht that, that der Respect. — Nun war sie todt, und die jungen Herren gingen ein oder zwei Jahre später auf die hohe Schule mit ihrem Hofmeister, der erst nach der

Gräfin Tobe eingetreten, weil unser alter die damals er-
ledigte Pfarre in Ober-Rhoda erhalten. Der neue war
ein feiner und sauberer Herr, ein Magister Zeuning, ein
Sachs, der dem Herrn Grafen durch einen berühmten
Professor in Leipzig, glaub' ich, sehr empfohlen worden.

„Weiter weiß ich nichts von ihm, denn mit dem ge-
meinsamen Unterricht hatte es derzeit schon so gut wie
ganz aufgehört, und als davon die Rede war, daß ich mit
den jungen Herren als eine Art Diener reisen und ganz
bei ihnen bleiben sollte, gab man das bald wieder auf,
da man sah, daß ich dazu ganz und gar nicht gemacht
und andere Dinge im Kopfe hatte. Der Graf hatte schon
ein paar Jahre zuvor Dreiheiligen und alle Steinheim'schen
Güter gekauft und seitdem, wie er denn ein praktischer
Herr, der das Seine zu Rath zu halten und zu nutzen
wußte, darauf gesonnen, wie er das viele wüste Land
einträglich machen könne. Da kam er denn auf die Schaf-
zucht und wollte sie verbessern und ins Große treiben,
und als ich davon erfuhr, ließ ich nicht nach, bis ich ganz
zu unserm alten Schäfer als Junge kam und alles, was
zu solchem Geschäft gehört, aus dem Fundament lernen
durfte.

„Der Herr Graf und die Junker, die Dienerschaft
und mein Vater haben alle die Köpfe geschüttelt über
solche Neigung und Verlangen, die Schäfer standen dazumal hier in gar keinem guten Ansehn. Allein ich konnte
nicht anders; es war, als ob mich was an den Haaren
gerade zu solchem Geschäft und solcher Lebensart zöge.
Und da man nun einmal meine Lust und meinen Eifer

fah, war's dem Grafen auch recht; er ließ meiner Neigung Raum, ja, die erste kleine Herde von der besseren Landrace, wie sie dazumal schon in Sachsen zu finden, habe ich mit her holen dürfen und ganz unter meine Aufsicht gekriegt. Als es damit nicht ging, mußt' ich in die Lüneburger Heide und uns von den ächten Heidschnucken holen, und dann ging es so weiter, bis mich der Herr nach Dreiheiligen hinüber und über all die Herden setzte. Das war, als der siebenjährige Krieg anfing, und ich war justement neunzehn Jahre.

„Nun weiß die gnädige Herrschaft das alles, wie und weßhalb ich ein Schäfer ward und blieb, wie ich mit den jungen Herren zusammen gekommen und ihnen auch hernach noch näher stand, als es sonst für einen Menschen meines Standes gewöhnlich, und endlich, weßhalb Graf Eberhard Günther die alten Steinheim'schen Güter immer für sich behalten und von einem Abtreten derselben an den Hartmuth nichts wissen wollte. Er hatte hier zu viel in Gang gebracht und zu viel Geld hineingesteckt, das er nicht alles wieder zu Grunde gehen sehen wollte. Er wußte nämlich gar gut, daß der Hartmuth so wenig wie der Günther den rechten Sinn und Geist für solche Dinge hätten, wie sie in jenen Jahren auf den Feldern, im Walde, in der Heide versucht wurden. Er selbst war immer hinterher und wohnte Jahr und Tag ganz und gar in diesem alten Hause. Das that er freilich auch, um näher bei dem Bau und der Einrichtung von Rhobenselbe zu sein, die damals schon begonnen hatten.

„Die beiden jungen Grafen waren, als der Krieg

anfing, von dem wir hier aber wenig spürten, einer nach dem anderen von ihren Reisen zurückgekommen, und wie das schon seltsam genug bei den Brüdern und Zwillingen, so hatte sich auch daheim alsbald gezeigt, daß sie zusammen nicht mehr gut thaten. Was eigentlich zwischen sie getreten, hab' ich nicht erfahren; der Hartmuth sah mich in seinem Stolz nicht mehr für voll an, und der Günther wollte nicht darüber reden, aus Schonung gegen seinen Bruder, sagte er. Doch wird es wohl von einem Frauenzimmer hergekommen sein, vielleicht von der Dame, die der Günther, gleich nachdem Rhobenfelde bewohnbar geworden, sich aus dem Reiche zur Frau heimholte. Und es muß was Arges gewesen sein, das sie so verfeindete, denn es brachte auch den alten Grafen von dem Hartmuth fort, so daß er einmal — die beiden Söhne waren schon verheirathet — in der Heide bei den Teufelsbergen, wo ich damals bereits mein Hauptquartier und er mich getroffen hatte, seufzend zu mir sagte: „Ich weiß nicht, was ich drum gäbe, wenn der Günther nur um eine Stunde älter wäre. Es stände für jetzt und immer besser um Land und Leute.". —

„Er behielt den Hartmuth auch nicht bei sich in Nieder-Rhoda, sondern ließ ihn zuerst in Ober-Rhoda hausen und gab ihm dann, als er die Steinheimin heirathete, Lohnshof. Das brachte auch wieder böses Blut, denn der Hartmuth hatte es gar nicht anders für möglich gehalten, als daß der Vater ihm jetzt die Güter abtreten würde, die bis vor Kurzem den Vorfahren seiner Frau gehört hatten, und er sah's wie einen Raub an seinem

Eigenthum an, daß der alte Herr den Grund und Boden, den er dem zweiten Sohne mit Rhobenselbe und den anderen dahin gehörigen Gütern abtrat, von dem Steinheim'schen Besitz abgenommen. So oder so, ganz Unrecht mocht' er nicht haben, wenn er sich beeinträchtigt fand; denn wie ich mir habe sagen lassen, waren bisher die Kinder mit Ausnahme des ältesten stets und alle gar sparsam abgefunden worden. Und endlich kam zu allem Anderen dann noch das persönliche Wesen zwischen den beiden Brüdern, was es auch zuerst gewesen sein mag. Der Hartmuth haßte seinen Bruder, obschon er's nicht gerade merken ließ, und der Günther traute des Anderen Freundlichkeit nicht.

„So schleppte sich das hin, Jahr aus und ein; sie lebten nicht schlechter mit einander, sondern eher einmal anscheinend etwas besser und einträchtiger, besonders wenn der Hartmuth hin und wider von einer seiner vielen Reisen zurückkam — er war dazumal wenig daheim — und doch wohl zuweilen das alte Verlangen nach den Seinen, zumal nach dem einzigen Bruder fühlen mochte. Ich muß noch einmal sagen, daß ich nicht weiß, was zwischen den Beiden vorgegangen, daß es aber was Arges gewesen sein muß, da es sonst selbst den Hartmuth nicht so ganz hätte umkehren können. Ein etwas seltsamer Heiliger ist er immerdar gewesen, von Herzen aber wirklich ein braver Mensch und gar nicht so schlimm, wie er sich zuweilen zu geberden liebte, und für den Bruder wäre er derzeit durchs Feuer gegangen. Und das war nun alles hin. Wie er nun auch noch hier und da that, und wie es ihm zuweilen auch noch von Herzen ging, es wurde nicht wieder wie vorhem, die Regung hielt nicht vor, oder — man ließ ihn nicht dabei beharren. —

„Denn ich muß es der gnädigen Herrschaft nur rund heraus sagen," unterbrach sich der alte Mann und erhob den schweren Blick zu seinen beiden aufmerksamen Zuhörern, — „alles, was nachher geschehen und was es auch gegeben, — ich glaube, daß der Hartmuth auf das Erste dazu nicht durch sich selbst gekommen ist, sondern durch Andere. Und das ist der schleichende wälsche Schuft, der Pierre, den er gleich bei seiner ersten Rückkehr mitbrachte; und das ist der Magister Zeuning, der so um die Mitte der Sechziger mit einem Male wieder da war und in Lohnshof blieb, es hieß als Hofmeister für den jungen Grafen. Allein Ihr waret dazumal erst zwei oder drei Jahre alt, Herr Graf," setzte Steffen gegen Eberhard gewendet hinzu.

Der Angeredete nickte finster vor sich hin. „Du hast Recht, Steffen," sagte er. „Der Zeuning war da, so lange ich zu denken weiß. Nachher muß er aber mit meinem siebten, achten Jahre fortgekommen sein, denn ich erinnere mich seiner überhaupt wenig und als Lehrers gar nicht."

„Ganz recht," meinte der Greis. „Als der Hartmuth von Lohnshof nach Nieder-Rhoda zog und aufs neue heirathete, kam er fort und blieb auch fort, bis — doch das kommt auch noch," brach er ab. „Jetzt will ich fortfahren.

„Ich hörte von all diesen Dingen dazumal nur wenig und nebenher," sprach er weiter, „denn zu mir in die

Heide hinaus kamen nicht viele von meinen Freunden und Bekannten, und wenn ich zur Winterszeit daheim war, hatt' ich mit anderen Dingen den Kopf voll genug und sah von der Herrschaft noch weniger jemand, als im Sommer. Der alte Herr wohnte wieder in Nieder-Rhoda, die beiden jungen Grafen hatten hier nichts zu suchen, und nur wenn der Herr Graf Günther einmal nach den Waldhunden auszog, die damals noch von Zeit zu Zeit im Winter über die Grenze in die Heide streiften, sah ich ihn wohl vorbeiziehen oder wechselte auch, wenn es sich so traf, ein paar Worte mit ihm. Mehr sah ich von den Beiden noch in der guten Jahreszeit, wo sie häufig in der Heide jagten und hetzten, und der Günther suchte mich dann fast immer auf, um ein wenig mit mir zu plaudern. Hartmuth machte es zuweilen eben so, aber seltener, und meistens kam es zu nichts mehr als: „Wie geht's? Wie steht's? Guten Weg und gute Zeit!" — denn er hielt gar sehr auf seinen Stand und Rang; ich war ihm längst nicht mehr etwas Anderes, als die Anderen, und überdies war er, wo ich ihn sah, stets stolz oder finster und tief in Gedanken. Ueber einander redeten die Beiden jedoch zu mir niemals.

„So hatte sich das alles Jahr auf Jahr in der alten Weise und in einer Art von Ruhe und Stille fortgezogen, und wir waren im Jahre 69, im Herbst. Es war eine trübe Zeit für mich, mein Weib war kurz vorher an unserem jüngsten Mädchen gestorben und das Kind war ihr gefolgt. Ich war über die Maßen betrübt, denn ich hatte nun nichts mehr, als meine Aelteste, ein schwächlich

Kind, zu beffen Leben ich auch keinen Muth mehr faffen mochte, es lag noch obendrein damals fterbenskrank und ich erwartete von Tag zu Tag auch seinen Tod zu hören. Mir war's, als hab' ich nun umsonst gearbeitet und gedient, und all das Glück umsonst gehabt. Denn es war mir sonst gut gegangen. Der alte Herr war sehr mit mir zufrieden, die Herden gediehen und warfen auch mir einen schönen Gewinnst ab, so daß ich mir, mit Erlaubniß des Herrn, drüben in Krewitz den freien Hof gekauft hatte. Und noch mehr, als ich mit dem Grafen Eberhard Günther darüber geredet, hatte er gesagt: „Gut, Steffen, das mag sein, und ich freue mich deines Wohlergehens. Damit es aber auch recht wird und du siehst, wie gut ich's mit dir meine, will ich für dich und die Deinen einen Freibrief besorgen."

„Aber gnädiger Herr," hatt' ich geantwortet, „wollt Ihr mich denn nicht mehr im Dienst behalten? Ich dachte auf der Heide zu leben und zu sterben." — „Das soll alles bleiben wie bisher," sprach er darauf, und er sah ernst aus und voll Sorgen; „ich würde dich ungern verlieren, denn du verstehst deine Sache und bist mir lieb von Alters her, da du noch bei meinen Knaben, und jetzt. Und darum will ich sorgen, daß es dir auch nach mir noch gut geht, wo ich nicht mehr zum Rechten sehen kann. Wenn du deinen Freibrief hast, kannst du bleiben oder gehen, und niemand darf dich schädigen. Aber halt den Mund und rede nicht davon."

„So hatte er geredet, und als ich den Brief kriegte, lag mein Weib schon in den letzten Zügen, und der alte

Herr hatte eben den ersten der schweren Anfälle gehabt, die ihn kaum ein Jahr später in die Grube brachten. Allein er hatte in aller Leibesschwachheit an mich gedacht und die Uebersendung des Briefes befohlen. Nun war ich freilich ein freier Mann, und mein Kind war auch frei, ich konnte, wenn ich wollte, als Bauer und Herr auf meinem Eigenen wohnen. Aber was half mir das alles? Mein Kind war todtkrank, sagt' ich schon, und für mich selber war mir's egal, ich dachte nicht daran, aus meinem Dienst zu gehen.

„So stand's um mich her, als ich eines Tages, es war zum Anfang September und ein rauher Tag, auf meinem alten Platze bei den Teufelsbergen saß, ich weiß nicht mehr, bei was für einer Arbeit. Denn wie gesagt, hatte ich damals schon dort mein Hauptquartier und blieb am liebsten für mich mit der Herde, die ich mir extra vorbehalten. Zu den Knechten kam ich nur alle zwei Tage einmal herum.

„Da saß ich, und das Herz war mir schwer und der Kopf voll trüber Gedanken. Ich dachte an die Todten und an die, so ihnen bald folgen möchten. Sehen konnt' ich das derzeit noch nicht. — Der alte Wilm, der Reitknecht des Herrn Grafen, der mir den Brief gebracht, hatte gemeint, es gehe wohl zu Ende, und wie ich mir nun so überdachte, was es für ein großer und reicher und doch auch so grundbraver Herr gewesen, der eben so viel Schlimmes und Schweres zu ertragen hatte, wie irgend Einer von uns armen Leuten, ja, mehr; was er noch alles im Kopfe gehabt, das auszuführen zum Besten von Land und Leuten, und was für Pläne er mit sich herumgetragen, damit nach seinem Tode zwischen den Seinigen alles in einigem Frieden bleibe — er hatte zu mir gerade das letzte Mal, da wir uns sahen und da er mir den Brief versprach, mancherlei Geheimes geredet, denn er hatte Vertrauen zu mir — wie ich mir das alles so überschlug, sag' ich, da war's mir mit einem Male, als hört' ich meinen Namen rufen in recht barschem Tone, vom Eingang zu dem Brink her. Denn ich saß beim Born.

„Es war so laut, daß ich Antwort gab: „Hier bin ich!" — und als darauf alles still blieb, auch aufstand und hinausging, um mich nach dem Rufer umzusehen. Allein, wie ich auch spähte und lauschte, es war keine Menschenseele weit und breit, und so kehrt' ich denn zurück mit nicht leichterem Herzen und zündete mir ein Feuer an, um mein Abendbrod zu rüsten, denn es dämmerte schon. Und ich meinte nun, das müßten die Gedanken von Einem gewesen sein, der gerade viel mit mir zu thun habe. Mein Vater hatte die Gabe, so etwas zu Zeiten zu hören, und sie war, wie ich wußte, bei ihm auch erst in den Jahren wie meine damaligen, d. h. in den dreißigern, kund geworden. Das war mir denn auch nicht zuwider, dieweil's doch eine Gabe von unserem Herrgott. Aber mir ging nur die Frage im Kopf herum, wer der Rufer gewesen. Die Stimme hatte fast geklungen, wie die des Grafen Hartmuth, aber was der mit mir zu thun haben möchte, das verstand ich nicht."

Nach einer Pause fuhr der alte Schäfer fort:

„Es war wohl eine halbe Stunde vergangen, meine

Milch fing an zu kochen, und der Abend kam immer tiefer herab, da schlugen meine beiden Hunde draußen an und machten einen wüthenden Spectakel, und dazwischen klang ein drohender Ruf oder Fluch von einer Männerstimme, so daß ich den Topf vom Feuer zog und hinaus eilte, zumal jetzt auch mein eigener Name barsch genug gerufen wurde, und es klang genau so, wie vorhin. Und als ich draußen war, sah ich zwei Reiter — es war richtig Graf Hartmuth mit seinem wälschen Kammerdiener neben sich; er befahl mir, die Hunde zur Ruh' zu bringen, stieg dann ab, das Pferd dem Diener gebend, kam zu mir und sagte zornig: „Ich will mir denn doch in Zukunft einen anderen Empfang ausgebeten haben. Ihr sollt euren Herrn schon noch erkennen lernen!" —

„Nun, ich wußte damals so gut wie jetzt, daß so von den Hunden angefahren zu werden, den ruhigsten Mann verdrießlich machen kann; ich schwieg daher, und da er hinzusetzte: „Ich habe mit dir zu reden!" — ging ich ihm voran in den Brink und zum Feuer. Da stellt, er sich hin und wärmte seine Hände, denn es war kalt, sagt' ich, und die Handschuh' hielt er abgezogen in der Hand und guckte finster in die Glut, ohne ein Wort. Und ich sah ihn mir von der Seite an und dachte: Na, was wird das werden? — Ich hatte ihn lange nicht gesehen, da er damals gerade viel fort war, und man redete schon von seiner zweiten Heirath mit einer Prinzessin, wie's ja auch bald nachher kam.

„Mit einem Male hebt er den Kopf und die Augen, daß sie mich düster anblitzen, und spricht: „Ich bin vor-

gestern erst heim gekommen und hab' von des Vaters
Zufall gehört. Er ist sehr krank, glaub' ich, denn er
kannte mich nicht." — „Ich hörte auch so, Herr Graf,"
sag' ich dagegen. Bei Namen, wie vordem, hieß ich ihn
längst nicht mehr. — „Leicht möglich, er stirbt, Steffen,"
fährt er fort. — „Der Herrgott wird's gnädig fügen,
Herr Graf," versetz' ich. Mir wurde wunderlich bei diesem Gespräch, von dem ich noch immer nicht faßte, wo's
damit hinaus wollte.

„Und wenn er stirbt ohne Bewußtsein," fängt er
wieder an, „wie soll das werden? Er hat so viel verän-
bert und noch so viel vor, das er alles allein und auf
seinen Kopf hin besorgt, ohne die Seinen zu fragen, ohne
sich mit ihnen zu verständigen, und von Manchem weiß
ich gar nicht einmal. Ich bin seither viel fort gewesen,
und du weißt, Steffen, der Alte hat in den letzten Jahren
immer weniger mit mir geredet über das, was er im Sinne
hat. Ich weiß von nichts und erfahre auch nichts. Und
das wäre doch mehr als nöthig, denn leider Gott's, —
so sehr ich meinen Vater auch ehre und liebe, muß das
gesagt sein — denn leider Gott's ist der alte Herr bei
manchem, was er gethan und was er vor hatte, nicht
mehr recht freien Geistes und Willens gewesen. Und so
sehr ich ihn auch ehre, mit allem kann ich mich nicht ein-
verstanden erklären, besonders da ich, wie schon gesagt,
gar nicht einmal weiß, was und wie alles ist, ob's nur
mündlich bestimmt ist, wie er's vor mir aussprach, wenn
er hier oder da sagte: das soll so oder so sein! — oder
ob's schriftlich und gerichtlich gemacht ist, und wie die

Documente lauten und wo sie liegen. Siehst du, das ist bös für mich," fährt er fort, und er sprach so human, wie ich's noch nie gehört; „der alte Herr hat nicht gut an mir gehandelt, der ich doch sein ältester Sohn und rechter Erbe, und hat mich verkürzt. Das mag jedoch sein, denn er ist Vater; aber zu allem sag' ich nicht Ja, um meiner Ehre und meiner Kinder willen thu' ich's nicht, und weiter lasse ich mich auch nicht über's Ohr hauen, — sie sollen mir nicht noch mehr stehlen. Und da komm' ich zu dir. Du weißt davon mehr als die Anderen, Steffen. Der Alte hat mit dir über die Steinheim'schen Güter geredet —"

„Mit mir?" frage ich ganz bestürzt, denn im Ganzen war es freilich richtig, und hatte der Herr Graf zu mir über diese Dinge gesprochen, als er einmal im Frühling bei mir in der Heide gewesen. Allein was Genaues war es dennoch natürlich keineswegs, und endlich — wie konnte der Hartmuth davon wissen, da wir dazumal ganz allein bei dem sogenannten Kielenbusch gewesen waren? —

„Ja, mit dir, Steffen," sagt er fest und guckt mich scharf an; „leugne es nicht, denn ich weiß es, und ich denke, es wird für mich und dich am besten sein, wenn wir uns daran erinnern, daß du mit mir aufgezogen bist. Daß du deinen alten Spielkameraden und baldigen Herrn noch lieb hast, glaub' ich, und wenn du deine Schuldigkeit thust und mir treulich dienst, soll es dein Schade nicht sein. Ich kann schon jetzt viel für dich thun und später noch mehr. Du bist da nicht auf der rechten Stelle mit deinem gewitzten Kopf, sondern zu ganz etwas Anderem berufen, als da in der Heide zu sitzen und bei den Schafen."

„Da er darauf schweigt und mich anschaut, als ob er eine Antwort erwartet, mein' ich endlich: „Ich bin des hohen Hauses getreuer Knecht allerwegen, Herr Graf, und thu' Euch und den Euren zu Lieb', was ich geringer Mann vermag. Aber aus der Heide verlange ich nicht fort, denn hier ist mein Platz und Geschäft, und ich begehr' mir nichts Besseres." — Ich darf's der gnädigen Herrschaft aber wohl sagen, es ward mir je länger, desto unheimlicher bei diesem Reden, denn was wollt' er mit mir?

„Fängt er wieder an. „Hör' an," sagt er, „und hör' gut zu. Du weißt, wie es bei denen von Rhoda steht. Der Aelteste kriegt Grund und Boden und Vermögen, die Anderen werden nach dem Familiengesetz mit einer Summe abgefunden, deren Höhe sich nach dem Stande des Vermögens richtet. Nun hat mein Vater die Steinheim'schen Güter gekauft, die also freilich nicht zu der alten Grafschaft gehören, die aber eben so gut mit meinem wie mit Günther's dereinstigem Vermögen erstanden sind und daher so gut an ihn wie an mich fallen müssen. Ich sage also auch nichts weiter darüber, daß der Vater ihm Rhodenfelde erbaut und ihm den ganzen dortigen Besitz eingeräumt, obgleich dabei auch alt Rhoda'sches Eigenthum, und obgleich man es bisher immer so gehalten, daß neue Erwerbungen zu der Grafschaft geschlagen wurden. Dadurch sind wir reich geworden und angesehen. Nun aber heißt es auch, daß er mir hier Dreiheiligen und Unterwied entziehen will, wie er sie mir bisher vorenthalten, obschon ich diejenige geheirathet und von derjenigen meine Kinder habe, die, wenn die Steinheim vernünftig gewirthschaftet, den ganzen Besitz mir zugebracht haben würde. Das kann ich nicht zugeben, Steffen, und das geb' ich nicht zu. Ist's noch nicht abgemacht, so mußt auch du mir helfen, daß nichts draus wird, selbst wenn der Vater wieder aufkommt; er gibt viel auf deinen Rath. Ist's aber schon bestimmt, so stoß' ich's um, so oder so, und soll' ich die Papiere stehlen und vernichten lassen, und müßt' ich Mann gegen Mann stehen, gegen Vater und Bruder. Und darum komm' ich nun zu dir, du sollst mir helfen. Vergiß es nicht, Steffen, dein Herr bleib' ich so oder so, du bist ein Rieder-Rhobaer Kind und mein Eigener." — Und wie er das sagte, sah er mich an mit ein paar gar bösen Augen; ich hatte sie weder an ihm noch an sonst jemand bisher so gesehen, und es konnte Einem bei dem Blick gruseln.

„Dazu kam's bei mir freilich nicht, denn schreckhaft bin ich niemals gewesen. Aber ich segnete doch in dem Augenblick den Freibrief des alten Herrn, der mich nun sicherte für alle Zeit, und leugnen will ich's auch nicht, daß die Art und Weise, wie er vor mir seine Trümpfe ausspielte und mich mit Schreck und Drohung zum Unrecht verführen wollte, — daß mir die ganz und gar nicht gefiel, sag' ich.

„Und so sprach ich: „Herr Graf, von dem, was Ihr mich fragt, weiß ich nichts, als daß der gnädige Herr Vater Dreiheiligen und das Andere, was dahin gehört, wohl allerdings nicht zu der alten Grafschaft schlagen wird. Das hat er mich merken lassen, als er das letzte Mal dagewesen, aber mehr hat er nicht gesagt, und wie ich Euch helfen könnte, selbst wenn ich's dürfte gegen Denjenigen, der Euer Herr und der meine — das capir' ich nicht. Was kann ich von hier aus thun?"

„Du steckst mit allen denen zusammen," versetzte er. „Sie wissen's gut, wie viel mein Vater auf dich gibt und wie genau du ihn kennst. Wenn du ihnen mein Recht vorstellst und sagst, wie's wahr ist, daß es mit des Alten Kopf schon längst nicht mehr im rechten Stande, und den Muth hast, das zu behaupten und zu beschwören, wenn Zeit und Gelegenheit dazu da, so wird alles recht sein. Mit dem Bohrmann ist freilich nichts zu machen, aber der Rentmeister thut, was du willst, und schafft dir Einsicht in die Papiere. Siehst du, Steffen," setzte er hinzu und sah dabei wieder sanftmüthiger aus, „ich selber kann da wenig thun; ich kann jetzt nicht in diesen Dingen handeln, das mußt du begreifen, kann nicht einmal gut nach Nieder-Rhoda hinüber. Aber bei dir ist's damit etwas Anderes. Dich mögen sie alle und du darfst schon nachfragen, wie es meinem Vater geht, und dabei kannst du alles erfahren. Du bist mein Jugendfreund, ich hab' dich immer gern gehabt, und wenn du mir hier hilfst, soll es dein Schade nicht sein, — ich will dich groß machen über Viele. Anderen Falls aber — nun, du weißt!"

„Was er eigentlich von mir wollte und was ich sollte, verstand ich zwar noch immer nicht, aber Zweierlei wurde mir klar: zuerst, daß er schon allerlei Versuche gemacht und allerlei Widerstand erfahren haben mußte, und zum zweiten, daß es mit dem alten Herrn nicht mehr so schlecht stehe, sondern daß derselbe wieder auf sein mochte. — Ich fand es aber gar arg, was er mir zumuthete. Er selber hatte mir nie was Gutes gethan, freilich auch noch nichts Böses; er wußte, daß ich es von je her mehr mit seinem Bruder gehalten, als mit ihm, und daß ich dann von seinem Vater Wohlthaten über Wohlthaten genossen und des größten Vertrauens gewürdigt war. Das sollt' ich nun alles hintenansetzen für seine Verheißungen, die man schon dazumal als meist leere kannte, und für seine Drohungen, die mich nicht mehr trafen. Und zu allem Anderen wußt' ich auch, daß sein Vater und Bruder ihm gar nicht übel wollten, daß der Erstere es im Gegentheil so gut wie möglich mit ihm meinte und sogar mehrmals dem Sohne nicht nur für seinen Bruder, sondern auch überhaupt väterlich zugeredet.

„Denn kurz und gut, gnädige Herrschaft, der Hartmuth hatte in diesen Jahren auf seinem Lohnshof so gewirthschaftet mit Prunk und Luxus aller Art, daß dem alten Herrn wohl um seine Grafschaft bange werden konnte. Ich wußt' es von dem Rentmeister, daß der Herr schon ein paarmal die Schulden des Sohnes hatte decken müssen, und ich wußt' es eben daher, daß er seit dem letzten Male und vollends seit die Heirath mit der Prinzessin zur Sprache gekommen, immer sorgenvoller an die Zukunft und immer ernstlicher an einen rechten Halt und Schirm für seine übrigen Nachkommen dachte. Ja, er hatte selber mit mir darüber geredet, denn er hatte Vertrauen zu mir, wiederhol' ich, und kannte mich als rechten, treuen Freund seiner Söhne und all der Ihren. „Siehst du," hatte er dazumal gesagt, „verkaufen kann er zwar die alten Güter nicht, die müssen beim Hause bleiben. Aber er kann sie so überschulden, wie es bei denen und denen der Fall, daß er nicht das nackte Leben von ihnen hat. Und das wäre mir für ihn egal — laß ihn's treiben mit seiner Prinzessin, wie er mag und kann; was geht's mich an? Aber die beiden armen Kinder, der Eberhard und die Sophie, die muß ich sichern, und siehst du, Steffen, so will ich den Beiden ihr altes mütterliches Gut zuschreiben lassen. Sie sollen Dreiheiligen und Unterwiel haben und was dazu gehört, sie für sich allein, der Eberhard kann die Schwester ausbezahlen, oder mit ihr theilen, oder wie ich's noch bestimme. Aber der Hartmuth soll nichts darein zu reden haben, nichts; dann mag er's treiben wie er will mit seiner Prinzeß, ich kann meine Augen in Frieden schließen."

„Die gnädige Herrschaft hat den alten Herrn so nicht mehr gekannt," unterbrach der Schäfer seinen Bericht, „denn selbst Ihr, Herr Graf, waret bei seinem Tode ja noch ein Kind, das so etwas nicht erfährt. Aber er hätt's verdient, denn es war, wenn auch wie wir alle ein sündiger Mensch, doch ein rechter Mann, ein guter Gebieter, ein stolzer Graf und ein großer Herr bis in die Nagelspitzen. Der war nicht hochmüthig und nicht verächtlich gegen die unter ihm, sondern freundlich, umgänglich und civil gegen Hoch und Gering. Er wußt' es genau, was er war und was ihm zukam, er hielt streng und stolz auf

Ehre und Ansehen seines Hauses, aber er wollte auch nicht über seinen Stand hinaus, und das mit der Prinzeß war in seinen Augen keine Ehre, sondern ein Unglück. „Die Rhoda sind die Rhoda," pflegt' er zu sagen, „sie stehen wie sie stehen. Sie heben niemand zu sich herauf, der nicht zu ihnen gehört, aber sie sollten auch keinen aufnehmen, der hinterdrein auf sie herabschauen möchte. Unser Blut braucht keine fürstliche Mischung, es ist für uns schon gut genug, und wir wollen nicht weiter, als uns gegeben ist." —

„Nun gut, so war's, und an das dacht' ich alles, da Graf Hartmuth so auf mich einredete und drohte, und als er noch einmal angefangen, schier mit den gleichen Worten und Weisen, da hielt ich's nachgerade für recht, ihm reinen Wein einzuschenken über alles, und ich sprach: „Herr Graf, ich versteh' noch immer nicht recht, was Ihr von mir begehrt. Aber Eins kann ich Euch sagen: Ihr thut Eurem gnädigen Herrn Vater unrecht, er hat's nicht böse mit Euch im Sinn, so viel mir geringem Mann davon bekannt. Ihr wißt auch, daß ich alles, was ich bin und habe, Seiner Gnaden verdanke, und ich wär' ein schlechter Mann, wollt' ich ihm das mit Untreue lohnen. Was Seine Gnaden mir wohl hier und da gesagt hat, das ist nur für mich, und was er zu Anderen geredet, für die. Ich bin nicht neugierig darauf und kann auch für Euch nicht zum Schall an meinem Herrn werden. Zeit hab' ich auch nicht, ich darf von den Herden nicht fort." —

„Da guckt' er mich wo möglich noch böser an, als

vorhin, schier giftig, und er antwortete: „Du willst also nicht?" — „Unrecht thun kann ich nicht," sagt' ich. „Es wär' auch ganz umsonst, Herr Graf. Denn wenn ich auch wollte, die Anderen thäten's nicht. Der Herr Graf hat meines Wissens nur getreue Diener." — Und wie ich denn doch immer noch an den Hartmuth dachte, mit dem ich aufgewachsen, setzt' ich hinzu: „Habt Vertrauen zu Eurem Herrn Vater, Herr Hartmuth, er will Euch nicht übel. Laßt ihm auch seine Diener treu bleiben, denn wie sollen sie bereinst Euch Treue bewahren, so Ihr sie zuvor zur Untreue verleitet?"

„Da nickt' er mir höhnend zu und sprach: „Schon gut, Herr Prediger, ich kenne dich jetzt! Aber vergiß es nicht, du bist ein Rhobaer Kind, und du sollst auch mich kennen lernen." — „Ihr irrt, Herr Graf," gab ich zur Antwort, denn ich war dazumal noch jung und hatte den Kopf ohnehin schon voll genug, und er wurde mir nun noch heißer. „Ich bin kein Höriger mehr, sondern ein freier Mann durch Brief und Siegel von dem gnädigen Herrn Grafen, Eurem Vater. Ich kann gehen, wann und wie ich will, aber ich bleibe sein getreuer Knecht, so lange er meine Dienste haben will." — „Du hast einen Freibrief?" fragt' er. „Konnt's mir benken! — Wo ist der Wisch?" — Und da, wie ich seine Augen sah, schoß es mir mit Sorge und zugleich mit Zorn durch den Kopf, und ich sagte: „Nicht hier, sondern in guter Hand, Herr Graf, wo er sicher." — Er guckte mich noch einmal an und hob die Reitpeitsche. Allein er besann sich wieder, denn wie er und ich dazumal waren, wär's ein Wahnsinn gewesen, mich in unserer derzeitigen Einsamkeit zu reizen. Schlagen hätt' ich mich selbst als Höriger nicht lassen. Der wälsche Schuft draußen war nur eine weitere halbe Handvoll für mich, und überdies saß mein alter Packan neben mir und machte allmälig noch bösere Augen, als der Herr. Und so, wie gesagt, besann er sich, wandte sich ab und ging ohne ein weiteres Wort vor mir. Erst beim Eingang drehte er sich um und drohte mir mit der erhobenen Peitsche, — und gleich darauf hört' ich ihn über Pierre rufen und alsbald mit demselben forttraben. —

„Ich brauch's der gnädigen Herrschaft wohl nicht erst zu sagen," fuhr der Greis nach einer Pause fort, „daß mir trotz alle dem dieser Zorn des Herrn nicht egal war, sondern recht schwer fiel. Was ich in meiner Heftigkeit von meiner Freiheit gesagt, war freilich wahr. Graf Hartmuth war so wenig mein Herr, wie ein Anderer, aber wie's hier dazumal noch zuging, konnte er mir das Leben sauer genug machen, zumal wenn der alte Herr nicht wieder aufkam, und selbst wenn es nach dessen Willen ging und Dreiheiligen nicht an den Hartmuth gelangte, mußte ich vermuthlich der Heide Valet geben. Aus dem Dienst wollt' ich aber am allerungernsten. Ich will aber nicht von mir reden, noch von diesen Dingen, sondern von dem hohen Hause selber, wie's weiter ging, und nur noch hinzusetzen, daß der alte Herr schon nach ein paar Tagen wieder bei mir vorsprach — es ging alles rasch mit ihm, selbst seine Krankheit — frisch und gesund wie je, und daß ich ihm da pflichtmäßig sagte von dem, was zwischen dem jungen Herrn und mir vorgefallen.

„Er nahm es leichter, als ich gefürchtet. „Dummes Zeug," sagt' er. „Laß den Narren nur intriguiren, drohen und aufbegehren, 's nützt ihm nichts. Gerade meiner Leibesschwachheit wegen habe ich die Sache rascher betrieben, und jetzt wird Bohrmann es schon in Ordnung haben. Das Steinheim'sche kommt an die Kinder und zum Wächter darüber setz' ich den Wilhelm Rettfeld, der wird schon das Seinige thun und ihm bei Gelegenheit die Zähne weisen. Sprich aber über die Sache nicht, Steffen. Dir, als einem treuen Manne, hab' ich sie gesagt und außer dir denen, die davon wissen müssen. Im Uebrigen aber mag es verschwiegen bleiben. Unser Familienzank braucht nicht in die Welt zu kommen, und wenn der Hartmuth die Sache so darstellen will, als ginge sie von seinem Willen und Entschluß aus und als wünsche er selber seine Kinder erster Ehe sicher zu stellen, so habe ich nichts dagegen. Empfindlich muß ihm dies alles sein, obgleich er es selber dahin gebracht, und ich will es ihm nicht empfindlicher machen. Du kümmere dich nicht um ihn; wenn du aber je von ihm etwas befürchten solltest nach meinem Tode, so halte dich nur an Rettfeld. Der wird dich schützen. Du sollst, so lange du willst und bleibst wie du bist, bei den Herben sein, denn unser Werk soll nicht verloren gehen."

„So redete er; ich ließ mich dadurch aber doch nicht hindern, mein Kind und mein bischen Hab und Gut, an dem mir gelegen, noch in dem Herbst unter der Hand nach Krewitz hinüberzuschaffen. Für mich selber war mir am Ende nicht bange.

„Mittlerweile war's Winter geworden," fuhr Steffen fort, „und damit kam etwas Neues auf — der Hartmuth ritt alle Woche ein paar mal nach Nieder-Rhoda zum Vater, oder nach Rhodenselbe zum Bruder und schien mit Beiden wieder auf freundlichem Fuße leben zu wollen, wie seit seiner Rückkehr vor vierzehn Jahren nicht mehr. Sie kamen auch wieder zu ihm, denn von ihnen ging der Unfriede nicht aus: von der Prinzeß war es wieder still, die Verschwendung hatte nachgelassen, der alte Herr und der Günther, wo ich den einen oder anderen sah, waren sehr zufrieden und froh, und der Alte meinte einmal, er lerne seinen Aeltesten wieder lieben und sich an ihm erfreuen; so gut habe er sich's nicht mehr erhofft.

„Wir hatten in dem Jahre hier zu Lande einen so zeitigen und milden Frühling, wie ich's kaum wieder weiß. Hernach wurd' es freilich auch bei uns schlecht genug, aber im Februar war schon wie Sommerwetter und sangen die Lerchen, trieb und grünt' es, und das hielt an den ganzen März hindurch mit milden Lüften und warmem Regen, daß die ältesten Leute sich eines ähnlichen Jahres nicht erinnerten und wir alle auf reichen Segen hofften, zur Vergütung für das schlechte neunundsechzigste. An Oculi, das war der 18. März, ging ich in die Heide, um nach allem, besonders nach den Weideplätzen zu sehen, denn der Sonnenschein hatte uns alle verblendet, daß wir gar kein schlechtes Wetter mehr fürchteten, und der alte Herr hatte Tages zuvor von unseren knappen Vorräthen gesprochen und auch gemeint, wir dürften wohl hinaus. Ich sah mir alles genau an und trieb mich auf und ab, so daß ich erst Abends wieder heim kam und tüchtig müde war. Und drückte mich nun die Frühlingsluft oder brütete sonst was in mir, auch mein Kopf und mein Herz waren wüst' und schwer, als stände mir eine rechte Krankheit bevor oder ein Unglück. Ich hielt's auch in meiner Hütte nicht aus, sondern meinte, es solle in der Luft besser werden, ging also davon und zum Riesenstein, denn da saß ich schon damals zu Zeiten.

„So sitze ich denn auch heute und gucke ins mondhelle Land, es war eine liebliche Nacht und mochte gegen zehn Uhr sein, und alles umher lag in Stille und Frieden — und sinnire so vor mich hin; da wird's mir auf einmal erst vor den Augen wie ein Nebel, so daß ich sie mir reibe, weil ich nicht weiß, wo das herkommen könnte, und dann ist es mir, als ob ich in einen Waldweg hineinschaue, den ich gleich erkenne, denn es war die Straße, die von G. nach L. führte. Sie ging über Ober-Rhoda und Lohnshof nach Rhodenfelde und weiter; zwischen diesen beiden letzteren Dörfern war damals noch viel Bruch und Wald, und das Steinkreuz, wo vordem der alte Rathsherr erschlagen, stand mitten im tiefen Busch. Da war's und daran erkannt' ich's.

„Und dann sehe ich weiter einen Kutschwagen mit vier Pferden — es ist der Rhodenfelder. — Ich seh's genau, die vier Schimmel und den Thomas auf dem Sattelpferde, die beiden Diener auf dem Trittbrette hinten auf, die Gräfin darin — sie war dazumal in der Hoffnung und konnte nicht mehr reiten, wie sie's sonst zu thun pflegte — und neben ihr den Leopold, unseres Eugen's

Vater, Graf Günther aber reitet am Schlage. — Sehe die gnädige Herrschaft, das war alles vor mir, und es war das erste Mal, daß unser Herrgott mir solch ein Schauen gab. — Und wieder mit einem Male seh' ich es aufblitzen im Busch, hör' einen Knall, des Grafen Pferd bäumt sich und schießt wie toll nach vorn. Und es fallen noch mehr Schüsse, der Thomas purzelt vom Gaul, der Wagen schwankt und stürzt um, es springen ein paar Kerle aus dem Busche und zerren sich mit den beiden Dienern herum, bis plötzlich von vorn ein paar neue Schüsse knallen, vor denen sie in die Gebüsche zurückeilen. Ich meine da vorn auch noch den Günther zu sehen, allein nicht mehr recht, denn es wird alles umher wieder wie ein Nebel, und gleich darauf habe ich nur noch das offene Feld vor mir, wie man's eben vom Riesenstein aus erblickt.

„Ich war wie dumm und stumm. Was war denn das gewesen? Hatte ich geträumt? Und doch wußt' ich nichts von Schlaf, und doch hatt' ich alles erschaut so deutlich, wie mit leiblichen Augen, alle, Mann für Mann. Nur die aus dem Busche kamen, kannte ich nicht, bis auf Einen, dessen Gesicht mir wieder bekannt vorkam, ohne daß ich's jedoch unterzubringen vermocht hätte. — Es war aber an mir vorübergeglitten wie in einem Nu, und wie ich's eben erzählt habe, das hat zehnmal länger gewährt, als das Gesicht, wie deutlich dasselbe auch gewesen.

„Die gnädige Herrschaft mag sich vorstellen, daß mir allmälig, je mehr ich über das Geschaute nachsann, immer kurioser und auch wieder ungläubiger zu Muth wurde.

Achtzehntes Kapitel.

Was war denn das alles für dummes Zeug? Wie käm'
es hier, in unserem Lande, wo man nicht einmal häufig
von einem Diebstahl zu hören bekam, zu einem solchen
Anfalle? 's war ja gar nicht möglich! Ich mußte doch
wohl geträumt haben! — Und so ging ich denn endlich
nach Hause, noch immer über das eine Gesicht grübelnd,
das mir zwischen den unbekannten bekannt erschienen, und
als ich ins Dorf kam, erzählte ich das Ganze lachenden
Mundes Detlef's Vater, dem Jäger. Der freilich lachte
nicht, sondern guckte mich gar besonders an und schüttelte
dann ernsthaft den Kopf mit den Worten: „Na, Steffen
Schütze, dazu gratulir' ich dir nicht. Es ist kein Segen
dabei." —

„Was soll ich viel sagen. Eine gute Stunde später
kam ein Reitender von Lohnshof mit der Meldung, daß
die Rhodenfelder im Busch beim Kreuz angefallen und
nur mit Hülfe Rettfeld's das Gesindel los geworden seien,
der, zufällig so spät von L. heimkehrend, mit einem andern
Herrn und ein paar Dienern des Weges gekommen sei.
Gekriegt hatte man niemand, aber verwundet mußte den
Spuren nach jemand sein, und so sollte denn nach den
Strolchen gestreift werden. — Das geschah, jedoch ohne
Erfolg; man fand kein fremdes Gesicht im Lande, an
Einheimische war hierbei nicht zu denken, und die Sache
hätte eben vergessen werden müssen, wären die Rhoden-
felder selber nur besser davon gekommen. Aber dort lag
die Gräfin ein paar Tage auf den Tod in ihren zu frühen
Wochen und das Kind war gleich todt gewesen; dort lag
auch der Thomas mit einer Kugel in der Schulter und

behielt fortan einen steifen Arm; und Graf Günther selber
war nur eben etwas vielleicht noch Schlimmerem entgangen.
Denn das Pferd war, löblich verwundet, mit ihm durch-
gegangen und hatte ihn stürzend mit niedergerissen und
hart gequetscht, so daß er nur durch Rettfeld's Hülfe frei
geworden und aufgekommen. Kurz, es war Elend genug,
und das Land war voll davon, und der Hartmuth ging
in den Tagen gar nicht fort vom Bruder und riß sich
schier die Haare aus dem Kopfe, daß so etwas in seiner
Terminei geschehe.

„Von meinem Antheil, von dem Gesicht am Riesenstein, mein' ich, redete man aber nicht, denn ich hatte den
Jäger um Stillschweigen gebeten und sagte auch selber
nicht davon, außer zu dem alten Herrn, der mich ein paar
Tage darauf traf und mit mir sprach. Und er meinte
ganz nachdenklich und düster, daß man, wenn jetzt nicht
alles Ein Herz und Eine Seele, bei dieser Geschichte auf
schlimme Gedanken kommen könnte, so seltsam müsse dieser
Anfall erscheinen, desgleichen nie bei uns erhört gewesen. —
Und da hielt ich nicht zurück, sondern sprach von meinem
Gesicht, wie gesagt, und führte nun auch an, daß mir
jetzt jener Eine, der mir gleich bekannt erschienen, gleichfalls deutlich geworden — er habe ausgesehen wie der
Magister Zeuning. Und daß ich mich seiner nicht gleich
erinnert hatte, war kein Wunder, da ich nach Lohnshof
niemals hinüber und den Magister anderwärts nur sehr
selten zu Gesicht bekam.

„Der alte Herr guckte mich gar ernsthaft und prüfend
an und seine großen, blitzblauen Augen gingen mir gleich-

sam bis ins Herz. „Bete, Steffen, bete," sagte er endlich, „daß der Herrgott diese Gabe wieder von dir nehme! Du solltest doch lieber aus der Heide fort, mein Sohn. Das einsam Sitzen und Sinniren ist nichts für dich. Aber wie dem auch sei, das mit dem Magister ist nichts. Der ist schon seit sechs Wochen und länger zu seinen Verwandten bei Weißenfels und kommt erst in diesen Tagen wieder retour, wie der Hartmuth gestern sagte, der über sein Ausbleiben und Eberhard's lange Vacanz fuchswild ist." — So ließen wir denn die Sache gehen und beredeten Anderes, dessen für den Herrn und mich immer vorlag.

„Er war damals gerade drauf und dran, in der Heide selber, drüben nahe bei den Kiefern, wo man's den „rothen Brink" heißt, eine Art Meierei anzulegen, wo wir die ganze Schäferei vereinigen wollten, um nicht immer die weiten Aus- und Heimzüge zu haben. Er wollte überhaupt edlere Racen anschaffen, welche dann nicht wie unsere alten bei jeder Witterung vorwärts konnten; er wollte in der Heide neue Culturversuche machen, in dem großen Moor einen Torfstich anlegen, in den Brüchen Entwässerungen vornehmen, und was dergleichen mehr. Nun, aus alle dem wurde nachher nichts, damals aber war es in vollem Gange; ich hatte am Sonntage auch nach den Fortschritten der Arbeiter geschaut, die schon seit einigen Wochen angestellt waren, und kam zu demselben Zwecke, obgleich es eigentlich nicht mein Geschäft, jetzt täglich hinaus. Denn der alte Herr trieb, als hätt' er's gewußt, daß er nicht mehr lange zu treiben haben würde.

„Am Montag nach Lätare, das war der 26. März, war ich auch wieder draußen und wollte mich eben heimwenden, als Graf Günther herangeritten kam, um sich gleichfalls nach den Arbeiten umzusehen, da ihn all dieser Kram lebhaft interessirte und er, bei gutem Erfolg auf unserer Seite, auch drüben in dem Rhobenfelder Gebiete mit allerlei Versuchen der Heide zu Leibe gehen wollte. Die Menschheit hatte es sich dazumal einmal in den Kopf gesetzt, daß jeder Grund und Boden nutzbar gemacht werden könne und müsse, wenn man's nur recht anfange.

„Nun, er sagt mir freundlich guten Tag, wie er mir denn stets mehr Freund als Herr war und an den alten Jugenderinnerungen treulich festhielt. Ich hatte ihn seit dem Unfalle noch nicht gesehen, und wir redeten nun davon; er erzählte mir das Ganze, von Frau und Kind, daß es mit der Ersteren jetzt schon besser gehe und nicht mehr gefährlich sei; dann auch, wie wacker der Hartmuth jetzt, wie hülfreich und theilnehmend, ein rechter Tröster in der letzten schweren Woche; darauf, daß der Zeuning gestern angelangt und gleich nach Rhobenfelde gekommen. Und so reden wir fort und fort im Weitergehen, denn er ging neben mir und führte sein Pferd am Zügel, und erst als wir am „todten See" sind, wo mein Weg nach Dreiheiligen links abgeht, da hält er an und sagt: „Ja, ja, Steffen, das ist alles arg und traurig genug, aber was hülft's! Es läßt sich nicht mehr ändern und muß getragen sein, und ich schlage mir all die schweren Gedanken, so viel ich kann, aus dem Kopfe. Nun aber Adieu! Dein Weg geht da links und meiner zurück.

Muß doch nach meiner armen Hedwig sehen. Bist du übermorgen hier draußen? Ich habe mich mit Hartmuth verabredet, daß wir wieder einmal zusammen jagen. Wo liegen wohl die meisten Schnepfen?"

„Hier im todten See," versetze ich; „ich kann nicht durchgehen, ohne daß meine Hunde sie aufstoßen. Ein wenig scheu mögen sie sein, aber es gibt grausam viele. Allein, lieber Herr," setz' ich hinzu, denn er sah angegriffen aus und hinkte auch noch ein wenig, „ist's nicht zu früh für Euch und solltet Ihr Euch nicht noch schonen?" — „Ach was!" spricht er, indem er aufsitzt, „das ist nichts! Man muß nicht nachgeben. Frische Luft und Bewegung sind die besten Medicamente für Leib und Seele. Gott behüte dich, Steffen!" — Und mir freundlich zunickend, reitet er fort, zuerst, des unebenen Bodens wegen, noch im Schritt, und ich stehe und sehe ihm nach. Und wie ich ihm so nachsehe," fügte der alte Erzähler in dumpfem, schwerem Tone und mit starrem Blicke vor sich hinschauend hinzu — „da sah ich zum ersten Male Einen bei lebendigem Leibe als todten Mann. — Es ging damals rasch mit mir." — —

Es war ein langes Schweigen im Zimmer, und die Geschwister sahen mit einem aus Theilnahme und unwiderstehlich herandringendem, leisem Grauen gemischten Gefühle auf den alten, unheimlichen Gesellen. Wie er da vor ihnen saß und redete, mußte jeder Gedanke an eine Selbsttäuschung des Alten oder an einen Versuch desselben, seinen Zuhörern etwas aufbinden zu wollen, fern bleiben. Der Alte war so zu sagen ein Bild nicht nur der tiefsten Ueberzeugung, sondern auch der schlichtesten, unwiderleglichsten Wahrheit. Allein die Geschwister hatten, wie wir schon erfuhren, auch keinen Zweifel in sich. Sie waren groß geworden in der Nähe des Schäfers und hatten zu viele Proben erlebt von seiner traurigen Begabung und kannten ihn selbst als einen zu ehrbaren und schlichten Mann, und wußten überdies nur zu gut, daß er, wie wir schon früher erwähnt, hier zu Lande nicht der Einzige seiner Art, als daß sie auch nur etwas Besonderes und Auffälliges in seinen Worten gefunden hätten. Graf Eberhard sagte daher nach einer Weile auch nichts als: „Wie sahst du das, Steffen?"

Und da erhob der Alte die Augen langsam zu seinem Herrn mit einem trüben, fast melancholischen Blicke und versetzte: „Wie der Günther so von mir fortritt, war's mir, als sei sein ganzer Kopf voll Blut; ich sah es von der Frisur herabtriefen auf seinen Hals und seine Schultern." —

Nach einem neuen, ziemlich langen, stummen Hinausstarren erzählte er weiter:

„Auch von diesem Gesicht sagte ich zum Jäger, und er guckte mich wieder gar besonders an, sprach wieder: „Dazu gratulir' ich dir nicht, Steffen Schütze. Es ist noch weniger Segen dabei, als bei dem Anderen!" — und meinte dann: „So wollen wir denn am Mittwoch auch hinaus und zum Rechten sehen, denn das deutet auf einen Schuß, ich kenn's schon." — „Ich habe daran gedacht, ob man den Günther nicht warnen sollte," gab ich zurück. — Er schüttelte den Kopf. „Du weißt besser als

ich, daß das umsonst,“ sagte er. „Der Günther hat seinen
eigenen Kopf, wie die Anderen. Und wie wolltest du ihn
warnen? Was du gesehen, darüber lacht er. — Wir wollen
Beide hinaus und für ihn aufpassen.“ — Das war freilich besser. In dem aber, was er vom „Schuß“ gesagt,
hatte er Unrecht, obschon es diesmal zutreffen sollte. Aber
ein gewaltsames Ende bedeutet es. —

„Und der Mittwoch kam und wir gingen hinaus,
und da es noch zeitig war, sah ich zuerst nach den Ar-
beitern und kam dann zum „todten See“ zurück; schon
von ferne hörte ich sie lustig drauf los knallen. Auf der
Ecke traf ich wieder mit dem Jäger zusammen, und er
sagte mir, was ich schon wußte, daß sie im Revier seien,
die beiden jungen Grafen, der Zeuning, der wälsche
Schuft und ein paar Jägerburschen. Er habe die Herren
gesehen und begrüßt, sie seien munter und fidel gewesen,
und nun seien sie einzeln mit den Hunden hinein, um
das ganze Revier abzusuchen. Und: „Heute geht's doch
wohl gut,“ sagte er, „denn wie sollt' es ein Unglück
geben? Wir wollen aber auch nur hinein und die Augen
aufthun, so gut wir können. Weiter bleibt uns nichts
übrig, denn wie das Revier ist, würden wir doch nicht
alles zu übersehen vermögen.“ — Das war wieder richtig, da das Revier damals noch viel verwachsener und
brüchiger war als heut zu Tage, und wer da einem Anderen nachgehen und auf ihn achten wollte, welcher seinerseits vielleicht für sich zu bleiben wünschte, der hätte sich
todt suchen und die Augen aus dem Kopfe sehen können,

ohne zu seinem Zwecke zu kommen. Und so ging er hier und ich da in den Busch hinein und langsam fürder.

„Als ich mich etwa tausend Schritte durchgeschlagen hatte, immer den Schüssen nach, die von Zeit zu Zeit fielen, und dem Laut der Hunde, sah ich nicht weit vor mir auf einer kleinen Blöße den Monsieur Pierre stehen und vorgebeugten Halses vor sich weg in die Büsche spähen, wo der Hund herumstöbern mochte. Gehört hatte er von mir wohl nichts, denn ich war so ruhig meines Wegs gegangen, und da ich ihn erblickte, stehen geblieben; und nun schaute ich mir den lauernden Schuft an und dachte: er sieht doch gerade aus wie eine Katze, die sich zum Sprunge fertig macht. — Und da gab ein Hund Laut, er hob die Flinte an die Backe und dann knallte sein Schuß, recht in die Büsche hinein, und er sprang vorwärts, als sehe er seine Beute.

„Gleich hinterdrein fiel ein zweiter Schuß in der gleichen Richtung, nur etwa fünfzig Schritte weiter, und ich sah auch von dem Schützen nichts, aber an dem Knall erkannte ich Graf Günther's Gewehr. Und kaum war der Knall vorüber, so hörte ich von dort her ein lautes Hülfegeschrei von des Magisters Stimme und stürzte vorwärts ohne Besinnen, über den freien Platz, wo der Wälsche gestanden, noch zwanzig Schritte weiter durch die Büsche, mehr war's nicht — und da knieete der Zeuning auf dem Boden und, von seinen Armen gestützt, an seiner Brust ruhte so blutig, wie ich ihn gesehen, der Kopf Günther's.

„Um Jesu willen, Steffen, der Herr Graf ist da über

die Wurzel gestolpert, und sein Gewehr hat sich in seinen Kopf entladen!" schreit mir der Magister zu. „Hülfe, rasch Hülfe, daß er uns nicht unter den Händen stirbt! Da hinaus müßt Ihr den Hartmuth und die Anderen treffen! — Nur schnell, um Jesu willen!"

„Ich war schon hingestürzt und hatte — Gott weiß, was mich dazu trieb — das Gewehr aufgerafft und angesehen, dessen rechter Lauf richtig abgeschossen und noch heiß war, und dann sah ich meinen armen jungen Herrn an — die ganze linke Seite des Kopfes und Halses war von dem Schrotschuß zerrissen, ins Auge, ins Ohr, überall hin waren die Körner gedrungen, und in all meinem Jammer war es mir doch gar nicht recht glaublich, daß sein Schuß auf solche kurze Entfernung so weit aus einander gegangen, und doch verstand ich's auch wieder nicht, wie wieder so viel Schroten bei einander geblieben, wenn — wenn der Schuß aus einiger Ferne gekommen. Es waren doch immerhin zwanzig Schritte, sagt' ich schon. — Aber das war für jetzt alles egal. An Rettung glaubt' ich nicht mehr, ich hielt ihn im Gegentheil schon für tobt oder doch im letzten Verscheiden; aber Hülfe mußten wir schaffen. Und als in diesem Augenblicke — es war keine halbe Minute nach des Magisters Worten — der Wälsche auf den Platz stürzt und aufheult und wie zur Antwort schreit: „Ich weiß, wo mein Graf ist!" und wieder davonstürzt, da fahr' ich auf und ihm nach — der sollte der erste Bote nicht sein, ohne daß ich dabei.

„Und ich traf auch eher auf den Hartmuth, er war schon drüben, am östlichen Rande des todten See's, und,

ich will's nur gleich sagen, er konnte in der Zwischen-
zeit, seit das Unglück geschehen, nicht von jenem Platze
bis zu seinem jetzigen gelangt sein, es war unmöglich,
und darin wenigstens war er unschuldig.

„Von seinem Erschrecken, seinem Geberden bei meiner
Nachricht will ich nichts sagen. Daß ihm mein Hiersein
nicht recht und eben so wenig das des alten Reuter, unseres Jägers, den wir bei unserer Rückkehr schon beim
Magister und dem Todten trafen — das sah ich wohl,
wie viel Mühe er sich auch gleich nach dem ersten Anblicke gab, es nicht merken zu lassen. — Davon ist nichts
zu reden. —

„Herr Gott, Herr Gott," sagte er immer, „wie
bringen wir's dem Vater bei und meiner armen Schwägerin? — Günther, Bruder Günther, es ist ja nicht möglich! Du kannst ja nicht todt sein!" — Aber da half
nichts, er war jetzt todt und regte kein Glied mehr, und
mir drehte sich, wie ich die Anderen so jammern hörte,
das Herz im Leibe um, denn ich glaubte nicht an den
Zufall, und daß der Wälsche auf eigene Faust gehandelt,
das glaubte ich auch nicht; und dem Reuter ging es gerade so. Und während die Anderen um den Todten her
standen und Gottes Klage klagten, gingen wir Zwei
hin und schlugen ein paar Stangen und rüsteten eine
Bahre.

„Dabei sagte der Reuter zu mir: „Du, Steffen, 's
ist nicht wahr, daß er sich mit seinem Gewehr geschossen.
Die Schroten sind nicht von unten, sie sind grade, in
Manneshöhe abgeschossen und eingedrungen. Da muß

man einem alten Jäger nichts weis machen wollen." — „Aber die Entfernung! sprach ich zurück. Der Wälsche stand auf der Blöße, auf zwanzig Schritte und mehr —". — „Hast du's gesehen?" fragte er. — „Ja, ich hab's gesehen," sagte ich, „das heißt, den Wälschen sah ich zielen, sein Ziel aber nicht. Und wie kann da der Schuß so nahe zusammen bleiben?" — „Sieh!" sprach er und holte unter seinem Rocke ein Kartenblatt hervor, eine Herzenvier, die war wie eine Patrone zusammengerollt und halb verbrannt. — „Das fand ich im Busch hängen," sagte er. „Siehst du, so macht's sich schon. Wir kennen das. — Aber reinen Mund, Steffen, und keinen Mucker vor den — Canaillen da, bis wir den alten Herrn sehen, dem wollen wir's sagen."

„Da schrie uns der Hartmuth an, ob wir nicht fertig würden vor Schwatzen, und schaute uns grimmig und zugleich lauernd an. Und als unsere Bahre fertig war, da legten wir den armen Leib darauf und zogen heimwärts nach Dreiheiligen. „Denn nach Rhodenfelde geht's nicht, meine Schwägerin hätte den Tod von solcher Rückkehr!" sagte der Hartmuth zum Magister und wischte sich immer die Augen. — „Ja, Herr Graf, das ist ein furchtbarer Schlag!" versetzte der Sachs. „Ich gäbe mein halbes Leben darum, könnt' ich den Günther uns erhalten sehen! Und o, wie ist's doch so seltsam, daß die Gräfin ihn gerade heute gebeten, daheim zu bleiben, und ihn dann den Leopold nicht mitnehmen ließ, wie er es ja eigentlich wollte! — Der arme kleine Bursche — so früh schon ohne Vater!" — Da sahen Reuter und ich uns an.

Hatte man es vielleicht auf Beide abgesehen und der Magister sich eben verschnappt? — Der Hartmuth warf ihm einen Blick zu und dann meinte er nur: „Ja, und die Meinen ohne Mutter! — Alles, wie Gott will, Zeuning! Aber er will oft Schwereres von uns, als wir begreifen von seiner Gnade!" — So kamen wir hieher.

„Das ist die Geschichte von des Grafen Günther Tod." —

Der Schäfer saß ganz in sich versunken. Die beiden Zuhörer waren auch stumm. Sie hörten jeder den Anderen tief Athem holen. — —

„Erzähle weiter, Vater Steffen," sprach Graf Eberhard nach einer langen Pause.

Da sah der Greis aus seiner Erstarrung wieder auf und zu den Geschwistern hinüber und versetzte in einem gewissen gehaltenen Tone: „Ich habe der gnädigen Herrschaft nicht viel mehr zu sagen; denn als ich schon zuvor bekannt, von den eigentlichen und schriftlichen Verhandlungen weiß ich nichts.

„Als der alte Herr seinen todten Sohn zuerst gesehen hat, ist es jählings über ihn gekommen, daß wir meinten, auch er stürbe uns unter den Händen, denn wir hatten uns von dem Todten nicht trennen lassen, der Reuter und ich, und waren dabei, als der Hartmuth den Vater hereinführte. Aber er ermannte sich bald wieder und hielt dann Stand, als sei er von Stein und Eisen, und sagte zu uns, so wir dabei gewesen und davon wüßten, sollten wir reden und uns nicht fürchten, anders als vor Gott, daß wir die Wahrheit sprächen. „Denn," setzte er hinzu und blitzte den Hartmuth an mit seinen großen Augen, „die Sache ist anders gewesen, als man mir gesagt, mein Sohn hat sich nicht selber geschossen. Es ist hier nichts versengt und verbrannt, nicht an seinen Kleidern, nicht an seinem armen Haupt. Ich bin ein alter Jägersmann und weiß so gut wie Einer, wie ein naher Schuß wirkt." — „Aber wie wär's denn anders möglich?" warf der Hartmuth ein. „Da müßte es ja Zeuning's Gewehr gewesen sein, denn sonst war niemand in der Nähe, und das war Günther wieder fast eben so nahe, wie sein eigenes, so daß die Wirkung die gleiche!" — „Das werden wir alles hören," meinte der Alte. „Allons, Kinder, erzählt! Ich seh's euch an, ihr wißt es anders."

„Und da hob der Reuter an und erzählte, wie zuerst ich, dann er dazu gekommen, was wir gesehen und was wir gefunden, erzählte auch von meinem Gesicht bei der letzten Begegnung mit dem Todten und wies endlich auf die Wunden hin, die von dem Schuß des eigenen Gewehrs nicht herrühren könnten, und ließ zuletzt auch noch einfließen, wie gut es sei, daß der Herr den Junker Leopold nicht mitgebracht, obschon er's eigentlich gewollt. — Das sagte der Reuter alles heraus, und er sah dabei den Hartmuth immer ernsthaft an, der schweigend stand und sich nicht regte, — aber anklagen that er niemand, dieweil wir das doch auch nicht konnten; es mußte sich aber jedermann bei dieser Erzählung sein Theil denken.

„Erst als er fertig war und alles umher schon wieder eine gute Weile still, da fuhr der Hartmuth auf wie grimmig und toll und schrie: „Ah, der Schuft soll es büßen!"

— „Was willst du? Was fällt dir ein?“ rief der Alte.

— Und der Hartmuth schrie von neuem: „Ah, der Schuft, der Pierre, der muß es also gewesen sein, und kein Anderer! Er hat neulich sich unverschämt gegen meinen Bruder betragen, so daß der ihm mit dem Stock gedroht, da — aber er soll es büßen!“

„Da packte ihn der Vater bei der Hand und hielt ihn fest und schaute ihn grimmig an, daß er still wurde, und dann redete er gar nicht laut: „Hör' wohl zu, was ich sage: Der Wälsche ist es nicht gewesen, — hörst du? Ich sag's und will's, daß er es nicht gethan. Danach richte dich. Sollte ich durch einen solchen Schuft die Grafen Rhoba vor Gericht bringen und entehren lassen? — Der Günther ist todt, den weckt keine Klage wieder auf. — Komm' her, Knabe! — Kannst du die Hand hier auf den zerschossenen Kopf legen und vor diesen Männern und mir schwören, daß du unschuldig bist an deines Bruders Tod, wie die da und ich?“ — „So kann ich,“ sprach der Hartmuth, und that's.

„Gut,“ sagte der alte Herr dann, „weiter will ich nichts von dir. Und ihr,“ wandte er sich gegen uns, „ihr habt's gesehen und könnt's bezeugen, und wenn ein dummes Geschwätz ins Land käme, das einen Grafen Rhoba zum Brudermörder machte,“ fuhr er fort, und es war furchtbar, wie er das sagte und dabei blickte, — „so wißt ihr, was ihr zu thun habt. Nun aber wißt noch Eines. Von meinem Hausgesetz kann ich nicht los und will ich nicht los. Graf Hartmuth ist mein ältester Sohn und folgt mir nach, wie sich's gehört, die alte Grafschaft ist sein,

weiter nichts. Was von dem Steinheim'schen Besitz noch
übrig, Dreiheiligen mit dem Wald und der Heide, und
Unterwief, das geht an seine Kinder unter der Vormund-
schaft des Kettenhofers, des Barons von Rettfeld. Das
ist schon fest gemacht. Und hört wohl zu, wie ich's ver-
clausulire. Wenn der Graf Hartmuth wieder heirathet,
kommen die beiden Kinder von Hause, der Eberhard auf
eine Akademie, die Sophie in ein Stift, die Stellen sind
schon ausgemacht, da bleiben sie, bis sie großjährig und
ihren Besitz antreten."

„Der Hartmuth hatte das alles angehört wie betäubt,
nun aber fuhr er auf und knirschte mit geballten Fäusten:
„Eh' ich das leide —!" — „Das halte, wie du willst," fiel
der Alte kaltblütig ein. „Auch dafür ist gesorgt. Willst
du darauf nicht eingehen, so erben die Kinder nicht und
die Güter fallen sogleich an Rhobenfelde." — „Und Sie
sagen, Vater, daß Sie die Ehre der Rhoba erhalten wollen?"
grollte der Sohn. „Wird dies dazu dienen?" — „Wenn
du willst, wie ich will, ja!" versetzte der alte Herr kalt.
„Denn, wenn du dich fügst, so bleibt dieses alles wie ich
gesagt und unter uns, die Welt und die Behörden werden nur durch deinen Trotz davon etwas erfahren —
dafür ist gesorgt. Fügst du dich, so geht vor der Welt
das alles von dir und deinem freien Willen aus, man
wird dich am Ende noch preisen als einen gar liebevollen
und verständigen Vater, und du bist der hochgeehrte Herr
Burg- und Waldgraf zu Rhoba-Lipen, Herr der Grafschaft
und was noch sonst. Du hast dann ja, was du willst,
und so der Eberhard am Leben bleibt, wird er vielleicht

dereinst noch mehr haben und alles, was jetzt mein ist
und was dir nicht beschieden ist. Aber ich glaub's nicht,"
fügte er finster hinzu. „Mir ist's, als würden meine Augen
hell und schauten in die Zukunft und sähen's, daß unser
Gut nicht bei deinem Blut bleiben, sondern zu deines
armen Bruders Erben übergehen wird. Und klagen darüber kann ich nicht. Denn solch ein Blut, wie das
deine —"

In diesem Augenblick wurde die Thür, die in das
Schlafzimmer des Grafen Eberhard führte, leise geöffnet
und Eugen trat, von seiner Schwester und Hoven gefolgt,
rasch herein.

„Entschuldigt die Störung," sprach er gedämpft und
schnell, „aber es scheint draußen etwas vorzugehen, was
gefährlich werden könnte. Der Gärtner läßt eben Detlef
sagen, daß man ringsum mehrere Douaniers habe streifen
sehen, nicht wie sonst, Patrouillen, sondern einzeln oder
zu Zweien, und daß ein paar im Kruge vorgesprochen,
bei denen nach der Angabe des Wirths jener Bursche gewesen sein soll, der damals mit Hoven und dir —"

Und wieder ging eine Thür, die zu den anderen
Zimmern, auf und Detlef trat herein und mit den Wor-
ten zu Gräfin Hebe: „Da kommt eben der Zettel von
Rieder-Rhoda, Euer Gnaden."

„Von Rieder-Rhoda an mich?" fragte sie überrascht
und sah den Zettel an, das feine Papier, die zierlichen
Schriftzüge: „Gräfin Hebe", — nichts mehr, nichts weniger. „Von wem, Detlef? Wer bringt ihn?"

„Des Jansen kleiner Fritz, Euer Gnaden. 's ist eine

kecke und schlaue Krabbe, der Bursch. Der Karl, des alten Karsten Schwestersohn, hat ihm's hinaus gebracht und dazu einen von den Schweben*), daß er rascher fort käme. Würd' er aufgegriffen unterwegs, sollte er den Zettel verschlucken und sagen, daß er Gräfin Hebe heimholen müßte, der Herr Vater wäre nicht wohl. Weiter wußt' er nichts."

Comtesse Hebe riß das Billet auf und las:

„Lassen Sie auf den Grafen E. achten. Es ist hier jemand im Schloß, der ihm nicht wohl will und es herausgebracht hat, daß man ihn zuletzt mit dem Vicomte gesehen. Ein Diener hat diesen Menschen auch mit einem Douanier im Gespräch belauscht. Es war davon die Rede und auch von einem Gast in —." — —

„Weiter!" rief Eberhard, da seine Schwester innehielt und verwundert auf und umher sah.

„Es steht nichts weiter da," sagte sie mit einem neuen Blick in den Brief. — „Ich verstehe es, — der — August, glaub' ich, heißt er —"

„Den ich im Herbste wegen Horchens fortgejagt, der ist im Dienst des Großvaters," fiel Eugen finster ein. „Sophie Magdalene hat mir schon davon gesagt. Aber laß mich das Billet sehen, Tante! Wär' es möglich, daß Stephanie — und daß ich ihr doch Unrecht —"

„Genug!" trat Graf Eberhard rasch und fest da=

---

*) So werden die kleinen schwäbischen Pferde genannt, die vordem an den Ostseeküsten viel gehalten wurden.

zwischen. „Das alles kannst du anderwärts überlegen. Jetzt ist kein Augenblick zu säumen. Du mußt augenblicklich fort, und ich denke, Sie gehen mit, Hoven. — Ist der Mond herunter, Detlef?"

„Ja, Herr, es ist dunkel, und auch wieder Nebel," entgegnete der Jäger. —

„Das ist widerwärtig!" — Und sich jäh zu dem alten Schäfer wendend, der anscheinend fast theilnahmlos am Ofen lehnte und all diesen Vorgängen wenig oder gar keine Aufmerksamkeit schenkte, setzte er rasch hinzu: „Willst du sie führen, Steffen? — Ich kann nicht fort, denn — ich glaube, wir werden Besuch erhalten."

Der Greis erhob die Augen langsam zu dem Fragenden und schaute ihn eine Weile an, als müsse er sich erst besinnen; seine Gedanken mochten wohl noch in der vergangenen Zeit weilen. Dann aber wurde der Blick rasch lebhaft und er versetzte: „Ja wohl, Euer Gnaden."

„Aber der Nebel, Steffen!" meinte der Graf bedenklich.

„Um so besser, Herr," lautete die ruhige, jetzt von einem Lächeln begleitete Antwort. „Wenn die „Wiese" noch frei ist, hafte ich für die Sicherheit der Herrschaften. Sonst müssen wir eben ein ander Loch suchen. Es gibt noch." —

„Dann kein Wort mehr, sondern fort," sprach der Graf, und seine Stimme so gut wie der Blick, der ernst alle Anwesenden traf, drängte jeden Einspruch zurück, zu dem mehr oder minder alle mit Ausnahme Hebe's Lust zu haben schienen. — „Es muß sein, Hoven! Es muß sein, Eugen! Wir dürfen nicht mehr sorglos sein, nichts mehr riskiren! Es kommt hierbei mehr in Betracht, als unser Leben allein. — Also fort. Morgen hört ihr von mir, ich werde dann hoffentlich Näheres wissen und wir können berathen, ob ihr noch verborgen bleibt oder ganz aus dem Lande müßt. Im schlimmsten Falle haltet euch an Steffen oder Detlef, einer von uns wird doch frei bleiben. Bricht aber alles zusammen, so muß Karsten Herbart einmal nicht nur seine Fäuste, sondern auch seinen Kopf rühren. Aber es wird so schlimm nicht werden — sie gehen nicht aus der Welt, Kindchen!" fügte er in munterem Tone hinzu, als er sah, wie Sophie Magdalene, die Augen voll Thränen, beide Arme um den Bruder schlang. „Sie gehen nur für einen oder ein paar Tage in Sicherheit. Und somit fort — Gott schirme euch und das Land!" —

Es gab einen raschen Abschied, und unter den drei Zurückbleibenden herrschte ein fast durch kein Wort unterbrochenes Schweigen, bis nach einer starken Viertelstunde Detlef mit der Meldung zurückkam, daß man unbelästigt durch die „Wiese" gekommen sei.

„Dann ist alles gut und die Herren mögen erscheinen, suchen und fragen, wann und wie ihnen beliebt," sagte Graf Eberhard fast im heiteren Ton. „Nun munter, Kinder! Sie stoßen in die Luft, wie man das auf gut militärisch heißt. Für alles Weitere bürge ich. Aber ehe ich's vergesse," brach er ab, „sage doch dem Steffen, Detlef, daß man ein wenig nach dem Burschen sieht, den Eugen weggejagt und der jetzt in Nieder-Rhoda. Der Alte versteht dergleichen zu arrangiren. — Sonst wüßt' ich nichts mehr, und nun laßt uns ein bischen von Familiensachen reden. Sophie Magdalene muß nachgerade sich auch dafür interessiren lernen." —

„Der Brief, der Brief, Eberhard!" sagte Hebe lebhaft; sie war bisher ungewöhnlich still und fast theilnahmlos geblieben, und die klare Stirn und die hellen Augen waren voll Nachdenken. „Ist er von Stephanien — ich sah ihre Handschrift nie — wie erklärst du dieses?" —

„Wir wollen auch über Stephanie reden, Hebe," sagte er ernst.

Neunzehntes Kapitel.

York's Convention von Tauroggen.

>Krieg ist entschieden
>Kräftig und frei!
>Fort aus dem Frieden,
>Alles wird neu!
>Brüderlich, ach, enger
>Nahe uns ein,
>Freunde nur schenke
>Liebe und Wein!
>Nun geht es weiter
>Fort in die Welt!
>Vorwärts, ihr Reiter,
>Der Feind ist im Feld!
>
>*Fr. v. L. Wolle Romand*

„York hat am 30. December mit dem General Die=
bitsch in der Mühle zu Poscherun eine Convention abge=
schlossen, vermöge der sich die Preußen vom Corps des
Marschalls Herzogs von Tarent trennen und einstweilen
neutral bleiben." —

„Die Russen sind über die Grenze gegangen. Die
Reste des Macdonald'schen Corps haben Königsberg rasch
durchzogen. Am 5. Januar schon sind ihnen die Russen
gefolgt. Graf Wittgenstein ist in Königsberg."

„General Bülow hat seit den letzten Decembertagen
Befehle erlassen zur Aushebung und Zusammenziehung

aller Dienstfähigen. Man rüstet in Preußen, noch unter den Augen des Feindes, mit aller Macht. Die Begeisterung wächs't von Tag zu Tag."

„Der König ist außer sich." „Da möchte Einen ja der Schlag rühren!" hat er bei der ersten Nachricht von der Convention gesagt. Er hat dem Grafen St. Marsan durch den Staats-Kanzler die bündigsten Versicherungen geben lassen. Die Convention wird verworfen, York abgesetzt und vor ein Kriegsgericht gestellt, Kleist mit dem Kommando des Corps beauftragt. Major von Natzmer ist mit dahin lautenden Depeschen zum Hauptquartier York's abgereis't." —

Das waren die Nachrichten, die an den Grafen Eberhard nach Dreiheiligen gelangten, die ein paar Tage darauf schon Stadt und Land durchzuckten, denn die unter französischer Herrschaft und Leitung stehenden Zeitungen und Localblätter beeilten sich, sie zu verbreiten, wenn auch vom Standpunkt und in der Fassung der Feinde, dennoch ohne jemand dadurch über den wahren Sachverhalt und über die unberechenbare Wirkung dieser Schläge in Zweifel zu lassen. — An das Mißliche und Ueble, was denn doch auch für die glühendsten Vaterlandsfreunde aus diesen Nachrichten herausklang, dachten für's Erste nur sehr wenige; an eine etwa dennoch mögliche, wieder üble Wendung wollte fast niemand glauben; an die Berliner Auffassung der großen That und an den dortigen Widerstand kehrte sich kaum eine Menschenseele. Nach der furchtbaren, langen, lähmenden und tödtenden Schwüle war nun endlich der erste wirkliche Blitz über den ganzen

Horizont dahin geschossen, und der erste Donner hallte ihm dröhnend nach und fand seinen Wiederhall in allen Herzen, in allen Köpfen. Es waren keine bloßen Wolken mehr, wie vor einem, wie vor zwei Jahren! Das Wetter war da — konnte es wieder vorüber ziehen, ohne zum endlichen rechten und vollen Ausbruch zu kommen?

Und wenn man die Geschichte dieser Tage oder vielmehr dieser Stunden — denn es verklang nicht eine Stunde leer und inhaltlos in dieser Zeit — wenn man die Geschichte dieser Tage und Stunden richtig und nicht nur in, sondern auch zwischen den Zeilen lies't und das Treiben und Regen verfolgt, das damals durch das ganze Volk ging, und wenn man endlich von den Mitlebenden es hörte, wie sie strebten, dachten und fühlten, was und wie sie es wollten, — da fängt man allmälig an, die Dinge immer ernster und zugleich immer richtiger anzusehen und kann es unumwunden aussprechen: wie die Sachen jetzt standen, war trotz alles Zögerns dennoch an kein Halten mehr zu denken, und es ist sehr die Frage, ob dem nochmaligen Zurückweichen des Berliner Cabinets dieses Mal wieder auch ein Nach- und Sich- zur Ruhegeben des Volkes gefolgt wäre. Im Gegentheil sind, wenn man ehrlich sein will, die Anzeichen in Fülle da und nicht abzuleugnen, daß man auch ohne das Cabinet, so oder so, vorwärts gegangen sein würde. Wir wollen Gott danken, daß es nicht zu einem solchen Extreme kam — die Folgen wären unberechenbar und die Verwirrung vielleicht unentwirrbar geworden — und daß der König und seine Umgebung sich endlich zur An- und Aufnahme der Erhebung, zum Nachgeben drängen ließen.

Die Franzosen selbst unterschätzten dieses Mal die That des eisernen Generals in keiner Weise und fühlten ihre volle Folgenschwere um so tiefer, da sie selbst besser als irgend jemand einsahen, daß nirgends Möglichkeit und Mittel vorhanden waren, den Schlag noch nachträglich in die Luft gehen zu lassen, den Eindruck zu verringern, den augenblicklichen, ersten Folgen kräftig zu begegnen. Sie hatten dazu auch mehr Veranlassung und mehr Recht zu ihrer Erbitterung und Bestürzung, als dreiviertel Jahre später bei dem so viel beschrieenen Abfall des kleinen sächsischen Corps in der Schlacht bei Leipzig. Bei der immerhin noch bedeutenden Truppenzahl, die Napoleon ungebrochen zur Verwendung hatte, war der Ausfall der paar tausend Mann hier von keiner Bedeutung; er war schnell zu ersetzen und wieder gut zu machen, und wurde wieder ersetzt. Der Gewinnst der Verbündeten war, abgesehen von dem moralischen freudigen Eindruck, ein gänzlich unbedeutender.

Ganz anders, ja, gerade entgegengesetzt stellte sich die Sache bei der Trennung der Dork'schen Truppen von den Franzosen. Das Corps war zwar nur noch 14,000 Mann stark, aber diese 14,000 Mann waren nicht nur in bester Ordnung und bestanden bis auf den letzten Trainknecht aus Leuten, die allen Strapazen und jeder Witterung Stand hielten, sondern sie bildeten auch, mit Ausnahme einiger Festungsbesatzungen und weniger kleiner Scharen, wie schon früher gesagt, den einzigen vollständig schlagfertigen, größeren Truppentheil, größer als irgend einer, den zu jener Zeit die Russen so gut wie die Franzosen an und innerhalb Deutschlands Grenzen bei einander hatten. Wie schwach die Russen waren, hatte man beobachten können, als die kleinen Reste des Macdonald'schen Corps ungehindert von den sogenannten feindlichen Massen in aller Ruhe die Grenze überschreiten, Königsberg erreichen und wieder verlassen durften. Mit Einem Wort, York's preußisches Corps war in diesem Augenblick und bei der gegenwärtigen Lage der Dinge, wie wir auch das schon früher ausgesprochen, vollkommen genügend, die Reste der französischen Armeen gänzlich zu vernichten, die Russen, bis auf den letzten Kosaken in ihren Grenzen zu halten oder, wenn es sich gegen dieselben wandte, sie weit und für lange in das Innere ihres Reiches zurückzutreiben und Preußen aus dem von beiden Seiten übersehenen und mißachteten kleinen Staate zur entscheidenden Macht zu machen.

Was geschehen wäre, wenn man in Berlin diese Rolle verstanden und übernommen hätte? Ob die Franzosen eine solche von dem zertretenen und verachteten bisherigen Verbündeten fürchteten oder vielleicht auch — hofften? — Wer möchte diese Fragen zu entscheiden wagen! Und doch waren sie es, die in diesen Tagen schon in jedem aufstiegen, der über die Gegenwart hinaus zu sehen und die Ereignisse des Tages und den Gang der Politik von einem höheren Standpunkt, einem weiteren Gesichtspunkt anzuschauen sich befähigt fand. —

Wir mußten schon oben davon reden, wie anders es

wurde, als man anfänglich gehofft und zu hoffen berechtigt gewesen; wie der ersten glühenden Aufregung bald eine herbe Abkühlung folgte, in die leidenschaftlichsten Hoffnungen und Wünsche sich bald die bittersten Zweifel drängten; wie die nächsten und wichtigsten Folgen des Schlags, der die Franzosen traf, durch Preußens Unentschlossenheit und Zögern dennoch wieder gelähmt oder vollkommen vernichtet wurden. Was dadurch in diesen traurigen Wochen verloren ging und verloren wurde, hat sich nachher durch Deutschlands edelstes Blut, durch das ehrlichste, rastloseste und nachhaltigste Streben nur nothdürftig gut machen, niemals auch nur annähernd wieder erlangen lassen. — Davon ist aber hier nicht weiter zu reden.

Genug, mit der Debattirung dieser Fragen, mit den aufflammenden Hoffnungen und den herbeischleichenden finsteren Zweifeln, schloß Gräfin Hebe's Aufenthalt bei dem Bruder, den sie über eine Woche ausgedehnt hatte, und mit eben denselben wurde sie, wenn auch in anderer Richtung und nicht ganz so offen und unumwunden, empfangen, als sie mit Sophie Magdalene wieder in Nieder-Rhoda anlangte und daselbst mit dem gleichfalls vor Kurzem angelangten General Renaud zusammentraf. Ueberrascht wurde sie durch diese Begegnung nicht, im Gegentheil hatte sie, nachdem sie die bevorstehende Ankunft des Franzosen erfahren, gerade deßwegen ihren Aufenthalt beim Bruder beendigen zu müssen geglaubt. Die politischen wie die Familien-Verhältnisse schienen ihre Gegenwart im väterlichen Schlosse nothwendig zu machen, ja, es war, als wollten die letzteren nach den Mittheilungen Eberhard's, die er, von der Reise zurückkehrend, gleich am ersten Abend der Schwester für die ihrigen zurückgegeben, und nach allem, was seitdem theils sich vorbereiten zu wollen drohte, theils wirklich schon geschehen war, für den Augenblick bei den Geschwistern und ihren Nächsten die erste Stelle, das Haupt-Interesse, die Hauptthätigkeit in Anspruch nehmen. Hier mußte man, wenn es überhaupt noch möglich, vor allem Anderen handeln.

Indem Gräfin Hebe den Bruder durch das zu überraschen fürchtete, was sie vom Vater in jenem Morgengespräch vernommen und noch weiter aus seinen Reden erlauscht hatte, wurde sie selbst durch seine Mittheilungen in einer Weise bestürzt, wie es der geistvollen und scharfsinnigen, intriganten und entschlossenen Dame nicht oft zu begegnen pflegte. Von einem alten Freunde, der eine hohe Stelle in der französischen Verwaltung bekleidete und, den Spitzen der herrschenden Behörden nahe stehend, schon mehr als einmal die für die Patrioten wichtigsten Nachrichten unter der Hand ihnen hatte zukommen lassen, war der Graf von der Anwesenheit seines Vaters in S. und von seinem dortigen Treiben benachrichtigt worden. In den Sitzungen der Landschaft hatte der alte Herr sich kaum ein paarmal sehen lassen und an den Geschäften sich so gut wie gar nicht betheiligt, obgleich schon diese geringe Theilnahme für seine Mitstände eine gänzlich ungewohnte und auffällige gewesen. Dagegen war er desto mehr und eigentlich allein in den Regierungskreisen, beim General und Präfecten zu finden, wo man ihn gern zu sehen und aufs höchste zu ehren schien. Man

hatte so zu sagen Staat gemacht mit dem alten, hochmüthigen Edelmanne, einem der wenigen, die dem Kaiser
mit Leib und Seele ergeben waren und kein Geheimniß
daraus machten.

Man sah ihn stets im intimsten Verkehr, in ange-
legentlichster Unterhaltung mit den Gewaltigen, ohne daß
man dem eigentlichen Zweck und Stoff derselben recht auf
die Spur zu kommen vermochte, so geheim wurde alles
gehalten, bis es dem Berichterstatter Eberhard's auffällig
ward, daß sich plötzlich seltsam scharfe Urtheile über die
beiden jüngeren Grafen Ahoba, besonders aber über Eugen
hören ließen, während sonst gerade in der letzten Zeit
von Beiden weniger die Rede gewesen, als je, und man
sogar den früher niemals ganz erloschenen Verdacht aufgegeben zu haben schien, daß man in Beiden nicht nur
passive Gegner, sondern am Ende auch die Häupter eines
gefürchteten, großen patriotischen Bundes zu sehen habe.
Die lange Einquartierung auf den Besitzungen Beider,
die dadurch ermöglichte genauere Beobachtung hatte die
Ansicht immer mehr Raum gewinnen lassen, daß Graf
Eberhard wirklich nichts als ein gutmüthiger und melan-
cholischer Träumer, und Graf Eugen nur ein schwacher
und ziemlich charakterloser Lebemann, der damals obendrein noch durch eine unglückliche Liebe und durch die dazu
gehörende Eifersucht von allen politischen Bestrebungen
fern gehalten werde.

Aus den beiden letzteren Gründen hatte man bei
Vial's unerklärlichem Verschwinden freilich an ihn zuerst
gedacht, jedoch auch diesen Verdacht bald wieder fahren

lassen, da im Uebrigen nichts für denselben zu sprechen schien. Ja, gerade dieses Verschwinden des jungen Offiziers hatte anfänglich eine überaus mißtrauische Stimmung gegen den Grafen Hartmuth hervorgerufen. Man hatte sich erinnert, daß der alte, hochmüthige Edelmann seine achttägige Mißhandlung durch die Rheinbunds-Truppen niemals überwunden und seine Erbitterung darüber nicht verheimlicht; man hatte sich auch daran erinnert, daß man in Nieder-Rhoda verhältnißmäßig die entschiedenste Widersetzlichkeit gefunden, und eine That wie die des alten Karsten Herbart erlebt, daß endlich gerade auf dieser Küstenstrecke die Douanen den schwersten Dienst hatten, ohne früher, so lange die See noch offen, oder jetzt, wo alles voll Eis, den Seeschmuggel verhindern zu können, der, wie man sogar wußte, zum Theil seinen Weg durch die zu Nieder-Rhoda gehörenden Waldungen, ja, selbst durch dessen Park nahm.

Daran hatte man sich sehr ernst und sehr bitter erinnert, aber nur, um es seit der Anwesenheit des Grafen Hartmuth, wie es schien, plötzlich und gänzlich wieder zu vergessen und mit seinem Verdacht von ihm auf die Gegenseite hinüber zu springen. Wie man den alten Herrn nun auf einmal protegirte und ehrte und seine Verwandten angriff und verdächtigte, das war so auffällig gewesen, daß die Freunde der Letzteren in ernstliche Verlegenheit kamen und sich sorgenvoll zu fragen begannen, ob und was von jenen Plänen verrathen sein möchte, die man seit dem Feste zu Nieder-Rhoda immer eifriger verfolgte und weiter bildete; und daß Eberhards Berichterstatter endlich eine Gelegenheit ergriff, den Präfecten selber mit der Frage anzugehen, was man denn eigentlich gegen die beiden Menschen habe, die er von Jugend auf kenne und die er, wenn jetzt auch durch Stellung und Ansicht von ihnen getrennt, für die unschuldigsten und unschädlichsten Träumer und Schwärmer halten müsse. —

Und da hatte der Präfect mit finsterster Miene geantwortet: „Mein Herr Staatsrath, diese Menschen sind um so gefährlicher, da sie alle Welt, auch ihre nächsten Bekannten und Freunde täuschen und über ihre Pläne im Dunkeln erhalten zu können scheinen, so daß wir selbst jetzt nur im Allgemeinen von ihrem Treiben wissen und noch nicht eine einzige Einzelheit, noch nicht einen einzigen bestimmten Fall kennen und verfolgen können."

„Das ist aber kein Wissen, Herr Präfect, sondern eben nur Verdacht und, wie ich bisher geglaubt und auch noch jetzt mit Ihrer Erlaubniß annehmen muß, ein nicht gerechtfertigter. Sie sind Beide Träumer und Schwärmer, wiederhole ich!" hatte der Frager eingewandt. —

„Sie würden Recht haben," war die Antwort gewesen, „wäre unser Gewährsmann ein anderer, könnte man für seine Offenbarungen ein anderes Motiv als die reinste Loyalität entdecken." —

„Und wer ist dieser Gewährsmann, Herr Präfect?" —

„Der eigene Vater und Großvater, Herr Staatsrath." —

„Graf Hartmuth? Unmöglich!" rief der Andere aufs äußerste bestürzt. —

„Ja, es steckt in diesem alten Herrn eine spartanische

Tugend!" sagte der Präfect. „Und wenn Sie erst gehört hätten, wie bekümmert er über diese Treulosigkeit der Seinigen, und wie er alles daran zu setzen und alles zu opfern bereit war, wenn nur die Ehre seines Hauses, die niemals verletzte Unterthanentreue desselben möglichst ohne Makel bliebe, wenn wir nicht zum offenen Einschreiten, zur gerichtlichen Verfolgung, zur Vermögens-Einziehung und dergleichen zu kommen brauchten. — Kurz, es ist etwas Spartanisches und zugleich durch und durch Chevaleresles in diesem alten Herrn, wiederhole ich, vereint mit einer wahrhaft glänzenden Loyalität, und wir sind daher auch gewillt, ihm in all seinen Wünschen entgegen zu kommen. Sein Einfluß auf seine Standesgenossen ist groß, seine offen ausgesprochene Anhänglichkeit an die Regierung des Kaisers gerade in diesem Adelslande unschätzbar."

So war das Gespräch noch eine Weile fortgegangen, und der Staatsrath hatte dabei denn auch erfahren, daß man die früher erwähnte todte Ruhe der Bevölkerung jener Landgegenden dem Einflusse der beiden Grafen hauptsächlich zuschrieb. Denn gerade auf diese Klassen sollte sich vermöge der Größe und der besonderen Zustände und Verhältnisse ihrer Grenzbesitzungen, zumal aber auch durch ihre Verbindung mit dem alten prophetischen Schäfer, ihr Haupteinfluß erstrecken. Von einer Verbindung und Einigung mit ihren Standesgenossen wußte man nicht nur nichts, man glaubte im Grunde nicht einmal daran. Graf Eugen war zu jung und stand zu isolirt, Graf Eberhard sollte nach dem Urtheile des Vaters

bei allen durch seine lange Zurückgezogenheit und sein
ganzes Wesen in eine Art von Mißcredit gekommen sein.
Als das Uebelste hatte der Präfect es endlich anerkannt, daß man bei dem vorsichtigen Verhalten und
„schlauen" Verfahren der beiden Herren einstweilen noch
gar keinen irgendwie plausibeln Grund zu einem wirklichen Angriffe habe auffinden können, während man bei
der ganzen politischen Constellation, bei der geringen Truppenzahl und bei dem auf eine Verhaftung sicher zu erwartenden, wenn auch nur kleinen Aufstande, ein Vorgehen ohne Grund, wie es sonst oft genug vorkam, und
ein rasches Durchgreifen doch scheuen zu müssen glaubte.
„Aber wir finden Gründe, wir finden sie!" hatte der
Präfect geschlossen. „Es müßte mit dem Teufel zugehen,
wenn mein jetziger Plan keinen Erfolg hätte!"

Was das für ein Plan war, wußte der Staatsrath
nicht; allein es war ihm hinterbracht worden, daß man
seit kurzer Zeit einen gar unscheinbaren Menschen häufig
im Hotel des Präfecten verkehren gesehen hatte, den man
nun im Dienste des Grafen Harthmuth wiederfand. Auf
diese anscheinend freilich außerordentlich gleichgültige Beobachtung wies der Freund mit der Frage hin, ob dennoch vielleicht darin etwas Bedeutsames für Eberhard enthalten sein
möchte. Er ermahnte den Grafen zur äußersten Vorsicht
und zur Aufmerksamkeit auf alles, selbst das Geringste,
und verhieß auch seinerseits jede mögliche Aufklärung.

Dies war es gewesen, was Graf Eberhard der schönen
Schwester auf ihre erste Andeutung von den Plänen des
Vaters hin mitgetheilt hatte, und sie sah dadurch plötzlich

den Argwohn bestätigt, der am Morgen während des Gesprüches mit dem Vater über sie gekommen war und sie bald zu einer Aeußerung ihrer Indignation fortgerissen hätte, die sie, wie wir wissen, nur mit Mühe zurückhielt. So hast du selbst Sohn und Enkel ans Messer geliefert? hatte sie fragen wollen; nur um dem alten Haß, nur um der alten Begierde nach Besitz genug zu thun? — So war ihr der alte Graf erschienen, so erschien sein Treiben, zumal nach Hebe's Bericht, auch Eberhard und erfüllte den milden Mann mit einem aus Bitterkeit und Wehmuth gemischten, niederdrückenden Gefühle.

Es gab Mysterien genug im Hause des Grafen Rhoba und in den Beziehungen der einzelnen Familienglieder zu ihm und zu einander. Eberhard war, fast so lange er denken konnte, dem Vater niemals nahe gewesen, in der Ferne erzogen und bei seiner Rückkehr von der Hochschule und mehrjährigen Reisen sogleich in den Besitz der alten Steinheim'schen Güter gesetzt worden. Er hatte diesen Dingen eigentlich niemals genauer nachgeforscht, um nicht Dieses und Jenes erfahren zu müssen, was den Vater in seinen Augen noch mehr heruntersetzen könnte. Er hatte überdies angenommen, daß seine frühe Selbstständigkeit hier und die Kälte und Entfremdung des Vaters ihm gegenüber, dort, nur Folgen der zweiten Heirath des Grafen Hartmuth sein dürften, und sich bei dieser naheliegenden Annahme beruhigt. Er hatte nicht einmal nach den Besitzverhältnissen gefragt, da dieselben eigentlich gar nicht in Frage kommen konnten. Er war der älteste und jetzt einzige Sohn.

Jetzt änderte sich das alles freilich. Wie der alte Herr in S. aufgetreten zu sein, was er zu erstreben schien, berechtigte und nöthigte die Seinigen, nicht nur nach seinem Rechte, sondern auch und vor allem nach seinen Motiven zu einem so unnatürlichen Thun zu fragen. Und daher war Eberhard, wenn auch aus anderen Gründen als Hebe, augenblicklich zur Befragung des alten Schäfers geschritten, desjenigen, von dem man alles Frühere wo nicht am vollständigsten, doch am schnellsten erfahren konnte.

Was sie dann erfahren hatten, erklärte freilich alles, mehr als sie irgendwie geahnt, und wenn sie das damit zusammenhielten, was sie selber erfahren und beobachtet, so erhielten sie ein Gesammt-Lebensbild des Vaters, das zu finster und abschreckend war, um die Augen länger als irgend nöthig auf ihm verweilen zu lassen. Beide redeten auch nicht mehr von ihm und diesen Dingen, es gab gerade jetzt Wichtigeres für sie. Nur gleich, als Detlef die Nachricht gebracht, daß Eugen und Hoven in Sicherheit, hatte Hebe zum Bruder gesagt: „Ihn selbst fürcht' ich jetzt weniger, als je. Verlaß dich darauf, meine Andeutung heute Morgen, die ich ja nur aufs Gerathewohl machte, hat getroffen, und er möchte sicherlich auch das Geschehene wieder rückgängig machen, wenn er's nur könnte. Vorgehen thut er gewiß nicht, ich kenne ihn. Aber — wer steht uns dafür, daß das Spiel nicht jetzt schon aus seinen Händen und in andere übergegangen ist? — Dieser Jemand, von dem das Billet schreibt — er beunruhigt mich, Eberhard! — Ich sollte wieder heim, um ihn unter Augen zu haben."

Der Bruder schüttelte den Kopf. „Du hast gehört, daß ich den Burschen schon ein paar anderen Augen empfohlen habe," sagte er. „Allen Respect vor den deinen, aber Steffen Schütze's find in diesem Falle doch noch besser, glaub'· ich, Hebe. Ich kenne den Alten. Von morgen an thut der Bursche nicht einen Schritt unbeachtet. Du kennst des alten Mannes Einfluß nicht so wie ich."

„So lange er frei bleibt," warf sie gedankenvoll ein. „Hast du nicht gehört —"

„Das habe ich freilich, aber er bleibt frei, sie wagen sich nicht an ihn, jetzt wenigstens nicht. Sie wissen es sehr gut, daß sie eher ein Dutzend Grafen und Barone aufheben könnten, als den einen armen Schäfer." —

„Ich sollte doch nach Nieder-Rhoda zurück," meinte sie nach einer langen Pause im nachdenklichsten Tone. „Es gibt dort noch mehr zu thun, mehr zu beobachten, mehr zu erfahren, und Vetter Christian hat den besten Willen und viel Verstand, aber er läßt sich gar zu sehr durch seine Narrtheilen beherrschen und ablenken. Und ich gesteh's," setzte sie mit einem Seitenblicke auf Sophie Magdalene hinzu, die niedergeschlagen und das bleiche Gesicht auf die Hand gestützt am Tische saß und kaum auf ihre Umgebung zu achten schien — „das, was wir von ihr erfuhren, dieser Zettel und was er andeutet, reizt mich und macht mich neugierig, Eberhard. Wie und seit wann hat diese Umwandlung statt gefunden? Hab' ich mich doch in ihr getäuscht?"

„Laß es gehen, laß es gehen!" unterbrach er sie kopfschüttelnd. „Wir haben hier genug zu reden, zu thun, Schwester, was deine Anwesenheit nothwendig macht. Und im Uebrigen halte ich es sogar für besser, du läßest drüben den Dingen und den Menschen Zeit, reif zu werden und zum Durchbruch zu kommen. Laß uns warten. Es geht ohne dich rascher als in deiner Anwesenheit. Sie nehmen sich weniger in Acht, möcht' ich sagen. Haben sie aber einmal angefangen und ihr Spiel sichtbar werden lassen — dann, Hebel!"

Es traf ihn aus ihrem Auge ein blitzender, halb inniger, halb triumphirender, lächelnder Blick, der jedoch alsbald wieder dem Ernst und dem Nachdenken wich, die sie seither beherrscht hatten. „Du hast Recht," sagte sie nach einer Weile. „Warten wir also, und dann vorwärts mit den großen Mitteln. Die Zeit des Schonens ist vorbei." — —

Die auf diesen Abend folgende Nacht war ruhig vergangen. Am nächsten Morgen hatten sich jedoch ein paar Gensd'armen und der Brigadier der Douanen in Dreiheiligen eingefunden und nicht nur nach dem Herrn von „Seelhorst," sondern auch nach Eugen geforscht, welchen Letzteren man nach ihrer Angabe schon am vorigen Abend vergeblich in seinem eigenen Hause gesucht hatte.

Die Beamten waren sehr höflich. Sie gaben dem Grafen sogar den Grund dieser Nachfragen an. Die Behörden hätten erfahren, daß Eugen zuletzt und zwar in einer Art Streit mit dem verschwundenen Vial gesehen worden, und da man außerdem Gründe zu der Annahme habe, daß die beiden Herren persönlich einander nichts weniger als wohlwollend gesinnt gewesen, so müsse man von Eugen Aufklärung verlangen. Eben so wollte man auch von „Seelhorst" erfahren haben, daß er aus seiner Heimat wegen unvorsichtig geäußerter politischer Ansichten gewissermaßen entwichen und vermuthlich, wenn auch unter anderem Namen, ein thätiges Mitglied des „Tugendbundes" sei. Man zweifle nicht daran, setzte der Brigadier höflich hinzu, daß dies alles dem Grafen Eberhard unbekannt geblieben.

Der Herr von Dreitheiligen bestätigte diese Ansicht und sprach zugleich in der ruhigsten Weise von der Welt seinen Zweifel an der Wahrheit des Mitgetheilten aus.

„Mein Neffe, Graf Eugen, ist kein Raufbold," sagte er. „Er hat keine Freude an Duellen, während doch nur von einem solchen die Rede sein könnte, und während er ein solches und gar einen unglücklichen Ausgang desselben doch schwerlich verheimlichen würde. Ueberdies wüßte ich wenigstens nicht, was ihn zu solcher Animosität gegen den Vicomte gereizt haben dürfte. — Seelhorst ist ein Verwandter meiner seligen Frau, der in Familien-Angelegenheiten herkam und hier bei mir verweilte. Seine Papiere waren in völliger Ordnung, sein Aufenthalt hat nicht den geringsten Anstand gefunden. Wir haben seit Jahren wenig mit einander verkehrt, und ich weiß daher in meiner Abgeschiedenheit nicht, was er seither getrieben. Daß er als Preuße und früherer Offizier nicht gerade Sympathieen für die Herren Franzosen haben wird, werden Sie selber nicht anders erwarten, meine Herren," hatte er, verbindlich sich verbeugend, hinzugesetzt. „Daß er sich aber an einem Bunde betheiligt, an den ich, beiläufig gesagt, gar nicht einmal glaube, das bezweifle ich. Er ist zu selbstständig dazu. Ich wenigstens weiß von ihm darüber nichts. Es ist ihm so gut wie all meinen Bekannten längst schon unverborgen, daß ich mit der Politik nicht gern zu thun habe. — Jetzt weiß ich von Beiden gar nichts. Ich bin in der letzten Zeit viel auswärts gewesen, in S. bei der „Landschaft," später in dahin zielenden Geschäften im Lande umher, und gestern Abend spät heimgekehrt. Sie fragen mich daher vergeblich nach Beiden. Seelhorst hat schon öfters Ausflüge zu den Halben's drüben im M.'schen gemacht, die gleichfalls mit uns verwandt. Er hat nichts für mich hinterlassen, und es ist daher anzunehmen, daß er in einigen Tagen wieder hier sein wird. Wenigstens wollte er noch länger bleiben."

Der Graf war bei dieser Exposition selber am neugierigsten, ob die Franzosen sich damit begnügen würden, denn er konnte sich nicht verhehlen, daß dazu wenig Aussicht vorhanden sei, falls sie nämlich wirklich Bestimmtes erfahren hätten und gegen die beiden jungen Männer ernstlich auftreten wollten. Der Brigadier bekannte sich indessen fürs Erste zufriedengestellt, wünschte jedoch mit der möglichsten Höflichkeit „Seelhorst's Zimmer und Effecten ansehen" zu dürfen und nahm auf diese Weise und unter diesem Vorwande die allergenaueste Haussuchung vor, ohne daß dieselbe zu besonderen Entdeckungen geführt hätte. Man entfernte sich endlich mit höflichen Entschuldigungen und mit einer Frage nach dem Schäfer — ob derselbe vielleicht auch verreis't sei?

„Meine Herren," erwiderte Graf Eberhard mit leichtem Achselzucken und einem ruhigen Lächeln, als ob er den Hohn dieser letzten Frage gar nicht verstanden, „wie soll ich das wissen? Ich habe, zumal meine Schwester zum Besuch bei mir, wirklich noch keine Zeit gefunden, nach Menschen und Dingen zu fragen, die meinen Verwalter mehr angehen als mich. Der Schäfer hat in dieser Jahreszeit wenig zu thun. Er ist dazu ein wohlhabender, wunderlicher, alter Mann, der bei mir mehr aus Liebhaberei als aus irgend einem anderen Grunde in einer Art von Dienst geblieben ist und sich in seinem Gehen und Kommen nicht gern beschränken und controliren läßt. — Ich weiß, daß er den Herren Franzosen verdächtig sein soll — ob mit Recht oder Unrecht, habe nicht ich zu entscheiden, obgleich mir persönlich nichts von ihm bekannt ist, was ungesetzlich und strafwürdig wäre. Ich weiß auch, daß schon früher einmal in Frage gekommen, ob man ihn nicht lieber — von hier entferne. Mir persönlich thun Sie, wenn dergleichen im Gange sein sollte, damit kein Leid, meine Herren, denn ich habe wenig von dem Greise," fuhr der Graf fort, und obschon weder sein Auge den stillen, klaren Blick, noch seine Stimme den ruhigen Klang verlor, sah Gräfin Hebe, die bei diesem Gespräch zugegen, den Brigadier doch plötzlich sichtbar nachdenklich und fast betroffen werden. — „Aber ich will Sie doch darauf aufmerksam machen," sprach er weiter, „daß der Schäfer einen größeren Anhang in diesen Gegenden hat, als irgend ein anderer Mensch. Man liebt ihn wie einen Vater, meine Herren, und wenn ihm etwas paſſirte — Sie wiſſen ſelber am beſten, wie ſchwierig und trotzig das Volk hier bei uns iſt, und daß Sie es ſeit dem Herbſt nur mit Gewalt zu Ruhe und Gehorſam bringen konnten, während Sie jetzt nicht einmal Truppen genug für die Städte haben. Ich zum wenigſten würde in Ihrer Stelle jetzt hier alles vermeiden, was nur im entfernteſten zu reizen vermöchte."

Die Wirkung dieſer kühnen, in der damaligen Zeit vielleicht unerhörten Worte war eine ſeltſame und überraſchende geweſen. Der Brigabier tauſchte mit ſeinem Begleiter, der bei ihm im Zimmer war, einen Blick des Einverſtändniſſes aus und verſetzte dann ernſt: „Was meine Vorgeſetzten gegen Ihre Aeußerung einzuwenden haben möchten, mein Herr Graf, das weiß ich nicht, aber ſie trifft leider genau mit dem zuſammen, was ich ſelber glaube — weil ich es ſehe — was ich ſchon vor Wochen einmal Herrn von Bial einwandte und jetzt von neuem dem Chef der Polizei bemerken zu müſſen meinte. Ich halte die Verhaftung Ihres Schäfers für das gefährlichſte Wageſtück, wie die Sachen gegenwärtig ſtehen. Ich bin aber auch Gottlob nicht damit beauftragt, ſondern nur mit der Conſtatirung ſeiner Anweſenheit und einer genauen Ueberwachung. Ich bitte daher, mein Herr Graf, rathen auch Sie dem Alten zur Vorſicht und zum Schweigen. Es iſt, glaub' ich, in Ihrem eigenen Intereſſe. — Ich habe die Ehre, mich Ihnen zu empfehlen." —

„Es muß noch ſchlimmer mit ihnen ſtehen, als wir

bisher wußten," sagte Eberhard zu seiner Schwester, nachdem die Franzosen sich entfernt hatten. "Es soll mich wundern, ob uns die nächsten Tage nicht ganz besondere Neuigkeiten bringen. Es ist verwünscht, daß dies gerade jetzt gekommen und Hoven in seiner Thätigkeit beschränkt wurde!"

"Bist du ihrer Sicherheit gewiß?" fragte sie sorgenvoll. "Ich ahne ja nicht einmal, wo und wie du sie verbirgst."

Eberhard machte eine ablehnende Bewegung. "Desto besser!" versetzte er lächelnd. "Es gibt Kenntnisse, die für Frauen nur gefährlich werden können und drückend sein müssen. Wenn wir keinen Verräther unter uns selber haben, hafte ich für sie. Und ich fürchte keinen Verräther, wir kennen Beide unser Volk. Sie schlügen am liebsten gleich jeden todt, in dem sie keinen Franzosenfeind ahnen." —

Zwei Tage nach diesem Besuch der Gensd'armen langte die Nachricht von York's Convention und dem Uebrigen an, was wir zu Anfang dieses Kapitels mitgetheilt, und erklärte das Benehmen und die Worte des Brigadiers. —

Man blieb fortan ungestört, wenn man auch sehr wohl merkte, daß nicht Steffen allein einer heimlichen Ueberwachung unterworfen sei. Doch hatten nicht nur die Bewohner von Dreiheiligen, sondern auch diejenigen des eigentlichen Grenz- und Küstenstriches den großen Vortheil, daß das im übrigen Lande herrschende Spionirsystem hier nicht wohl durchzuführen war, weil die Franzosen unter den Eingebornen im wörtlichsten Sinne des Wortes, wie schon öfters bemerkt, nicht einen einzigen Anhänger ihrer Herrschaft fanden und daher nur Fremde verwenden konnten, welche man überall und sogleich als solche erkannte und einfach vermied oder — wir wollen einmal sagen: ablaufen ließ. Die Ueberwachung lag also fast nur in den Händen der wirklichen Beamten, der Douanen und der wenig zahlreichen Gensd'armen, und konnte folgerichtig nicht gar zu geheim betrieben werden. —

In Rhobenfelde war jedoch im Schlosse selber ein Posten etablirt worden, und was Graf Hartmuth bei der empfohlenen Flucht im Auge gehabt haben mochte, schien hier leider in Scene gesetzt werden zu sollen. Man machte kein Geheimniß daraus, daß Eugen bei seiner Rückkehr verhaftet werden sollte. Man nahm einstweilen die Güter und ihre Einkünfte in Beschlag, zu welchem Zwecke ein Commissar in Rhobenfelde erschien, und gab sich den Anschein, dem Verschwundenen eifrig nachzuforschen, von dem man nichts weiter wußte, als daß er an jenem Donnerstage Nachmittags das Haus zu Fuß und mit der Flinte, aber ohne Hund verlassen hatte und seitdem nicht zurückgekehrt war.

Graf Eberhard war nur bei der ersten Nachricht von der Besetzung Rhobenfelde's einen Augenblick in Sorge gewesen, ob man nicht zwischen des Neffen Papieren gefährliche Entdeckungen machen könnte, jedoch alsbald durch Sophie Magdalene darüber beruhigt worden. Das Mädchen, welches unter diesen Umständen natürlich bei Oheim und Tante blieb, hatte ihre anfängliche Niedergeschlagenheit längst überwunden und war jetzt wie immer wieder muthig, frisch und heiter. Sie meinte nun den Oheim versichern zu dürfen, daß Eugen an Papieren nur das Allernothwendigste und auch dies mit der äußersten Vorsicht und an einem Orte aufbewahre, wo von Finden nicht die Rede sei. Man war damals eben überall vorsichtig und hatte auch allen Grund dazu. Und so lebte man in verhältnißmäßiger Zufriedenheit und Heiterkeit der kommenden Zeit entgegen, abgeschlossen und einsam — der Verkehr mit der Nachbarschaft war anscheinend noch seltener als sonst — aufmerksam und thätig, so viel das irgend möglich war.

Von Nieder-Rhoba erfuhr man wenig und allein durch den Vetter Christian; die überraschende Correspondenz von neulich Abends wurde nicht fortgesetzt. Der alte Vetter aber wußte wenig zu berichten — nach ihm geschah nichts Neues und alle Bewohner des Schlosses waren wie sonst, Stephanie noch langweiliger und gelangweilter als jemals.

Von dem fremden Diener war zu bemerken, daß er einerseits mit Herrn Pierre Leroux und dessen wenigen Anhängern in großer, wenn auch so viel wie möglich geheim gehaltener Intimität und mit der Kammerjungfer der „Nußprinzessin" sogar in einem gewissen vertrauten Verkehre stand, anderseits aber bei dem größten Theile der Dienerschaft nichts weniger als Terrain gewann. Von seinem Zusammentreffen mit den Douaniers hatte man neuerdings nichts mehr bemerkt; es schien eine Scene zwischen ihm und Herrn Pierre stattgefunden zu haben, in der Letzterer den neuen Diener wegen seiner gar zu großen Ungenirtheit ein wenig ausgezankt haben mochte. Zweimal war der Bursche auch fast einen ganzen Tag verschwunden gewesen, wie es hieß, zum Besuche nach G., wo er Verwandte haben wollte. Diese sich so schnell, im Laufe von acht Tagen folgenden Zärtlichkeits-Aeußerungen waren freilich etwas auffällig, aber man hatte noch keine weitere Aufklärung erhalten. Der Thorschreiber Brehm hatte ihn nicht bemerkt. —

So waren seit Hebe's Ankunft in Dreiheiligen über acht Tage vergangen, als Vetter Christian eines schönen Morgens wieder bei den Geschwistern mit der Nachricht erschien, daß General Renaud sich für den folgenden Tag auf dem Schlosse angemeldet habe, und daß Graf Hartmuth sich in einer gewissen triumphirenden Zufriedenheit äußerst lebhaft die Hände reibe, nachdem er gerade in den letzten Tagen sonst mehr als ein Zeichen gegeben habe, daß ihm Hebe's Abwesenheit anfange unheimlich zu werden, und daß ihm überhaupt bei all den Zeitungs-Nachrichten und bei dem eigenthümlichen, dadurch angeregten und bis in seine nächste Umgebung bringenden Summen und Schwirren des Volkslebens und Volkshoffens ganz und gar nicht wohl sei. Es gab nicht nur ein paar, von Einem dem Anderen zugeraunte neue Aeußerungen Steffen's, die allerhand Unangenehmes den Franzosen und ihren Freunden in nächste Aussicht zu stellen schienen, sondern man wollte auch den Zug von Drohin nach Lehrsdorf wiederholt gesehen haben, und Einige behaupteten sogar, derselbe habe nicht einmal bei den Kloster-

Ruinen geendet, sondern sich in der Richtung gegen Ober-Rhoba, das alte Stammgut, fortgesetzt. Und was das Allerschlimmste, der Schmuggel schien mit erneuten Kräften wieder aufzuleben. Zweimal in den letzten acht Tagen waren schon von Douaniers die Schmuggler bemerkt und verfolgt worden — durch den Park von Nieder-Rhoba, und einmal hatte dort sogar wieder ein Kampf statt gefunden, so blutig, wie man es seit dem Herbste nicht mehr erlebt. Graf Hartmuth hatte in Folge dessen Schutz und Hülfe von S. verlangt. Man wußte nicht, ob General Renaud's Kommen gleichfalls dadurch veranlaßt sein möchte.

Comtesse Hebe hatte eine lange Conferenz bei verschlossenen Thüren mit dem alten Vetter und ihrem Bruder; nachdem Ersterer wieder geschieden war, bekam Fanny den Auftrag, zu packen, und am nächsten Morgen fuhr der Schlitten mit den Damen zu einer für sie ungewöhnlich zeitigen Stunde Nieder-Rhoba zu. Sie kamen aber dennoch zu spät — General Renaud war unvermuthet schon am Abend zuvor angelangt und jetzt bereits seit einer Stunde beim Grafen Hartmuth — etwas, das Hebe fast noch mehr überraschte, als seine Anwesenheit selbst. Denn der alte Herr war schon seit vielen Jahren niemals mehr vor der Mittagsstunde für irgend jemand sichtbar geworden.

Aber Gräfin Hebe sollte noch mehr, wenn auch vielleicht angenehmer, überrascht werden bei ihrer Ankunft im Schlosse des Vaters. Zwischen den herauseilenden Dienern zeigte sich der neue, von S. mitgebrachte, als einer der

eifrigsten, bis er beim Anblicke Sophie Magdalenens, seiner
früheren Herrin, sichtbar erschrak und sich zurückzog. Und
das Mädchen sagte mit einem festen Blicke auf den Burschen vernehmbar genug zu der Tante: „Ein neues Gesicht, Tante, oder für mich vielmehr ein altes. Ob Ihr
Hausmeister es weiß, daß der Mensch dort wegen beharr-
lichen Horchens und Spionirens von Eugen fortgejagt
wurde?"

Hebe maß den Burschen mit einem ihrer spöttischsten
und zugleich durchbringendsten Blicke, bevor sie, ins Haus
tretend, erwiderte: „Was kümmert uns das, Kind? Laß
ihn immerhin ein wenig horchen. Es hat sein Angeneh-
mes, glaub' ich, weil es so viele Liebhaber findet."

Sie schritt vor an Waldkirch's Arm, den sie zu ihrer
Freude wieder erkannt hatte. Und als sie die Treppe
erstiegen hatten, wurde sie von Stephanie begrüßt — das
Mädchen hatte freilich ihre kalte und stolze Haltung; die
Verbeugung gegen die Tante, das leise Neigen des Kopfes
gegen Sophie Magdalene, die Bewegung, als sie die Hand
Hebe's ergriff und an die Lippen zog — das alles wider-
sprach nirgends ihrem uns bekannten, ihr durchaus eigenthümlichen Wesen, und dennoch lag schon darin, daß sie
überhaupt zu solcher Begrüßung sich herbeigelassen, etwas
so gar Ungewöhnliches; Hebe meinte in den Zügen des
blassen Gesichtes trotz all ihrer kalten und stillen Schönheit etwas wie eine kaum noch zurückzudrängende Bewegung, etwas so Gepreßtes, Banges und Scheues zu entdecken, daß sie der wenig geliebten Nichte in diesem Augenblick unmöglich mit dem gewohnten spöttischen oder gar

ablehnenden Blicke begegnen konnte, sondern das Mädchen und seine Begrüßung halb neugierig, halb wirklich freundlich aufnahm und noch überraschter sich von demselben zu ihren Zimmern begleiten ließ. Seit dem Tage ihrer Ankunft, vor vier Monaten fast, war Stephanie dahin kaum jemals wieder gekommen.

Was wird das? dachte Hebe, mit Waldkirch plaudernd, während sie dabei doch keinen Gedanken und fast keinen Blick von der Nichte wegwandte, welche jetzt in anscheinend freundlicher Unterhaltung mit Sophie Magdalene — auch etwas Neues — vor ihr im Corridor dahinschritt. Wird sie gar mit uns eintreten?

Und sie trat mit ein, sie war sogar, wenn auch etwas langsam und gemessen, der Tante beim Ablegen der Reisehüllen behülflich. Sie führte die nach dem langen Wege über die Treppe und durch die weiten Räume des Schlosses der Ruhe Bedürftige selbst zu ihrem Stuhl am Fenster, als wenn sich das von selbst verstände und stets eben so gewesen. —

Und als Hebe endlich saß, als Sophie Magdalene schon in ihre nebenan gelegenen Zimmer gegangen, und die Kammerjungfer den Dienern, welche das Gepäck brachten, in die Garderobe entgegen geeilt war, da beugte sie das ernste, bleiche und stille Haupt ein wenig zu der Tante herab und sagte leise: „Ich habe viel mit Ihnen zu reden, Tante, und schon lange Ihre Rückkehr gewünscht. Nicht wahr, Sie gestatten mir's?"

Hebe sah sie einen Augenblick durchbringend an. Dann wurde ihr Auge milder und freundlicher als die

Richte, es bisher jemals sich zugewendet fand, und sie antwortete: „Gewiß, ma niece! Wann es dir beliebt."

Ton und Wort waren noch kalt, aber der Blick ersetzte das, und Stephanie erhob den Kopf mit einem leisen, aber gleichsam dankbaren Lächeln und sprach: „Nach Tisch, Tante. — Erlauben Sie, daß ich jetzt zu meiner Cousine gehe. Sie werden Ruhe brauchen." — Und sie ging ins Nebenzimmer.

Aber es lag nicht in der Natur des schönen Geschöpfes, das da jetzt noch wie zerbrochen im Stuhle ruhte und der Entschwundenen regungslos nachblickte, von einem Rathe, wie der zuletzt vernommene, Gebrauch zu machen. Zur körperlichen Ruhe und Bewegungslosigkeit gezwungen, war ihr Kopf desto beweglicher und rastloser. Hebe verstand zu keiner Zeit ein langes Sitzen, Rasten und Grübeln in der Einsamkeit, denn, so paradox das klingen mag, an sich selbst dachte sie selten oder nie, und bei ihrem Thun und Treiben hatte sie ihr Leben lang viel weniger vorbedacht als gehandelt. Wenigstens waren bei ihr diese beiden Thätigkeiten nur selten einander wie bei anderen Menschen gefolgt, sondern fast immer so zu sagen gleichzeitige gewesen. Sie war niemals siegreicher und glücklicher in der Aus- und Durchführung ihrer Kämpfe und Intriguen, als wenn sie unvorbereitet hineintrat und sich fortan durch den Kampf und die Intrigue selber bestimmen und weiter tragen ließ. Ihre Auffassung war so scharf und schnell, ihre Geistesgegenwart so unbesieglich, ihr Verstand so durchbringend, ihr ganzer Geist so überlegen jedem anderen, mit dem er sich bisher zu messen gehabt, daß sie in der That eine Art von Recht hatte, ihrem leichten Sinne nachzugeben. Wie sie einmal gebildet und begabt war, blieb für sie ein solches Wesen und Treiben kein Wagestück mehr.

Keine zehn Minuten nach Stephaniens Weggange saß Hebe bereits in ihrem Ankleidezimmer unter Fanny's Händen und ließ sich umkleiden, und eine Stunde später ruhte sie in der graziösesten und frischesten Toilette, die sie jemals gezeigt, die Augen glänzend, das Gesicht strahlend von Munterkeit und lecker, herausfordernder Lust auf ihrem gewöhnlichen Platz in dem schönen Wohnzimmer, nahe am Fenster und vor dem Blumentisch, an den sich vormals Vial oft genug gelehnt, wenn sie ihn zu einer jener seltsamen Unterhaltungen herangelockt hatte. Jetzt stand statt seiner der Hauptmann Waldkirch da und berichtete ihr von dem Zuge seines Bataillons nach Rußland. Die Truppen hatten die Grenze nur überschritten, um nach wenig Tagen schon gleichfalls von dem allgemeinen Elend betroffen und in den Strudel der Flüchtenden gerissen zu werden, und wiederum nach nur wenig Tagen im Zustande der vollständigsten Auflösung zurückzukehren.

Sie waren bisher im Zimmer allein gewesen, nun aber sprang die Thür auf und ließ den General eintreten, dessen ernstes Gesicht beim Anblick der schönen Gräfin rasch den Ausdruck einer angenehmen Ueberraschung annahm, die er auch alsbald in seinen begrüßenden Worten aussprach.

„Es ist wohl nur der schönste und glücklichste Zufall,

daß wir Sie heute begrüßen dürfen!" sagte er, nachdem er ihre Hand geküßt. „Denn daß Sie um unseretwillen heimgekehrt, schöne Gräfin, wage ich nicht anzunehmen. Es würde uns zu stolz machen!"

„So werden Sie immerhin ein wenig stolz," versetzte sie heiter; „ich bin dennoch nur um Ihretwillen gekommen. Ich hatte eine wahre Sehnsucht nach Ihnen, mein lieber General. Wir haben uns seit einer Ewigkeit nicht mehr gesehen, denn auf jenem Ballfeste waren Sie ja unnahbar, und die langweiligen Depeschen zerstörten meine letzte Hoffnung, daß wir am nächsten Morgen ruhiger würden plaudern können —"

„Und die meine, Gräfin! Auch ich wünschte viel mit Ihnen zu reden!" —

„Und jetzt, mein lieber General? — Ach, wir Frauen bleiben unseren Regungen und Gefühlen doch stets treuer, als ihr den euren. Ich bin heute voll Verlangen, wie damals!"

Es entging ihr nicht, daß sein Auge hinter seinem durchaus munteren und galanten Lächeln zugleich einen ernstlich spürenden und prüfenden Blick für sie hatte, als er im heiterſten Tone erwiderte: „Ich bin so entzückt, Gräfin, daß ich keinen Augenblick länger auf Ihre Mittheilungen warten kann. Darf ich Sie bitten? — Wir sind ja unter uns, denn da kommt die Unterhaltung für meinen Herrn Adjutanten," fuhr er fort, da er eben die beiden jungen Gräfinnen eintreten sah. Und nach einem langen und theilnehmenden Blick auf die beiden so verschiedenen und doch so anmuthigen Gestalten, setzte er rasch zu Hebe zurückschauend in einem unsicheren Tone, aber lebhaft hinzu: „Ah, ich bin überrascht — die junge brünette Dame dort ist, glaub' ich, auch eine Nichte von Ihnen, die ich bisher nur damals beim Feste hier sah?"

„Ganz recht!" entgegnete Hebe mit einem, dem General sichtbar auffallenden, fast bekümmert erscheinenden Ausdruck. „Sophie Magdalene ist sonst leider ein seltener Gast bei uns, General — Sie wußten vordem von diesen Dingen — und ich könnte Ihnen für ihren jetzigen vielleicht längeren Besuch sogar dankbar sein, wäre die Veranlassung nur eine erfreulichere."

Er sah sie überrascht und verwundert an. „Ich verstehe Sie nicht, Gräfin," sagt er. „Mir wollten Sie dankbar sein, daß —"

„Ja wohl, General. Sie haben sie ja durch Ihre Einquartierung und Ihren Commissar aus ihrem Hause vertrieben, in welchem sie doch unter diesen Umständen und ohne ihren Bruder —"

„Ah, es ist die Schwester des Grafen Eugen — ich erinnere mich!"

„Ja wohl, des armen Eugen, der, wie der arme Vicomte damals, jetzt unter Ihren Händen verschwunden ist!"

Ein durchdringend scharfer und spöttischer Blick tauchte wie ein Blitz in ihrem Auge auf und verschwand eben so schnell, um wieder dem bisherigen milden und sorgenvollen Ausdruck Platz zu machen.

Er sah sie noch überraschter, fast als wäre er wirklich bestürzt oder betäubt, an und sagte erst nach einer Pause, indem er sich näher zu ihr beugte: „Gräfin, wenn ich Sie recht verstehe, sprechen Sie einen Verdacht aus —"

„Nicht doch, sondern eine Ueberzeugung General," unterbrach sie ihn, und es war, als hielte ihr Auge das seine fest, so ruhten die Blicke in einander.

„Sie glauben, daß ich den Vicomte und jetzt Ihren Herrn Neffen hätte verschwinden lassen?" fragte er voll Verwunderung; „wenigstens, daß ich Näheres von Beiben wüßte?"

„Etwa nicht, mein lieber General? Sollte der theure Vicomte bei einer raschen Rundreise nicht irgendwo zu treffen, und mein Neffe, wenn man ein wenig in diese und jene Gefängnisse sehen dürfte, nicht in einem derselben zu finden sein? — Sie müssen ja irgendwo sein. Man verschwindet doch nicht mehr, wie vordem, in die Regionen der Geister und Feen? Ja, ja, mein lieber General, Sie spielen ein wenig Versteckens mit uns, gestehen Sie's nur!" redete sie weiter, als sie ihn zur Antwort nur schweigend den Kopf schütteln sah. „Und bei den Anderen möchten Sie's immer thun — Sie wissen, ich mische mich nicht in Ihre Affairen, Maßnahmen und Entschlüsse, die durch Ihre Stellung, Ihren Dienst bestimmt werden. Aber gegen mich find' ich's in diesem Falle so gut unrecht, wie in anderen Fällen. Denn Sie sind kein ehrlicher Bundesgenosse, General, Sie haben mich im Stich gelassen! Sehen Sie," schloß sie lächelnd, „da bin ich bei den Mittheilungen, denen Sie vorhin so entzückt entgegenzusehen behaupteten." —

Das wollten Sie mir sagen?" fragte er nach einer Pause des Fixirens in zweifelndem Tone.

„Ja wohl — mit Ihnen zanken!" erwiderte sie offen. „Sie haben mich im Stiche gelassen, schon damals vor Weihnachten, schon im Herbst! — Sie wissen, was wir über meinen Vater und die Familie sprachen —"

„Ach, Gräfin, also das!" fiel er mit wiedergewonnener, heiterer Galanterie ein. „Was wollen Sie! Man gewinnt zuweilen eine andere Ansicht von Dingen, Verhältnissen und —"

„Personen, mein lieber General? Vielleicht auch sogar von mir?"

Er zuckte lächelnd die Achseln. „Auch von Ihnen, Gräfin. Ich mache Ihnen keinen Vorwurf, meine schöne Feindin, und bin, wie Sie sehen, trotzdem noch immer der treueste Verehrer Ihrer Anmuth. Unsere Zeit ist eine gewaltige und gewaltsame — sie, nicht mehr wir selbst, bestimmt über uns."

Sie schüttelte mit einem verwunderten Lächeln den schönen Kopf, während sie versetzte: „Das scheint leider nur zu richtig zu sein, und obendrein scheint sie unser Urtheil sehr — sehr zu beherrschen! — Mein lieber General, wo denken Sie hin! Ich Ihre Feindin? Bah, worin denn? Sie wissen doch, daß ich mich Gott sei Dank um nichts weniger als um Politik bekümmere, und sonst — bah doch, sage ich! — Sie sind sehr verändert, General, aber auch ich mache Ihnen keinen Vorwurf daraus. Unsere Zeit ist allerdings eine furchtbare. Alle diese neuen Ereignisse — ich kann es mir vorstellen, wie Sie gerade in Ihrer Stellung, mit Ihrer Anschauung der ganzen Lage darunter leiden, wie ernst — erinnern Sie sich noch an jenen Abend vor dem Kamine im Salon, als Sie meinem verehrten Papa und mir von Ihren Befürchtungen für diesen Frühling sprachen?" brach sie ab. "Es ist doch wunderbar, wie Sie es voraussagen konnten! Es ist jetzt wirklich —"

Seine zwar verbindliche und dennoch entschieden zurückweisende Handbewegung ließ sie innehalten. "Ich sah wohl zu schwarz," sprach er mit einem fast stolzen Lächeln; "wenigstens vergaß ich bei meiner Rechnung eines Hauptfactors — der Unentschlossenheit und Langsamkeit der guten Deutschen. Der Abfall des Generals York ist jetzt nur noch ein für ihn allein verderblicher dummer Streich. In vier Wochen fliegen unsere Adler zur Rache herbei an den Verräthern, den Lauen und den Schwankenden, und Deutschland darf wieder träumen. — Aber genug dieser Reden! Ich mag Ihre schönen Augen nicht so ernst sehen, Gräfin! — Und da kommt Ihr Herr Vater." —

Zwanzigstes Kapitel.

Gräfin Hede daheim.

<small>Frage: Sag' mir an, mein lieber Waidmann
Was macht den Wald weiß,
Was macht den Wolf greis,
Was macht den See breit,
Weher kommt alle Klugheit?

Antw.: Das will ich dir wohl sagen schon:
Das Alter macht den Wolf greis,
Der Schnee macht den Wald weiß.
Und das Wasser den See breit, —
Vom schönen Jungfräulein kommt alle Klugheit.
Alter Waidspruch.</small>

„Ich gestehe es ein, Tante — dieses Zusammensein mit ihm, im Verein mit seinem Wesen und Benehmen, blieben nicht ohne Eindruck auf mich; alles, mit Einem Worte, trug dazu bei, ihn mir näher zu rücken. Denken Sie daran, daß ich gegen Sie schon durch meine Mutter eingenommen war, daß ich nicht ein einziges Mal Veranlassung hatte, bei Ihnen für mich etwas wie Wohlwollen anzunehmen. Ich war gegen Sie, gereizt, zornig, voll Haß, so albern Ihnen das erscheinen mag. Ich war verwöhnt, Tante; ich war nie etwas Anderes gewesen, als die Erste, wo ich auch erschien — und hier sollte ich nicht einmal die Zweite sein. Denn Sie schienen mir niemand einen Platz neben oder hinter sich übrig lassen zu wollen. Sehen Sie — darin lag's. — Dann sah ich Sie alles, was gegen die Franzosen, protegiren, gegen diejenigen, die nach meinen bisherigen Anschauungen im vollsten Glanze des Glückes, des Ruhmes und des — Rechtes da standen. Ich sah Sie nicht nur den Großvater und jeden Anderen beherrschen und verspotten, sondern auch gegen Vial intriguiren — das indignirte mich. Sie entzogen den Letzteren mir, Sie spielten mit ihm und lachten ihn heimlich aus — das indignirte und erbitterte mich noch mehr. — Ich hatte mich, wie ich schon sagte, an ihn gewöhnt. Ich nahm seine Huldigungen, die übrigens fast immer in strengen Schranken blieben, nicht nur an, sondern ich vermißte sie, wo Sie ihn mir entzogen, und bedurfte ihrer."

So sprach Stephanie in der stillen Nachmittagsstunde zur Tante, der sie in dem uns bekannten anmuthigen Zimmer gegenüber saß, neben der lauschig überrankten Fensternische, auf demselben Tabouret und in eben der Nähe, wie wir hier schon einmal Sophie Magdalene trafen. Sie saß nicht in ihrer starren und geraden Haltung, die sie sonst nur selten aufzugeben pflegte, und auch nicht in der nachlässigen und doch im Grunde übermüthigen Gleichgültigkeit der vornehmen, verwöhnten und durch ihre Umgebung nicht gerade angesprochenen Dame, sondern sie war vornüber geneigt, den Arm auf das Knie gestützt und das Köpfchen auf die Hand gelegt, und der rosige Hauch, der jetzt ihr Gesicht, ihren Hals und Nacken bedeckte, war leicht als eine Folge der Aufregung und der

Bekenntnisse dieser Stunde zu erkennen. Denn das junge Mädchen sah leidend aus, die stolze Kälte und Sicherheit des ganzen Gesichtsausdrucks hatte einem Zuge von Niedergeschlagenheit und Kummer Platz gemacht; auch ihre Augen lagen krankhaft tief, und es war fast, als sei selbst das glänzende Blau dieser Sterne bleicher und matter geworden.

Gräfin Hebe hatte das alles schon am Morgen beim ersten Blicke und im Laufe des Tages wahrgenommen und sich, zumal wenn sie an die Bemerkungen Steffen's dachte, auf das peinlichste dadurch berührt gefühlt. Und doch konnte sie, wenn sie sich an jenes Billet erinnerte, wenn sie Wesen und Auftreten der Nichte beobachtete und die Veränderung überlegte, die mit dem Mädchen vorgegangen war, nicht daran glauben, daß sie eine Sünderin und Büßerin vor sich habe, die, in ihrem Innersten zerbrochen, nur noch danach verlangte, ihren Fehltritt durch ernstliche und schmerzliche Buße, ihren verderblichen Stolz durch eine eben so extreme Demuth gut zu machen. Hier hatte sie etwas Anderes vor sich, es war eine Zerdrückte und in sich Gegangene, aber keine Zerbrochene, und gerade wie Stephanie sich Sophie Magdalenen zugewandt und auf das herzlichste mit ihr verkehrt hatte, beruhigte die Tante vollends. Eugen hatte sich getäuscht, und der Schäfer in der starren Strenge, mit der solche Leute gerade fast immer auf ähnliche Fehltritte hinabsehen, weil über die Wahrheit hinausgegriffen. —

Welche Schuld sie sich selber beizumessen gehabt haben würde, wenn die Nichte unglücklich geworden wäre, das empfand sie tiefer, als manche unserer Leser es vielleicht von diesem glänzenden und funkelnden, leicht hinflatternden Wesen annehmen möchten; und sie fühlte sich, nachdem sie die Wahrheit erkannt zu haben glaubte, von einem peinlichen Drucke befreit, der ihr um so empfindlicher gewesen, je weniger sie mit Eberhard von diesen Dingen geredet hatte. Und sie sagte sich nun mit einer gewissen Genugthuung, daß sie, wenn vielleicht auch in anderer Weise, als sie gemeint, dennoch Recht gehabt hatte, damals auf dem Balle gegen Eberhard ihre Ueberzeugung auszusprechen: Stephanie werde durch ihr Wesen und ihren Charakter dem Vicomte gegenüber gesichert sein.

Und nun saß das Mädchen, wie gesagt, neben ihr und hatte seine Mittheilungen begonnen, und damit von vorn herein den letzten Rest der Unruhe und des Zweifels in Hebe zerstört. Sie fühlte und verstand die ernste Anklage, die aus Stephaniens Worten gegen sie selbst hervortrat, auf das ernstlichste und tiefste, aber sie wies jetzt das alles von sich zurück, denn sie war viel zu gespannt, zu vernehmen, wie sich die Gefahr und Rettung der Aermsten entwickelt, wie sich die gänzliche Umwandlung dieses Charakters vollendet habe, die ihr aus jedem Zuge, aus dem ganzen Sinn und Wesen der Nichte entgegentrat.

Und sie legte nun die Hand auf den blonden, gebeugten Kopf und sagte mild: „Wir wollen jetzt nicht mit einander rechnen, Stephanie, dazu wird die Zeit auch noch einmal kommen. Wir sind Beide nicht ohne Schuld, aber die meiste tragen die Zustände und Verhältnisse deines und meines Hauses, über welche eben keine von uns Herrin ist. Jetzt kümmere dich um nichts, sondern sprich dich aus, wie du es für nöthig hältst. Eins will ich dir von mir sagen — halte mich für was, und taxire mich, wie du willst — ein mir entgegen getragenes Leid hab' ich noch nie zurückgewiesen, eine fremde Noth, wenn sie wirklich und wahrhaftig, noch immer verstanden und noch immer Hülfe zu bringen versucht, wo man nach derselben verlangte. — Nun sprich weiter, vor mir brauchst du dich nicht zu geniren oder einer momentanen Schwäche zu schämen. Ich weiß es von mir selbst, daß man nicht immer stark bleibt."

Das jetzt wieder bleiche Gesicht erhob sich zu ihr, die stillen, blauen Augen sahen sie eine Weile gedankenvoll und ernst an, und erst nach einem langen Schweigen fing das Mädchen wieder an.

„Ich mußte sagen, was ich gesagt habe," sprach sie. „Es ist keine Anklage darin und keine feige Entschuldigung, aber eine Erklärung, die ich mir selber und meinem Selbstgefühl, meinem Stolze schuldig war und bin. — Ich habe aber über diese Zustände nichts mehr hinzuzufügen. Sie werden sich etwa denken können, wie das alles weiter gegangen ist. Sie können das vielleicht besser als ich selbst, die ich in jenen Wochen fast immer in Aufregung oder fast in Betäubung, voll Verdruß, Gereiztheit, Erbitterung war und, wenn ich mich einmal frei fühlte, zuweilen selbst mich am allerwenigsten begriff. Ich kann nur Zweierlei sagen — wie ich auch sein, fühlen und denken mochte, eine eigentliche Annäherung habe ich ihm nie gestattet, vielmehr stets ihm gegenüber meine Haltung bewahrt, die ich auch gar keinen Grund hatte aufzugeben. Seinetwegen dachte ich am Ende doch verhältnißmäßig selten an ihn. Ein einziges Mal, wo ich unwohl war und gereizt durch mancherlei, ließ ich mich zu einer Aeußerung fortreißen, die ich hinterdrein selber auf das schwerste bereut habe, weil sie ihn augenscheinlich etwas von mir zu glauben veranlaßte, was in dieser Weise nicht da war.

„Denn ich will es nur gleich sagen, Tante," fügte sie hinzu, während wieder der rothe Schimmer über Gesicht und Hals flog — „geliebt, so daß ich nur mit ihm glücklich zu werden gedachte, daß ich seinen Verlust, seine Untreue nie überwunden hätte, — so geliebt habe ich Herrn von Bial niemals. Ich war gewöhnt an Aufmerksamkeit, sein Wesen, seine Erscheinung zogen mich an, seine gelegentliche Vernachlässigung reizte mich, meine Isolirung gab mir Gelegenheit und Muße zum Träumen und Grübeln. Er war mir nicht zuwider, ich glaubte sogar mit ihm gut leben zu können. Das ist, glaub' ich, alles.

„Nach jener Aeußerung, deren ich gedacht, zeigte er, wie angedeutet, eine Art triumphirender Siegesgewißheit, die mich nicht nur erschreckte, sondern auch fast indignirte. Mein Wesen in den nächsten Tagen sollte ihm das klar gemacht haben, obgleich es das, wie ich zu bemerken meinte, nicht that. Wenigstens lenkte er nicht in solcher Weise ein. Und dennoch, Tante, ließ ich mich aufs neue fortreißen! — Was in jenen Tagen, wo die Vorbereitungen zum Balle ihn beschäftigten und mir fast immer fern hielten, in mir vorgegangen, ob ich krank gewesen, ohne es zu wissen, ob gerade seine häufige Abwesenheit, unsere ganz ungewöhnliche Trennung, seine Rastlosigkeit und Eingenommenheit und dann wieder ein paar rasche Worte, die er geschickt mir zuzuflüstern, mit denen er mich zu treffen wußte — ob dies alles oder irgend etwas Anderes mich erregt, gereizt, alles in mir ungeduldig gemacht und auf das heftigste angespannt, das weiß und verstehe ich nicht. Ich weiß nicht einmal, ob er es gespürt und darauf weiter gebaut. Genug, an dem Ballabend selbst war ich in einer Stimmung und Aufregung, die mich selber verdroß und deren ich doch nicht Herr werden konnte, die mir unbegreiflich und peinlich war und mich dennoch nicht nur seine stets dreistere Annäherung dulden, seine stets offeneren Worte anhören, sondern mich auch antworten, mit Einem Worte, mich ihm hingeben ließ, wie ich es selbst von mir einem Manne gegenüber nie für möglich gehalten haben würde.

„Es sei genug damit, Tante," fuhr sie fort, und ihr Gesicht nahm einen finstern Ausdruck an und auch ihre Stimme klang fortan strenger und herber. „Nach dem letzten Tanze mit ihm, wo er noch kühner gesprochen, so, wie kein Mann von Ehre zu einem anständigen Mädchen, das er noch obendrein zu lieben behauptet, sprechen darf und kann — ich habe das erst später begriffen — fühlte ich mich vor Aufregung und Erschöpfung fast einer Ohnmacht nahe. Ich konnte es in dem Lärm und Wirbel umher nicht aushalten, ich konnte ihn jetzt nicht wieder hören. Ich empfand das tief, da er mir noch einmal nachkam, mich im Cabinet aufzuhalten suchte. Ich blieb aber stark. Ich floh auf mein Zimmer, um zu ruhen, mich zu fassen, mich selbst wieder zu gewinnen. Ich fühlte tief: du darfst das nicht hören, du darfst dich nicht so fortreißen lassen! — Und ich fühlte zu meinem Entsetzen, daß ich doch nicht anders könne, daß wir uns anders als bisher gegenüber ständen und kaum noch zurück könnten. Er hatte zu viel gesagt, ich zu viel gehört, ohne ihn zurück zu weisen. Ich wiederhole, ich weiß nicht, was in mir gewesen. Ich war nicht ich selbst, und wäre er in jenen ersten Augenblicken zu mir eingedrungen, Tante — es wäre mir vielleicht nichts Anderes geblieben, als zu sterben. —

„Er kam aber erst, als ich schon wieder einigermaßen zur Ruhe, zur Besinnung gekommen war. Dennoch erschreckte und betäubte mich sein plötzliches Erscheinen so sehr, daß ich Anfangs keines Lautes und keiner Bewegung mächtig war, daß ich ihn willenlos zu meinen Füßen sah, ihn meine Hände festhalten und küssen fühlte, seine glühenden Worte vernahm, daß mein Sehen wie verschleiert, mein Hören wie betäubt war, daß ich fast bewußtlos ward. Erst als ich seinen Arm mich plötzlich umfassen und sein Gesicht so nahe vor dem meinen, seine Augen so heiß sah und ein Wort hörte, Tante — ein süßes und zugleich furchtbares Wort, — da kam ich wieder zu mir selbst und riß mich auf. Da erfaßte mich eine solche Indignation gegen ihn und gegen mich, daß ich mich los rang und auffuhr, daß ich aufschrie in meinem Entsetzen, in meiner Verzweiflung, laut auf! —

„Und fast zugleich mit dem Schrei sprang die Thür auf und Eugen war vor uns. — —

„Wie mir das war, Tante, — daß gerade er es war, er, den ich für einen Mann von der reinsten und höchsten Ehre hatte, den ich achte, wie niemand vor ihm, den ich, wenn ich es auch niemals verrieth, um das Gefühl, das er mir widmete, auf das tiefste bedauert habe, während ich mich selbst nach jedem Begegnen aufs neue unglücklich und fast elend fühlte, weil ich es nicht annehmen, nicht erwidern zu können glaubte; daß gerade er es war, er, der mich durch seine Neigung so hoch gestellt hatte, durch diese Neigung, die ich nie anders als die höchste Ehre empfunden, welche mir je erwiesen werden konnte, — das, Tante, das vermag ich nie auszusprechen. Es war fast das Fürchterlichste von allem, was mir an diesem Abend begegnete. Ich konnte nur die Hände vor die Augen pressen und nichts sagen, als: „Hinweg!" — —

„Ich war meiner nicht mächtig. Ich weiß nicht, ob Vial, ob Eugen zu einander, zu mir anfänglich etwas gesagt, ob Eugen meine Bewegung, mein Wort anders und falsch ausgelegt, ob er in mir allein die entsetzte Schuldige gesehen. Ich weiß nichts davon. Ich hörte ihn nur unmittelbar auf diesen Ruf das Zimmer wieder verlassen.

„Als ich die Hände dann sinken ließ, erblickte ich zu meinem Entsetzen Vial noch vor mir. Da fand ich mich im Zorne wieder. „Elender, Ehrloser, Feiger! Hat Sie auch der Anblick des Mannes von Ehre nicht zur Besinnung gebracht und muß ich noch einmal, jetzt aber wirklich

und ihn zur Hülfe und zum Schutze rufen?" So sagte
ich etwa zu ihm, und darauf sah ich ihn wie außer sich
hinaus stürzen. —

„Ich brauchte einige Zeit, mich zu fassen, bis ich in
den Saal zurückkehren konnte. Hinunter mußte ich. Ich
wollte dem Elenden den Triumph nicht gönnen, daß er
meine Kraft auch nur auf eine Stunde gebrochen, daß er
doch vielleicht noch frech genug glauben könne, nur unsere
Ueberraschung durch den Cousin sei schuld an seiner
Niederlage. Und ich wollte und mußte diesen Letzteren
sehen und sprechen. Er durfte mich nicht für schuldig, für
eine Elende und Unwürdige halten; ich konnte den Gedanken nicht ertragen. —

„Ich habe ihn aber wohl ertragen lernen müssen,"
fuhr sie stets gleich finster, aber gepreßter fort, „denn ich
sah ihn an jenem Abende nur noch einmal ganz in der
Ferne und fand keine Möglichkeit, ihm zu nahen, konnte
mich nicht einmal mehr an seine Schwester wenden, denn
wie Sie sich vielleicht noch erinnern, Tante, blieben Beide
nicht, wie bestimmt, bis zum nächsten Tage, sondern reis'ten
noch in derselben Nacht nach Ahobenselbe zurück und ließen
sich, Eugen gar nicht, Sophie Magdalene erst damals hier
wieder sehen, als sie gleich darauf mit Ihnen nach Dreiheiligen ging. In diesen Tagen konnte ich nicht reden.
Ich hatte kein Vertrauen zu Ihnen oder der Cousine. —

„Von Vial habe ich, seit er damals aus meinem
Zimmer stürzte, eben so wenig etwas wieder gesehen, wie
Sie alle. Er blieb auch für mich verschwunden. Ich
konnte mir indessen vorstellen, daß Ihre Annahme, er sei

von seinem Chef verschickt, nicht die richtige sein würde. Meine Jungfer, die Josephine, hat beide Herren zusammen aus dem Corridor droben weg und nach des Vicomte Zimmern eilen sehen, den Franzosen mit heftigen Geberden und Worten, von denen sie jedoch nur einzelne verstanden, die ihr auf ein Duell hinzudeuten schienen; der Graf, meinte sie, folgte nur widerwillig. Ueberhaupt verstehe ich das nicht, denn wenn ein Duell erfolgte und der Vicomte unterlag, — wie kommt es, daß Eugen auf das erstere einging und das letztere verschwieg? Die Sache muß für ihn dadurch ja einen schlimmen Anschein gewinnen. Trotzdem verbot ich Josephinen auf das strengste jede Aeußerung über das Gesehene. Ich war dabei aber Anfangs, noch unter der Herrschaft der Aufregung, unvorsichtig gewesen und hatte das Mädchen merken lassen, daß Beide aus meinem Zimmer gekommen. Sie hat dann neuerdings davon Gebrauch zu machen gewußt, indem sie mir zu verstehen gab, wenn ich das Interesse nicht habe, dem Schicksale des Vicomte nachzuforschen und seinen Tod zu rächen, so — so habe sie es, Tante!" —

Stephanie hielt inne, ihr Gesicht war wie mit Scharlach übergossen; und erst als Hebe mit einem leisen spöttischen Lächeln, das aber von der vor sich hinschauenden Nichte nicht bemerkt wurde, die Hand von neuem über ihr Haar gleiten ließ und im sanften Tone sprach: „Kümmere dich nicht um die Dirne, mein Kind! Rede weiter!" — da erhob sie die Augen mit einem aus Zürnen und Stolz gemischten finstern Blick und sagte: „Das kann ich nicht, Tante. Was ich da erfuhr, oder vielmehr, was die Freche mich ahnen ließ, was sie mir auch in Bezug auf mich zu verstehen zu geben wagte, ist von der Art, daß — genug, Tante. Hätte ich den Franzosen wirklich geliebt, danach hätte ich auch den letzten Gedanken an ihn aus meinem Kopfe verbannt.

„Ich wußte hiervon noch nichts, als Sie abreis'ten, obschon ich schon damals entschlossen war, mit Ihnen bei Gelegenheit dennoch zu reden und durch Sie eine Verständigung mit Eugen zu suchen, denn ich konnte all diese Qual nicht länger allein tragen — von ihm vielleicht verkannt zu werden und daneben vermuthlich den Tod eines Menschen veranlaßt zu haben, dem ich, wie sehr ich ihn verabscheute und verachtete, weder um meinet-, noch um Eugen's und Ihrer aller willen ein solches Ende wünschen konnte. Denn ich weiß es wohl," unterbrach sie sich und erhob das Auge wieder zu Hebe und ließ den ernsten Blick fest auf deren Zügen ruhen, in denen sich allerdings etwas zeigte, was man als eine flüchtige Ueberraschung auslegen konnte — „ich weiß es wohl, Tante, daß in Ihren Kreisen etwas vorgeht — gegen die Herrschaft der Franzosen, was keinerlei Aufmerksamkeit auf ein Mitglied dieser Kreise vertragen kann." —

Comtesse Hebe ließ ein paar Sekunden verstreichen, ohne das Schweigen zu brechen. Ihr Gesicht zeigte längst wieder die warme und ernste Theilnahme, wie während dieser ganzen Unterhaltung, und ihr Auge begegnete dem der Nichte mit einem Blicke, den man nur theilnahmsvoll heißen mußte und in dem nichts verrieth, daß die Dame durch diese Nachricht dennoch vielleicht frappirt worden. „Woher schließt du das, Kleine?" fragte sie endlich sogar freundlich und mit einem leichten Lächeln.

„Der Vicomte hat ein paarmal auf so etwas hingedeutet, Tante."

„Herr von Vial? Gegen dich? Das ist seltsam! Hat er denn Dergleichen öfters mit dir geredet?"

„Nicht eigentlich; nur angedeutet, sage ich; er ließ es fallen, und so war es auch auf dem Balle —"

„Auf dem Balle?" fiel Hebe jetzt mit unverhehltem Erstaunen ein. „Wie kam denn das?"

„Beiläufig, Tante. Er war bei unserem ersten Tanze zerstreut und suchte mit den Augen im Saale umher. Und da ich ihn nach dem Grunde fragte, meinte er, er wundere sich nur, daß Graf Eberhard noch fehle. — „Interessirt der Sie plötzlich so sehr?" fragte ich von neuem. — „Ja, gewissermaßen," sagte er. „Ich habe die Vermuthung, daß manche unserer Gäste sich auf diesem Feste noch um etwas Anderes bekümmern wollen, als um den Tanz und das Vergnügen." — „Und das wäre? Und Graf Eberhard, bekümmert sich der überhaupt um etwas?" fragte ich so hin, denn das alles interessirte mich kaum. — „Lassen wir das gehen," meinte er. „Es ist nichts für uns. Ihr Onkel ist übrigens ein feiner und kluger Kopf, das glauben Sie nur. Und wenn er nicht käme, würde ich nicht mehr argwöhnen, sondern glauben; man ist zuweilen zu schlau." —

Comtesse Hebe schüttelte verwundert den Kopf. „Das ist sehr seltsam!" sagte sie. „Was er nur gemeint haben mag? Vermuthlich ist es schließlich nichts gewesen, als einer seiner gewöhnlichen Träume, denn es war zu Zeiten ein Träumer, dieser theure Herr von Vial, und ein großer Phantast!" —

Auch Stephanie bewegte jetzt das Köpfchen ein paarmal leise hin und her. „Auch in diesem Falle, Tante?" fragte sie zweifelnd. „Ich würde auf dies alles nichts gegeben und auch schwerlich wieder daran gedacht haben, denn es interessirte mich, wie gesagt, nicht und ging auch zu schnell und leicht vorüber, hätte ich nicht nachher aus einer Aeußerung Josephinens schließen müssen, daß der Vicomte von ihr eine Nachricht erwartet habe, die er dann —"

„Die sie ihm etwa bringen wollte, als sie den beiden Herren droben begegnete?" fiel Hebe mit nicht zu unterdrückendem Spotte ein. „Suchte sie ihn etwa dort?" —

Stephanie sah die Tante mit einem dunkeln Blicke an. „Ich meine, sie habe ihn drunten im Saale suchen lassen und sei dann zu seinen Zimmern gegangen," sprach sie.

„Und die Nachricht, mein Kind? — Was konnte sie zu melden haben? Fanny hat mir etwas von einer pikanten Scene erzählt, die Donna Josephine drunten mit irgend einem der Staatsjäger aufgeführt haben soll, und durch welche sie so vollständig in Anspruch genommen wurde, daß sie darüber sogar das Souper vergaß."

„Tante, sie sagte mir davon, daß man gegen sie intriguirt und sie auf jede mögliche Weise von gelegentlichen und unbequemen Beobachtungen abzuhalten versucht habe. Dennoch wisse sie wohl, daß die Herren-Versammlung in

Ihrem hinteren Zimmer statt gefunden, wenn sie auch keine Namen —"

„Der Raucher und Trinker nennen könne?" fiel Hebe spottend ein. „Gott weiß, daß sie mir mein armes Zimmer auf Monate hinaus verdorben haben durch all den Dampf! — Also das sind die Verschwörer gewesen?" —

„Weiter weiß ich nichts, Tante," versetzte Stephanie ernst. „Ich fühlte mich nicht veranlaßt zu weiteren Fragen."

„Ah!" sagte Comtesse Hebe in einem aus Spott und Lustigkeit gemischten Tone, „ich verstehe jetzt das alles. Es ist den lieben Menschen bekannt geworden, daß ich eines von meinen Gemächern zum Rauchzimmer hergab. Herr von Vial hat diese Nachgiebigkeit und die Leidenschaft unserer Herren für ihre Pfeifen nicht verstanden, an eine Verschwörung gedacht, Donna Josephine als Spion angestellt, um mit ihrer Hülfe einen großen Fang zu machen. Das arme Geschöpf aber findet ein anderes Amusement, sieht und hört nichts, schämt sich und hält, nachdem Vial verschwunden und sie nicht mehr erwarten kann, bei Anderen mit ihren Einfällen zu reussiren, wohlweislich den Mund über dies alles — o lieber Gott!" —

Die junge Gräfin sah die Tante eine Weile schweigend und prüfend an. „Tante, Sie nehmen das alles sehr leicht," bemerkte sie endlich, „und doch —"

„Aber Kind, wie soll ich das denn anders nehmen?" unterbrach die lustige Dame lachend die Worte ihrer Nichte. „Ich sehe aus dem allem nur, daß wir an dem Herrn Vicomte noch mehr verloren haben, als ich bisher glaubte. Er hätte sich wahrhaftig zum Nachfolger Vetter Christian's qualificirt und würde eben so treffliche Geschichten erzählt haben!

„Aber genug des Scherzes!" fuhr sie mit einem Male wieder ernster fort und bot Stephanien die Hand hin. „Verzeihe mir diese Unterbrechung. Ich bin einmal ein leichtsinniges Geschöpf, das einer sich ankündigenden Lächerlichkeit nicht zu widerstehen vermag, sondern ihr nachlaufen muß. Verzage nicht an mir, mein Kind!" redete sie immer herzlicher weiter. „Ich bin nie undankbar gewesen, besonders nicht für ein mir entgegenkommendes Vertrauen, oder wo ich in mir selbst einen Irrthum zu berichtigen, ein von mir ausgegangenes Unrecht gut zu machen fand. Du sollst mich kennen lernen und dein Vertrauen nicht zu bereuen haben. — Nun lasse alle diese Thorheiten ruhen und erzähle weiter, du warst noch nicht fertig."

Hebe's Ton und ihr Blick, der Druck der kleinen Hand und das milde, gütige Lächeln — es war alles so überzeugend und so unwiderstehlich, daß Stephanie die sichtbare Mißstimmung, welche das vorhergehende rasche Gespräch in ihr hervorgerufen hatte, schnell überwand. Sie vergalt den Blick und das Lächeln der Tante mit einem gleich innigen, sie drückte die Hand an ihre Lippen, und endlich versetzte sie: „Ich habe nur noch wenig zu sagen. Ob Sie Josephinens Schweigen richtig erklärten, ob sie sich durch meinen Befehl einschüchtern ließ — ich weiß es nicht. Sie hat aber zuletzt geredet, wenigstens, daß sie die beiden Herren zusammen gesehen. Sie hat mir das selbst zugleich mit dem, was ich vorhin anführte, mitgetheilt. Es ist ein Diener mit dem Großvater von S. gekommen, der Eugen kennen und hassen muß —"

„Ich weiß davon. Fahre nur fort, Kind," mahnte Comtesse Hebe die Stockende ruhig.

„Also, der hatte sie gefragt und dem sagte sie davon und theilte es mir triumphirend mit. Der Mensch soll den Grafen Eugen zu allem fähig und für einen Verschwörer erklärt haben, der im Herbste schon, eben so wie Graf Eberhard, mit fremden Sendlingen verkehrte. Er wittere dergleichen auch hinter diesem Herrn von Seelhorst, den er nur einmal zu sehen wünsche. Kurz, ich weiß nicht, was noch weiter! — Und Josephine theilte mir eben so triumphirend mit, daß er nun schon fort sei, um mit den Douanen zu sprechen. Als ich ihr dann erschreckt und zürnend von meinem Befehl, zu schweigen, redete — da kam denn das Andere heraus. —

„Ich war sehr erschrocken," sprach sie nach einer Pause gepreßt weiter. „Was konnte ich thun, wohin sollte ich mich wenden? — Sie waren fort, der Vetter ließ sich nicht sehen. Ich wußte freilich, daß der Großvater dem Grafen Eugen nicht gerade freundlich gesinnt, aber es ist doch sein Enkel, und überdies schien er mich stets zu lieben. Ich flog also zu ihm und sagte ihm alles. Aber wie er es auffaßte — was er mir in Bezug auf den Vicomte und mich sagte —"

„Das hat dich eben uns vollends in die Arme geführt, ich kann mir das ungefähr denken," sprach Gräfin Hebe mit einem bitteren Lächeln, als sie die tief erröthende Stephanie nach dem letzten Worte wieder stocken sah.

»Cher Papa hat seine besonderen Ansichten über die Frauen und weiß dieselben bei sehr passenden Gelegenheiten auszukramen. — Kümmere dich weiter nicht darum, mein Kind. Sage mir lieber, hat cher Papa auch etwa auf besondere Arrangements wegen der Güter hingedeutet? — Du siehst, ich bin offen." —

Stephanie antwortete nicht sogleich. Gleichsam vor sich hinbrütend saß sie einige Augenblicke finster und schweigend, und dann erst nahm sie die Hand der Tante, welche an der Seitenlehne des Stuhles herabhing, zwischen die ihren und drückte sie vor ihre Augen. —

„Ja, Tante, ja, das kam damals auch zur Sprache — darauf hingedeutet hatte er schon Morgens," versetzte sie, ohne diese Stellung aufzugeben, und ihre Stimme war wenig mehr als flüsternd, so gepreßt mochte die Brust des Mädchens sein. „Er sagte mir, Dieses und Jenes habe er für mich im Sinne, besonders, da er gegen Eberhard und Eugen keine Schonung weiter zu üben habe. Darum sei ihm der Franzose lieb. Der werde festhalten. Er habe — es — schlau — angefangen. So müsse man uns fangen. — Nun habe er mich und die Grafschaft." —

Hebe hatte sich vorgebeugt, um der Nichte ihre Hand zu lassen. Sie fühlte es, wie die Arme bei dieser letzten Mittheilung bebte, und legte nun auch ihre andere Hand auf den blonden Kopf hinüber.

„Genau, wie ich dachte," murmelte sie, und dann sagte sie laut und bitter: „Beruhige dich, mein Herz! Ein alter, halb kindischer Mann redet viel, was er vordem nicht gesagt haben würde. Laß das gut sein."

Stephanie ließ die Hände sinken und sah die Tante trübe an. „Und es ist doch Ihr Vater, mein Großvater!" sprach sie leise.

„Laß das gut sein, sage ich," fiel Hebe ein, und zwischen den feinen Brauen zeigte sich ein flüchtiges Zucken. „Erzähle weiter. Unsere Einsamkeit wird gleich zu Ende sein."

„Ich bin fertig," antwortete die junge Gräfin langsam. „Das alles zwang mich zu einer Mittheilung an Sie, ich fühlte mich gar zu hülflos. Der Vetter ließ sich noch immer nicht sehen. Dagegen begegnete ich, als ich gegen Abend in den Salon ging, dem Diener, den ich am Morgen von Ihnen herauskommen sah, und vertraute ihm den Zettel an."

Hebe's Lippen preßten sich einen Augenblick zusammen, bevor sie sagte: „Das war dennoch riskirt, Kind!"

„Ich hatte keine Wahl, Tante. Benachrichtigen mußte ich Sie. Und ich weiß wohl, daß mein Großvater hier außer dem alten Pierre kaum einen Anhänger hat. — Aber noch Eins," fuhr sie fort, und ihre Brauen zogen sich zusammen und die blauen Augen blickten wunderbar dunkel; „der Großvater sprach von dem Vicomte durchaus wie von einem Lebenden, während ich es bisher mir anders denken mußte, und auch in den folgenden Tagen kam er, grausam neckend, auf diesen Punkt zurück. Lebt der Vicomte, Tante?"

Hebe sah die Fragerin ein paar Sekunden lang gedankenvoll und fast finster an. Sie erinnerte sich jenes Abends in Dreiheiligen und der geheimnißvollen Worte des Schäfers, und endlich entgegnete sie mit leisem Kopfschütteln: „Wir erhielten darüber nur Andeutungen, die das in Zweifel ließen, und ich habe danach nicht mehr gefragt, zumal ich auch Eugen nicht wieder sah. — Es ist möglich, daß er schwer verwundet und dann irgendwo untergebracht wurde — aber ich weiß es nicht." —

Nach einem längeren Schweigen stand Stephanie auf, blieb jedoch neben der Tante stehen und sagte gedämpft: „Nun wohl, Tante, so oder so — begegnen will und kann ich ihm nicht wieder. Und wenn diese Bemerkungen des Großvaters nicht aufhören, der im Stande zu sein scheint, sie auch vor Anderen als mir allein laut werden zu lassen — wenn ich dieses Geschöpf noch um mich weiß, das — genug, Tante, ist es nicht besser, ich kehre zu meiner Mutter zurück?" —

Comtesse Hebe sank noch tiefer in ihren Stuhl zurück als bisher und blieb eine ganze Weile ohne Laut und Bewegung, den Blick aus dem Fenster in das nach und nach dichter werdende Schneetreiben gewandt, während ihr Füßchen den Saum des Kleides leise auf- und abwiegte.

Endlich erhob sie die Augen wieder zu Stephanien mit einem überaus ernsten und sinnenden Blicke und sprach: „Kind, ich meine das nicht, doch kann ich nichts entscheiden, bevor ich wieder warm geworden in Nieder-Rhoda. — Um die — Dirne kümmere dich nicht. Es ist gleichgültig, ob wir einen Feind mehr in der Welt haben, und du entlässest sie einfach. Ueber Vial kann ich dir nichts versprechen, aber ich meine doch, man würde noch mit ihm fertig werden können. Im Uebrigen jedoch —

ich muß erst wieder Land und Leute kennen lernen, ich muß wissen, was eigentlich in dem braven General spukt und weßhalb er uns mit seinem Besuch beehrt. Ich muß wissen, was dein Großvater vorhat, daß er so überaus herzlich gegen mich ist. Ich denke immer, er will mich oder vielmehr uns mit irgend etwas überraschen. Und da du jetzt doch auf keinen Fall fort könntest, so reden wir über dein Gehen und Bleiben später, Stephanie. Nur um Eines bitte ich dich," fügte sie lebhafter und mit einem hellen Blicke hinzu, „wir sind heute schon unvorsichtig genug gewesen und wollen uns damit begnügen. Sie brauchen nicht zu wissen, daß du anders zu uns stehst als bisher. Sei vorsichtig gegen mich, sei vorsichtig gegen deine Cousine; dein Großvater ist mißtrauisch. Und wenn man schon unser jetziges Beisammensein bemerkt hat — du hattest mir einfach Mittheilungen aus einem Briefe deiner Mutter zu machen über neue Moden, über einen Heiraths-Antrag von einem eurer Magnaten für dich —" es war jetzt wieder die ganze Hebe, mit dem blitzenden, ein wenig boshaften Blicke, dem spöttischen Lächeln — „ich glaube sogar, das ist ein sehr nutzbarer und nützlicher Einfall, Stephanie!"

„Es ist wenigstens kein bloßer Einfall," bemerkte das Mädchen mit finsterem Blick. „Meine Mutter schrieb mir in der That so etwas."

„Ah, charmant! Und wie nennt sich dieser Wohlthäter wider Willen?" fragte Hebe lebhaft.

„Es ist der Kammerherr Graf von Slawarden," versetzte Stephanie, die gleichfalls zu ihrer gewöhnlichen Weise zurückkehrte und in Ton und Haltung wieder mehr und mehr von der stolzen und gleichgültigen Kälte zeigte, die wir an ihr kennen gelernt. „Ein alberner Mensch, der mich schon früher oft genug langweilte mit Fadheiten und Prätentionen, mit seiner Anbetung und seiner — Brutalität, vor allem aber mit seiner Vergötterung alles Französischen —"

„Vor allem aber?" fragte Hebe mit vollster Betonung, und ihr Auge ruhte noch fester und prüfender auf dem Gesichte des Mädchens, das bei den letzten Worten einen Zug von einem gewissen Widerwillen zeigte.

Nun wandte sie das Auge der Tante zu und begegnete ruhig ernst dem Blicke derselben.

„Ich verstehe Sie, Tante," sagte sie, „aber Sie thun mir Unrecht, obgleich ich einsehe, daß ich selbst die meiste Schuld trage an diesem Mißverstandenwerden. Ich bin keine Anbeterin des Französischen, und selbst wenn — wenn ich den Vicomte wahrhaft geliebt hätte und ihm gefolgt wäre, so würde ich damit sicher nicht bewiesen haben, daß ich diese Franzosenfreunde unter den Deutschen besonders schätze und bevorzuge. Im Gegentheil, Tante," setzte sie lebhafter und mit einem Anfluge leichter Röthe auf den Wangen hinzu, „ich halte es, wie ich die Zustände inzwischen mir klar gemacht — früher habe ich an dergleichen wenig gedacht — für eine Unmöglichkeit, daß ein deutscher Mann von Ehre und Herz gegenwärtig etwas Anderes sein kann als ein Feind dieser Fremden, und daß nur ein schlechter und charakterloser Mensch gleich-

gültig gegen die Fesseln bleiben darf, die sie seinem Vater-
lande aufgelegt haben."

Gräfin Hebe sah die Sprecherin eine Weile mit einem
durchbringenden Blicke an, bevor sie, nicht laut, fragte:
„Und die Frauen, Stephanie?"

Die Nichte schüttelte leise den Kopf. „Was können
wir Frauen thun — wirklich thun, Tante?"

Und da ging durch Hebe's schönes Gesicht ein wun-
derbares, stolzes und frohes Lächeln, und sie sagte: „Wir
können unsere Männer ehren und sie stärken durch unsere
Achtung, unsere Theilnahme, durch unsere Verachtung
der Schlechten und Feigen in dem bevorstehenden Kampfe.
Wir können ihnen unsere Befreiung von all der Schmach
lohnen mit unserer Liebe. Das, Stephanie, ist auch
etwas, denke ich, und das bleibt jeder Frau!" Und dem
sie wie träumend anschauenden Mädchen die Hand hinbietend, redete sie weiter: „Gib mir deine Hand! Ich
glaube, wir werden uns immer besser treffen, liebes Kind.
Das war eine inhaltsreiche Stunde! Ich bitte dich nur
noch um Eines — käme man auf diesen Heiraths-Vor-
schlag zu sprechen, so drücke deine Abneigung nicht gar
zu entschieden aus. Heucheln müssen wir zu Zeiten alle!
Und nun klingle nach Fanny. Wir müssen hinüber —
die Herren erwarten uns am Ende schon, und — „sie lächelte spöttisch — „ich möchte ihnen doch so gern den Anblick meiner schönen Augen gönnen!" — —

Man fand es in der That, wie Hebe erwartet hatte,
und trennte sich fortan für den Rest des Tages nur noch
auf kurze Zeit, um nach erneuertem Zusammentreffen besto

ruhiger und anscheinend heiterer vollends bei einander zu bleiben. Das Wetter lud dazu ein. Aus den einzelnen Flocken, welche Morgens von den grauen Wolken heruntergekommen, waren nach und nach immer mehrere geworden, und alles ließ sich zu einem wiederholten Schneetreiben an, wie man es in diesem Winter hier zu Lande häufiger als sonst erlebte. Der Wind verstärkte sich dabei noch immer und es herrschte jene jetzt zwar leise, aber gleichfalls allmälig wachsende Kälte, die man in diesen Küstenstrichen bei solchen Gelegenheiten am meisten fürchtet. Denn man weiß es ziemlich sicher voraus, daß sie sich, wenn die Wolken ihren Inhalt über die Gelände ausgebreitet haben und weiter ziehend den Himmel wieder blau werden lassen, dann über der Schneedecke rasch und zuweilen bis zum Unerträglichen steigert.

Man unterhielt sich, wie gesagt, so ruhig und angenehm, wie man eben konnte, und vermied, wie es schien, absichtlich alle Gesprächs-Gegenstände, die den zwischen diesen Menschen herrschenden Zwiespalt hätten sichtbar machen und zu vielleicht unbehaglichen Erörterungen führen können. Gräfin Hede ließ indessen nichts und niemand aus den Augen, beobachtete und studirte, so zu sagen, jeden Einzelnen und wußte dennoch, wie sichtbar man sich auch allerseits in Acht nahm, mit Diesem und Jenem in irgend eine Unterhaltung zu kommen, die es ihr möglich machte, der Veränderung nachzugehen, welche sie an mehr als einem Mitgliede des Kreises bemerken mußte.

Denn auch an dem alten Grafen fand sie dergleichen in einem Maße, wie es sie an dem bejahrten und im

Ganzen doch gleichmäßigen Manne überraschte. Es war nicht allein die „Herzlichkeit," deren sie gegen Stephanie gedachte, die sie gewissermaßen beunruhigte, es war daneben auch an ihm eine eigenthümliche spöttische Ruhe und Sicherheit zu beobachten, und dann wieder eine gewisse, kurz abbrechende und absprechende, fast barsche Entschiedenheit, die ihr an dem Vater noch viel mehr auffiel, der sonst zwar gleichfalls leicht und gern den souverainen Herrn heraus zu kehren liebte, im Ganzen aber und besonders der Tochter gegenüber doch immerhin vorsichtig, und jeden Augenblick zu einem anscheinenden Einlenken bereit, vorzugehen pflegte.

Vetter Christian hatte neulich schon in Dreiheiligen darauf hingedeutet, ohne daß Hebe damals viel darauf gegeben. Sie hielt es noch für Nachwirkungen jener Laune, in welcher ihr von dem alten Herrn, in der Stunde vor ihrer Abreise, die Eröffnungen über die Resultate seiner Reise gemacht wurden. Sie fand es nun aber doch bei Weitem anders. Sie erfuhr, daß er sogar, was er ihres Wissens bisher niemals gethan, über Gang und Stand seines Hauswesens Erkundigungen eingezogen und Befehle gegeben habe, wie Dies oder Jenes anders zu ordnen und wie man besonders die Dienerschaft unter strengerer Controle zu halten habe, daß sich fortan niemand anders als mit Erlaubniß des Hausmeisters aus dem Schlosse entferne oder augenblickliche Entlassung gewärtigen müsse. Es war dabei ausdrücklich von der Kammerjungfer seiner Tochter und von dem Neffen des rauhen verschwundenen Schiffers die Rede gewesen, und der alte

Herr hatte sich sehr zornig darüber geäußert, daß Letzterer überhaupt noch in seinem Dienste.

Gräfin Hebe war dieses Mal fast ungeduldig über die stete Anwesenheit der Fremden, welche eine Begegnung zwischen ihr und dem Vater an diesem Tage immer mehr verzögerten, so daß sie schon auf dieselbe ganz verzichten zu müssen glaubte.

Es sollte jedoch nicht ganz so arg werden. Als sie vor dem Abendessen, wie gewöhnlich, den Platz am Kamine behauptete und der General Renaud eben zu der auch jetzt wieder um den Sophatisch gruppirten jüngeren Gesellschaft getreten war, nahm der alte Herr, der heute gleichfalls ihr gegenüber saß, eine höchst umständliche Prise, richtete seine großen glotzenden Augen mit einer Art von Theilnahme auf die Tochter, seufzte sogar und bemerkte dann gedämpft: „wir haben uns noch gar nicht gesprochen, ma fille, wie sehr mein Herz darnach verlangte! Was beschließt Eberhard?"

„Beschließt? Wie so, Papa?" Hebe schaute aus ihrer scheinbaren Ruhe lebhaft auf.

Durch das breite alte Gesicht zuckte plötzlich Verdruß und Ungeduld, im scharfen Gegensatz gegen den bisherigen gesuchten Ausdruck desselben, und auch die Stimme des Grafen klang in gleicher Weise verändert, als er fast rasch entgegnete: „verstelle dich nicht, mon enfant, du weißt, was ich meine! Wie nahm er die Mittheilungen über das, was ihm drohen möchte, auf? Ist er vernünftig, wie mein Enkel Eugen, oder muß ich es erleben, daß ein Graf zu Rhoda prozessirt wird?"

Gräfin Hebe zuckte leicht die Achseln. „Sie wissen, mein Bruder hat hie und da seinen eigenen Kopf," sagte sie mit einer gewissen mißbilligenden Betonung. „Er wollte auf diese Nachrichten gar nichts geben, kaum von ihnen hören; er lachte sogar dazu."

Graf Hartmuth warf der Tochter einen majestätischen Blick zu. „Er lachte?" wiederholte er dann. „Ich glaube, mein Kind, du irrst dich hier in der Person. Daß du selber gelacht, würde mich nach deiner singulären Complexion nicht grade befremden —"

Hebe's Kopfschütteln ließ ihn inne halten, und dann meinte sie, dießmal in fast bemüthigem Tone: „ach Papa, Gott weiß, daß Sie mich nicht verziehen! Immer Tadel und Mißtrauen!" Und von neuem den Kopf schüttelnd, fügte sie hinzu: „wirklich, Papa, Eberhard lachte."

Nach einer Pause erst fragte der alte Herr: „und kannst du mir vielleicht dieses zum mindesten ungewöhnliche Lachen erklären?"

Die Comtesse schien erst jetzt ihre gute Laune wieder zu finden. „Ei freilich," versetzte sie und ließ einen leuchtenden Blick zu der Gruppe am Sophatisch hinüber und dann zum Vater zurückgleiten. „Er meinte, die Finte sei so kindisch, daß Sie nur durch Ihre Vatersorge verhindert sein könnten, dies augenblicklich zu durchschauen. Grade durch seine Flucht mache er sich ja überhaupt erst verdächtig und gebe dem habgierigen Commissariat Gelegenheit sich seines Eigenthums zu bemächtigen, das den Fremden in der jetzigen bedürfnißreichen Zeit eine höchst erwünschte Hülfe gewähren müßte. Sie würden es schon auszunützen wissen, wie man es bereits drüben in Rhodenfelde sehen könne. Er wurde dabei ganz lebhaft, Papa. Denken Sie, er sagte, Eugen sei ein rechter — Sie können wohl denken, was, Papa — daß er geflohen. Er selber sei kein solcher —"

Aus des alten Herrn Gesicht waren während dieser Auseinandersetzung alle so zu sagen selbstbewußteren Züge verschwunden. Es war fast als fühle er sich wirklich ein wenig gedemüthigt, und es währte auch eine geraume Zeit, bis er sich aufraffend, eine neue Prise nahm, die Augen wieder auf die Tochter richtete und plötzlich im spöttischen Tone sagte: „Du bist heute recht cordial gewesen mit meiner Enkelin, höre ich, und hast auch die Sophie Magdalene zu gleichem Zwecke mitgebracht. Immer sage et circonspecte, ma fille! Ich mache dir mein Compliment! Du willst dir die spätere Herrin nicht ganz entschlüpfen lassen."

„Immer mißtrauisch, Papa, immer mißtrauisch!" versetzte sie kopfschüttelnd und mit einer Art von Seufzer. „Sie sollten's doch am besten wissen, daß ich für Geld und Gut und dergleichen wenig Interesse habe und noch weniger davon verstehe. Auch kam unsere kleine Prinzeß zu mir und nicht ich zu ihr."

„Zu dir?" fragte er sichtbar betroffen. „Ich meine nicht, daß sie dich, schicklich wie immer, empfangen, sondern daß sie heute Nachmittag Stunden lang von dir in Beschlag genommen wurde."

„Das meine ich auch, Papa, und es war umgekehrt.

Stephanie nahm mich in Beschlag mit einem Briefe meiner reichsgräflichen Schwester."

„Sie hat dir von dem Heiraths-Antrage gesagt?" fragte er lebhaft.

„Mich sogar zu Rathe gezogen, Papa!"

„Eine Albernheit!" warf er hin. „Und du, mon enfant?»

„Ich? Nun, da ich sie nicht gerade abgeneigt fand, habe ich ihr natürlich zugerathen."

„Nicht abgeneigt? — Und — ich verstehe das nicht!" sagte er in sichtbarer Verwirrung.

Sie schaute ihn mit freundlichem Lächeln an. „Papa, es ist doch so einfach," versetzte sie. „Stephanie ist zwanzig Jahre alt und nicht reich. Selbst wenn es so käme, wie Sie neulich andeuteten, müßte sie doch an eine Heirath denken. Und wo findet sich jetzt jemand, wo alle Welt eher an alles Andere, als an dergleichen denkt? Ich weiß wohl, wen Sie im Sinne haben. Aber Papa, wir wissen ja gar nichts von ihm. Renaud schwört mir, er wisse auch nichts. Und überdies, im Vertrauen, Papa — glauben Sie, daß unser Abel einen Fremden unter sich dulden würde, zumal nach solchen Vorgängen? Sie wissen doch, daß Eberhard und Eugen, mögen sie auch politisch vereinzelt stehen, im Uebrigen sehr geachtet, ja, geliebt sind?" Und da sie die Blicke des alten Herrn immer verwunderter werden sah, setzte sie gänzlich abbrechend hinzu: „Apropos, Papa, wie denken Sie jetzt über das, was wir neulich Morgens besprachen, wo ich jener alten Prophezeitung erwähnte, die Ihr Vater neben der Leiche Ihres Bruders ausgesprochen haben soll?" —

Er lag beinahe wieder ganz zusammengesunken in seinem Stuhle. Seine Lippen zuckten — murmelten sie wirklich das leise Wort, das Hebe zu hören glaubte: „Verflucht!" —? Weiter wurde nichts vernehmbar, und im nächsten Augenblicke raffte er sich von neuem gewaltsam auf, denn General Renaub kehrte von den Anderen zurück und setzte die früher abgebrochene Unterhaltung mit Hebe und dem alten Herrn fort. Graf Hartmuth betheiligte sich einsilbig. Seine Tochter streifte er ein paarmal mit einem aus Scheu und Grimm gemischten Blicke, ohne daß sie davon in ihrer Heiterkeit etwas zu merken schien.

Die Gäste blieben auch den folgenden Tag, anscheinend des noch fortdauernden Schneetreibens wegen, das jede Reise unbehaglich machte. Die Gesellschaft verbrachte die Morgenstunden wie gewöhnlich, getrennt auf den einzelnen Zimmern, doch erfuhr Hebe, daß General Renaub auf dem seinen nicht nur den Brigadier der Douanen, sondern auch zur frühen Stunde schon den von S. mit gebrachten neuen Diener des Hauses empfangen hatte und vor elf Uhr bereits wieder, wie am vergangenen Tage, zum Grafen Hartmuth gegangen war.

Erst kurz vor dem Mittagessen traf sie wie gewöhnlich im Wohnzimmer mit ihm zusammen und sah ihn bald neben ihrem Stuhle.

„Das ist ein wunderliches Land, das Ihre," sagte er; „ich erfahre täglich Seltsameres. Ihr prophetischer Schäfer ist verstummt, höre ich, dafür fangen jetzt die

Geister an, Zeichen zu geben. Was ist das für eine Geschichte von dem Zuge, der von — von —"

„Doch nicht von Drohin?" fiel Hebe rasch aufblickend ein.

„Ja wohl, von Drohin — der Teufel behalte diese Namen! — nach einer benachbarten Kloster-Ruine zieht und das Volk von sich reden macht, wie der Brigadier mir heute Morgen erzählte?"

„Hat er ihn selber gesehen? Wie zeigt er sich?" fragte sie mit hörbarem Interesse.

„Nein, er hörte nur davon, doch soll es wie ein Trauergeleite aussehen."

„Das ist sehr schlimm, mein lieber General!" meinte sie und schüttelte lächelnd den Kopf. „Nach unserem Glauben bedeutet das Unglück für unsere Familie und das Land. Machen Sie es gnädig mit uns, General!"

„Schlimmer Kopf!" sagte er gleichfalls lächelnd und ihr mit dem Finger drohend. „Meinen Sie nicht immer noch, ich habe drüben in S. so etwas wie eine Dubliette, in der Dieser und Jener spurlos verschwinde? Aber kommen Sie!" brach er ab, denn Pierre öffnete den Speisesaal; „Ihren Arm, Gräfin, und erzählen Sie mir bei Tische mehr von diesem Gespensterzuge. Es interessiren mich solche alte Sagen und Wunderlichkeiten, wie Sie wissen." — —

Als man sich nach Tische in seine Gemächer zurückzog, begleitete der Vetter Christian die Gräfin Hebe. „Wissen Sie, Cousine," sprach der alte joviale Herr im ernstesten Tone unterwegs, wo sie unbeachtet waren, — „wissen

Sie vielleicht, Cousine, ob die Drohiner Gespenster nicht gern Augenzeugen haben bei ihrem Spaziergange?"

„Warum fragen Sie, Cousin?" versetzte sie rasch aufsehend und stehen bleibend.

„Ach, gehen wir doch fort!" sagte er, sie weiter ziehend. „Der Waldkirch flüsterte mir vorhin nur zu, daß der General Lust zu haben scheine, den wunderbaren Zug einmal die Revue passiren zu lassen. Was meinen Sie?" —

Erst nach einem langen Schweigen und da sie schon vor ihrer Thür standen, erwiderte sie im nachdenklichsten Tone: „Ich weiß das in der That nicht, Vetter. Aber ich meine fast, eine Nachricht an Eberhard würde auf keinen Fall schaden. Also Waldkirch sagte Ihnen davon? Trauen Sie ihm?"

„Ja, Cousine. Er sagte mir auch, daß alle Westfalen mit Mißtrauen beobachtet würden und daß er überzeugt sei, Renaub habe ihn nur darum wieder zum Adjutanten gewollt, um ihn unter Augen zu haben. Es muß mit seinem Vater etwas gegeben haben. Er war aber sehr scheu und im Fluge bei diesen Mittheilungen und behielt noch Anderes zurück, weil er glaubte, daß wir schon beobachtet würden."

„Seien Sie vorsichtig, Vetter!" meinte Hebe kopfschüttelnd. „Ich fange an, niemand mehr zu trauen, als nur mir selbst." — —

Eine Stunde später arbeitete sich ein kleiner Reiter auf einem eben so kleinen, aber fecken und eifrigen Pferde durch den tiefen Schnee vom Hofe hinunter. Er sollte nach Lehrsdorf reiten, um die Hülfe einer alten, dort hausenden armen Frau in Anspruch zu nehmen, welche vermittels der „Sympathie" Leidenden auch aus der Ferne Linderung zu verschaffen wußte. Fräulein Amelie — die Leser erinnern sich dieser stummen Erscheinung — war schon seit gestern nicht mehr sichtbar gewesen, weil sie an unerträglichen Zahnschmerzen litt.

So erfuhr es Pierre, als er sich nach dem Zwecke des kleinen Boten erkundigte, und fand die Sendung durchaus motivirt, da er selber vor Zeiten von solchen Kuren profitirt hatte.

www.ingramcontent.com/pod-product-compliance
Lightning Source LLC
Chambersburg PA
CBHW030118240426
43673CB00041B/1318